キーワードコレクション

教育心理学

二宮克美 + 子安増生 = 編

青木多寿子 +
秋田喜代美 + 石隈利紀 +
大野木裕明 + 倉元直樹 +
高橋靖恵 + 西垣順子 +
服部　環 + 藤田英典 +
二宮克美 + 子安増生 = 著

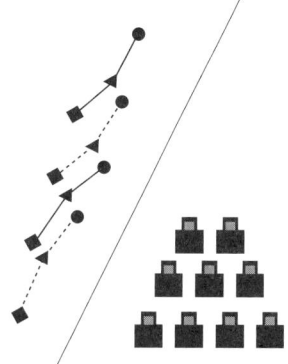

新曜社

まえがき

　本書は，これから教育心理学を学ぼうとする人や，教育の心理学的な側面に関心を持っている人のために，コンパクトで読みやすく分かりやすい本を提供する目的で企画されたものである．

　「教育」という営みは，時代・社会・文化などさまざまな影響を受けながらも，それらをこえ，次の世代を育てるという大切な役割をもっている．「教育」という重要な事柄について，教育心理学はどのように貢献できるのだろうか．教育心理学では「常識」と考えられている理論・法則・現象の内容が理解されないまま，実際にはそれと反する教育が平気で行われたり，そのような理論・法則・現象を知っていても，それが成り立つ条件や場面について批判的検討がなされないまま誤って「教育」に応用されたりする場合も多々ある．人を育てる「教育」という文脈のなかで，教育心理学の知見がどういう条件や場面で役立つかを明確に自覚することが必要であり，そのためには教育心理学の基本的な知識が不可欠となる．

　本書は，次のような構成からなっている．「Ⅰ　教育の基本概念」では広く「教育」を理解するために必要な基礎的な概念を解説した．「Ⅱ　教育の認知過程」では学習や知識など認知にかかわる問題を取り上げまとめた．「Ⅲ　教育評価・統計」では教育に関連する統計的解析法や研究方法などを解説した．「Ⅳ　教育相談・生徒指導」ではカウンセリングや生徒指導の要点をまとめた．「Ⅴ　教育の諸相」では芸術・メディア・宗教など教育のさまざまな側面について広い視野から触れた．

　本書は，新曜社から2004年3月に刊行された子安・二宮（編）『キーワードコレクション　発達心理学（改訂版）』，2006年10月に刊行された二宮・子安（編）『キーワードコレクション　パーソナリティ心理学』，2008年6月に刊行された子安・二宮（編）『キーワードコレクション　心理学フロンティア』とシリーズ4部作を形作るものである．

　前三著は，幸いにも読者からの好評を得て，大学の教科書や大学院など各種受験の参考書としても重宝されている．「好評」の秘密は，学問的に確立されたことだけを書いた，いわば無味乾燥な本になることを避け，スタンダードな事項を押さえた上で，著者の個性を存分に発揮して書いていただくという編集方針が広く世に受け入れられたのではないかと自負している．また，初学者向けの一般書でありながら，引用文献は学術書並みにきちんと整備するという方針も，本書が幅

広い読者に支持された重要な点であったと考えている．

　項目あたり4ページの解説でキーワード50項目を掲載するという基本的な枠組みはこれまでの『キーワードコレクション』シリーズを踏襲している．キーワードは全体として教育心理学にとって重要な用語または概念を整理して構成したものであり，キーワード各項目は，それぞれ独立にそれだけで完結したものとして書かれている．したがって，読者は本書を最初からページの順番どおりに読むことも，関心のあるキーワードから拾い読みすることもできる．

　また，各キーワードの解説文の中で重要と思われる用語または概念は，ゴシック体（太字）で印刷されている．それは，各キーワードの「サブキーワード」とでもいうべきものであり，キーワードとサブキーワードは，巻末の「事項索引」のところに示され，索引を辞典代わりに利用することもできる．

　本書が「読んで面白くて使うのに便利な本」という既刊の『キーワードコレクション』シリーズ同様の評価を受け，広く大勢の読者に愛され，教育心理学に関心を持つ人や，教育心理学への関心を深める人が増えることを心より願うものである．

　本書が企画されてから出版されるまでに2年半という長い時間が経過した．この間，原稿が揃うまで忍耐強くしかもあたたかく見守り，編集作業にご尽力いただいた新曜社の社長塩浦暲氏に，深く感謝申し上げる次第である．

　　　2009年4月

　　　　　　　　　　　　　　　　　　　　　　　　　　編者　識

キーワードコレクション 教育心理学
目　　次

まえがき		i
0.	教育心理学	2

Ⅰ　教育の基本概念

1.	教育のフィールド	8
2.	教育の法的基礎	12
3.	教育改革	16
4.	学校文化	20
5.	教室空間	24
6.	教育課程	28
7.	学力	32
8.	個性と個人差	36
9.	教師像	40
10.	アーティキュレーション	44
11.	キャリア形成	48

Ⅱ　教育の認知過程

12.	知育の基礎	54
13.	道徳教育の基礎	58
14.	健康教育の基礎	62
15.	連合説と認知説	66
16.	学習と発達	70
17.	知識と記憶	74

18.	動機づけ	78
19.	素朴理論と科学理論	82
20.	受容学習と発見学習	86
21.	文章理解	90
22.	読書	94

Ⅲ 教育評価・統計

23.	教育のエビデンス	100
24.	テスト理論	104
25.	教育データ	108
26.	実験計画法	112
27.	多変量解析	116
28.	心理教育的アセスメント	120
29.	ノンパラメトリック検定	124
30.	統計パッケージ	128
31.	質的データ	132
32.	世代とコーホート	136
33.	フォローアップ研究	140

Ⅳ 教育相談・生徒指導

34.	学校生活での苦戦	146
35.	学校心理士	150
36.	スクールカウンセラー	154
37.	学生相談	158
38.	生き方指導	162
39.	認知カウンセリング	166

V 教育の諸相

- 40. 少子化と教育　　　　　　　　　　　172
- 41. 保育と教育　　　　　　　　　　　　176
- 42. 早期教育　　　　　　　　　　　　　180
- 43. 芸術と教育　　　　　　　　　　　　184
- 44. メディアと教育　　　　　　　　　　188
- 45. ジェンダーと教育　　　　　　　　　192
- 46. 宗教と教育　　　　　　　　　　　　196
- 47. 交通安全教育　　　　　　　　　　　200
- 48. アドミッション・オフィス　　　　　204
- 49. ファカルティ・ディベロップメント　208
- 50. 支援ネットワーク　　　　　　　　　212

人名索引　　　　　　　　　　　　　　　217
事項索引　　　　　　　　　　　　　　　221
編者・執筆者紹介　　　　　　　　　　　233

イントロダクション

0 教育心理学

educational psychology

教育心理学とは，どのような学問であるかについて，これまでさまざまな定義がなされてきた．たとえば倉石[1]は，「教育に関する心理学的事実や法則を明らかにし，教育の営みを効果的に推進するために役立つような知見や技術を提供するもの」と定義している．また東[2]は，「人の精神について，それが文化・環境との相互作用の中での発達と学習によって形成されるという観点から解明を進める学問」としている．久世[3]は，教育心理学の基本的立場として，① 教育過程における教育的関係を研究する心理学であること，② 全体としての人間を生涯発達という視点からとらえる実践的性格を担った心理学であること，の2点に求めている．教育心理学の最大公約数的な定義として，市川[4]は，「教育という事象を理論的・実証的に明らかにし，教育に資するための学問」であると述べている．教育心理学の研究方法は発展充実してきたが，教育心理学の目標とするところは大きくは変わっていない．

では，**教育**とは何か．英語の education の語源は，ラテン語の educatio であり，人間の中にあるものを「引き出す」という意味である．語源的に見ると，教育は子どもや若い世代をよりよく導き，それぞれの能力を伸ばす働きである[5]．フランスの**ルソー**（Rousseau, J. J.）[6]やスイスの**ペスタロッチ**（Pestalozzi, J. H.）は，人間の本性に従う自然の教育を主張した．今日では，教育とは「人間をより望ましい目的に向かって育成し援助していく働きである」と考えるのが一般的である[5]．しかし，どのような目的が望ましいのかは，文化の体系や社会の動態によって異なる．広い意味での教育は，

---

1) 倉石精一 1978 教育心理学の成立 倉石精一・苧阪良二・梅本堯夫（編）『教育心理学（改訂版）』新曜社

2) 東洋（著）柏木惠子（編）1989 教育の心理学：学習・発達・動機の視点 有斐閣

3) 久世敏雄 1988 教育心理学の特徴 久世敏雄（編）教育の心理 名古屋大学出版会

4) 市川伸一 2003 教育心理学は何をするのか：その理念と目的 日本教育心理学会（編）教育心理学ハンドブック 第1章 有斐閣 pp.1-7.

5) 田浦武雄 1995 教育の本質 田浦武雄（編）現代教育入門 第1章 福村出版 pp.7-19.

6) ルソー（1712－1778）は，『エミール：教育について』(1762) の中で，教育の3つの要素として，

人間を社会生活に同化していくこと，つまり**社会化**（socialization）していくことでもある．

教育心理学の歴史

ドイツの**ヘルバルト**（Herbart, J. F.）[7]は，『一般教育学』(1806) という著書の中で，「教育の目標を倫理学に，方法を心理学に求める」という立場をとった．

近代心理学の出発点であるライプツィヒ大学のヴント（Wundt, W.）のもとで学んだ**モイマン**（Meumann, E.）は，教育学の研究に実験心理学の手法を取り入れた．モイマンの著書『実験教育学入門講義』(1907〜08) の内容は，児童の心身の発達，教授法とその効果，教師の活動等であった[8]．

アメリカでは，同じくヴントの指導を受けた**ホール**（Hall, G. S.）が 1883 年頃に**児童研究運動**[9]を展開し，小学校入学時の児童の精神内容を調査し発表した．その後，**ソーンダイク**（Thorndike, E. L.）らを中心に**教育測定運動**が展開され，体系的な『教育心理学』（全 3 巻）が 1913〜14 年に刊行された．その第 1 巻では人間の生得的性質が述べられており，教師のための教養として児童の心理が解説されている．第 2 巻では学習心理学，特に読みのスキル，計算や問題解決などが述べられている．第 3 巻では，作業・疲労および個人差などの問題が扱われている．

第二次大戦後はアメリカが教育心理学の研究の中心地になったが，1957 年に旧ソ連が人工衛星スプートニクの打ち上げに成功したというニュースは，アメリカの教育界を揺るがせた．これを受けて**ブルーナー**（Bruner, J. S.）は，カリキュラム改革運動を主導し，名著『教育の過程』[10]の中で「教材や教え方の工夫をすれば，どのような教科でも，どのような段階の子どもに対しても教えることができる」と主張した．また，**スキナー**（Skinner, B. F.）は，オペラント条件づけを応用した**プログラム学習**の理論を提案した．さらに**クロンバック**（Cronbach, L. J.）は，学習者の適性にあった教授方法を工夫する必要があると述べ，**ATI**（**適性処遇交互作用**：Aptitude Treatment Interaction）の考え方を提出した．

日本の教育心理学の流れ

自然と人間と事物をあげ，「自然にかえれ」と主張した．子どもの成長力を尊重し，それをひたすら伸ばしていくことが大切であるとした．

7) ヘルバルト（1776-1841）は，1794 年イエナ大学で哲学を学んだ．1800 年にはゲッチンゲン大学の講師，1809 年にカントの後任としてケーニヒスベルグ大学の哲学の教授になった．1833 年にゲッチンゲン大学の教授として戻り，『教育学講義要綱』を執筆し，哲学者の中の教育学者として一生を送った．

8) モイマンは実験教育学の研究課題として，①児童の心身の発達，②児童の知覚・記憶その他の精神的能力，③個性，④個人差と知能検査，⑤学校作業における児童の行動，⑥各教科での心的作業の分析，⑦教授法と教師の行動，という 7 領域をあげている．

9) ホールの共同研究組織は，教師や親を含めた児童研究運動となり，1893 年に児童研究協会（National Association for Child Study）が結成された．

10) Bruner, J. S. 1960 *The process of education*. Cambridge MA:

わが国では明治期後半に、当時の教師教育の主流である師範教育の中に心理学が制度的に位置づけられた。大正時代に早くもビネー・シモンによる知能検査が紹介された．これは、日本の教育心理学が世界の動向にきちんと目を向けていたことを示すものである．

第二次大戦後，1949年に教育職員免許法が施行され，教職科目としての「教育心理学」が必修科目として位置づけられた．新制大学の設置と教員養成制度の確立によって，「教育心理学」の教育が拡大した．しかし，1988年の12月に改正された教育職員免許法では，「教職に関する専門教科科目」は，「幼児，児童又は生徒の心身の発達及び学習の過程に関する科目」と「教育の方法及び技術（情報機器及び教材の活用を含む）に関する科目」の2つとなり，「教育心理学」という科目名は残念ながらなくなった．

学会関係では，1952年に日本教育心理学協会が創立され，その発展として，1959年に日本教育心理学会が設立され，第1回の総会が東京大学で開催された．現在，日本教育心理学会は，7,000名を超える学会員から構成されており，年1回の総会が開催され，3日間にわたる研究発表やシンポジウムなどが活発に行われている．その機関誌である『教育心理学研究』を年4号，『教育心理学年報』を年1号発行している．2003年には，設立50周年の記念行事として，日本教育心理学会が企画・編集した『教育心理学ハンドブック』（有斐閣）が刊行された[11]．

教育心理学の研究領域

教育心理学に関連する研究領域は多岐にわたっている．アメリカ心理学会（略称APA）の第15部会が教育心理学の部会である．APAは，1996年に『教育心理学ハンドブック』を刊行している[12]．この本は，全5部33章から構成されている．1部は「認知と動機づけ」，2部は「発達と個人差」，3部は「学校のカリキュラムと心理学」，4部は「教職と教授法」，5部は「学問分野の基礎」となっている．2006年に出版された第2版では，全8部41章から構成されている[13]．第1部は「学問領域の基礎」，第2部「発達と個人差」，第3

Harvard University Press.〔鈴木祥蔵・佐藤三郎訳　1963　教育の過程　岩波書店〕

11) 事典や辞書類の刊行物は，以下のものがある．
牛島義友ほか（編）1956　教育心理学事典　金子書房．
牛島義友ほか（編）1969　教育心理学新辞典　金子書房．
依田新（監修）1977　新・教育心理学事典　金子書房．
三宅・北尾・小嶋（編）1991　教育心理学小辞典　有斐閣．
岸本・柴田・渡部・無藤・山本（編）1994　教育心理学用語辞典　学文社．

12) Berliner, D. C., & Calfee, R. C. 1996 *Handbook of Educational Psychology.* New York: Macmillan.

13) Alexander, P. A., & Winne, P. H. 2006 *Handbook of educational psychology.* (2nd ed.) New York: Lawrence Erlbaum Associates.

表0-1　教育心理学の研究領域

1. **発達**：乳幼児の心理，児童心理，青年心理，成人・高齢者の心理，生涯発達など
2. **人格**：パーソナリティ理論，パーソナリティ測定，自己・自我，アイデンティティ，社会性・道徳性，動機づけ，適応など
3. **社会**：学校教育，学級集団，家族関係，対人関係，教師－生徒関係など
4. **教授・学習**：学習理論，授業理論，教科学習，教育工学，知識・概念の獲得など
5. **測定・評価**：教育評価，テスト理論，教育統計，尺度構成，データ解析法など
6. **臨床**：教育相談，学校臨床，不登校，非行・問題行動，矯正など
7. **特別支援教育**：発達障害，特別支援（特殊教育），リハビリテーションなど
8. **学校心理学**：学習援助，スクールカウンセリング，心理教育的援助サービス，学校教育相談など

部「認知と認知過程」，第4部「動機づけ」，第5部「教育内容」，第6部「社会的・文化的視点」，第7部「教育の文脈」，第8部「学習・発達・教授の査定」の構成となっている．執筆者は84名にのぼり，全部で984ページからなるもので，アメリカの教育心理学の現状と到達点を知る上で，参考になる．

わが国では，前記の『教育心理学年報』が研究部門として8つをあげている（表0-1）．

ところで従来，教育という営みは「家庭」「学校」「社会」というフィールドに分けられて論じられてきたが，**生涯教育**という一生涯続く教育全般にわたる考え方[14]が出され，**リカレント教育**（recurrent education）[15]が提唱されるようになった．また，わが国では近年，大学・短大への進学率が50％を超えるようになり，大学の大衆化・多様化が進行した。まさに高等教育のユニバーサル化の時代となっている．

OECDの実施する**学習達成度調査**（PISA: Programme for International Student Assessment）は，読解力・数学的リテラシー・科学的リテラシーを主要3分野として，義務教育修了段階の15歳が持っている知識や技能を，実生活の中の様々な場面で直面する課題にどの程度活用できるかを評価するものである[16]．教育の成果が国際比較される時代になった．

教育の場の広がりに関連する問題と教育成果の質の担保の問題が，今後教育心理学に問われるようになるだろう．

〔二宮克美〕

14）「Ⅰ-1　教育のフィールド」参照．

15）OECDの教育研究革新センターが提唱した教育改革構想の1つ．人生の初期の一定の年齢で教育を終えるのではなく，生涯にわたって回帰的な方法によって教育を受けることができるようにする総合的戦略である．

16）「Ⅰ-7　学力」参照．

【参考文献】

子安増生・田中俊也・南風原朝和・伊東裕司　2003　ベーシック現代心理学6：教育心理学［新版］有斐閣

I　教育の基本概念

I-1 教育のフィールド

fields of education

教育のフィールド概念の歴史的展開

ドイツの教育学者**クリーク**（Krieck, E.）[1]は，1922年に著した『教育哲学』の中で教育の三層論を展開した．第1は**無意図的教育**であり，一般社会生活を通しての人間形成である．第2は**半意図的教育**で，人間教育を直接めざしていないが，政治や宗教などのような他の目的のための活動がもつ精神的影響による人間形成である．第3は**意図的教育**であり，学校教育のような意図的・計画的な教育である．

公式的なカリキュラムに対し，非公式だが集団における人間関係や雰囲気を通しての人間形成について社会のもつ隠れた教育作用を**潜在的カリキュラム**という[2]．このように教育は，意図的か無意図的か，組織的か非組織的かによって分類できる．図1-1は，真野[3]が教育の意図性組織性の比重関係と，「家庭教育」，「学校教育」，「社会教育」という従来の教育領域との関係を示したものである．

1) Krieck, E. 1922 *Philosophie der Erziehung*. Armanen-Verlag.

2)「I-6 教育課程」参照．

3) 真野宮雄 1990 生涯教育と学校教育 日本生涯教育学会（編）生涯学習事典 東京書籍 pp.122-127.

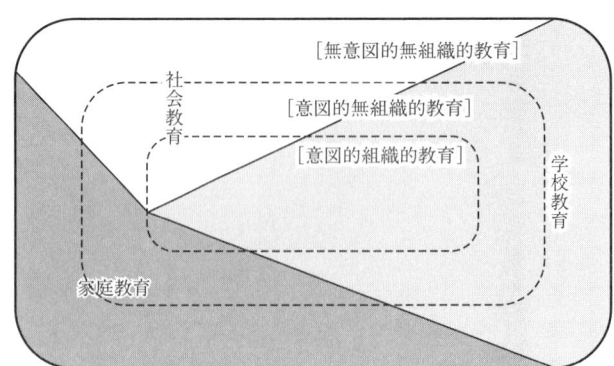

図1-1　教育形態と教育領域

家庭教育は，家庭で親が子どもに意図的あるいは無意図的に行うインフォーマルな教育である．子どもに基本的な生活習慣や社会性などを身につけさせることが主たる目的となる．赤木[4]は，「家庭教育は学校教育を終了し，成人になってからも絶えず新たな課題に向けて学習を継続できる子どもを育てることを考えなければならない．そのためには，子どもに何事にも自主的に取り組み，他人に頼らず，解決していこうという意欲，意思を育てることである」と述べている．家庭教育は，乳幼児期や児童期・青年期にとどまらない視点をもつ必要がある．

学校教育は，いわゆる学校という場で，一定の教育課程（カリキュラム）に従って，教育目標の達成を行う．2007年に改正された学校教育法では，第1条に「学校とは，幼稚園，小学校，中学校，高等学校，中等教育学校，特別支援学校，大学及び高等専門学校とする」とあり，8種類の学校があげられている．

社会教育は，社会教育法第2条に「この法律で『社会教育』とは，学校教育法に基づき，学校の教育課程として行われる教育活動を除き，主として青少年及び成人に対して行われる組織的な教育活動（体育及びレクリエーションの活動を含む）をいう」と定義されている．

従来は，家庭教育，学校教育，社会教育の3つの教育のフィールドに分けて考えられてきた．しかし，1965年にユネスコで開催された第3回成人教育推進国際委員会で，**ラングラン**（Lengrand, P.）は**生涯教育**という考え方を提唱した[5]．その中では，次のような目標が掲げられた．① 人の誕生から死に至るまでの人間の一生を通じて教育（学習）の機会を提供する．② 人間発達の統合的な統一性という視点から，さまざまな教育を調和させ，統合したものにする．③ 労働日の調整，教育休暇，文化休暇等の措置を促進する．④ 小・中・高・大学とも地域社会学校としての役割，地域文化センターとしての役割を果たすように勧奨する．⑤ 従来の教育についての考え方を根本的に改め，教育本来の姿に戻すため，この理念の浸透に努める．

4) 赤木恒雄 1990 生涯学習と家庭教育 日本生涯教育学会（編）生涯学習事典 東京書籍 pp.108-109.

5) Lengrand, P. 波多野完治（訳）1967 生涯教育について 日本ユネスコ国内委員会編 社会教育の新しい方向 日本ユネスコ国内委員会

わが国でも，1981年の中央教育審議会答申で生涯教育が家庭教育，学校教育を含めた教育の全般にわたる政策として位置づけられた．

人間はすべての生活場面で学習する存在である．その意味で，生涯教育よりも生涯学習という概念が重要となる．池田[6]は，「**生涯学習**とは，人々が生涯にわたって知識，技術，態度を開発する全過程を意味する」と述べている．さらに続けて，「これは，家庭，学校，大学，公民館，カルチャーセンター，職場およびマスメディアなど，その実施の場所や方法にかかわりなく，これらおよびその他の可能な教育資源を利用して行われる個人的および集団的な学習活動のすべてを含む」としている．このように「生涯学習」とは，従来の教育・学習の場を包括的に含みこんだ概念である．

学校心理学

最近では，学校という場で心理学の専門的知識や技能を応用しようとする**学校心理学**という研究領域が注目されている．

1997年から，日本教育心理学会を中心とした学会連合資格「学校心理士」認定運営機構が**学校心理士**という資格の認定を始めた[7]．教育職員免許法に基づく専修免許状の授与欄に「学校心理学」を付記することをめざしたものである．学校心理士は，学校生活におけるさまざまな問題について，カウンセリングなどによる子どもへの直接的援助を行うとともに，子どもを取り巻く保護者や教師，学校に対しても「学校心理学」の専門的知識と技能をもって，心理教育的援助サービスを行うことを目的としている．学校心理学は，学校教育の中での心理学的専門性という見地から，次の7つの領域を総合した学問体系である．教育心理学，発達心理学，臨床心理学，障害児の教育と心理，生徒指導・進路指導，教育評価・心理検査，学校カウンセリングの7領域である．

学校心理士資格認定委員会が編集した『学校心理学ガイドブック』（2006年，風間書房），「学校心理士」認定運営機構が企画・編集した講座『学校心理士：理論と実践』全4巻，2003年に設立された日本学校心理学会が編集した『学校心理学ハンドブック』などが出版されている．

6) 池田秀男 1990 生涯教育と生涯学習 日本生涯教育学会（編）生涯学習事典 東京書籍 pp.12-17.

7) 「Ⅳ-35 学校心理士」参照．2008年現在，約4,000名がこの資格の認定を受けている．

特別支援教育

従来は，障害の種類と程度に応じて盲聾養護学校や特殊学級で教育を行うことを基本とする**特殊教育**という考え方であった．しかし，特殊教育の対象ではなかった自閉症やアスペルガー症候群（高機能自閉症），学習障害（LD），注意欠陥多動性障害（ADHD）などの**軽度発達障害**をもった児童・生徒に対して，通常学級でも個々の児童・生徒の能力を伸ばしていこうとする考え方に変わってきた．発達障害を有するために日常生活または社会生活に制限を受ける18歳未満の者を**発達障害児**という．2005年施行の発達障害者支援法では，これらの者の心理機能の適正な発達を支援し，円滑な社会生活を促進するため，特性に対応した医療的，福祉的および教育的援助を支援するよう義務づけられた．

2007年4月から，**特別支援教育**が学校教育法に位置づけられ，すべての学校において，障害のある幼児児童生徒の支援をさらに充実していくことになった．特別支援教育は，「障害のある幼児児童生徒の自立や社会参加に向けた主体的な取り組みを支援するという視点に立ち，幼児児童生徒一人ひとりの教育的ニーズを把握し，その持てる力を高め，生活や学習上の困難を改善又は克服するため，適切な指導及び必要な支援を行うものである」という理念が掲げられた[8]．また「特別支援教育は，これまでの特殊教育の対象の障害だけでなく，知的な遅れのない発達障害も含めて，特別な支援を必要とする幼児児童生徒が在籍する全ての学校において実施されるものである」とされている．特別支援教育は，障害のある幼児児童生徒への教育にとどまらず，障害の有無やその他の個々の違いを認識しつつさまざまな人々が生き生きと活躍できる共生社会の形成の基盤となるものであり，我が国の現在及び将来の社会にとって重要な意味をもっている．

障害のある子どもとない子どもとの交流や共同学習が，ますます大切になってくると言える． 〔二宮克美〕

8) 文部科学省　特別支援教育の推進について（2007年4月1日）通知

【参考文献】

学校心理士資格認定委員会（編）2006　学校心理学ガイドブック　風間書房
日本生涯教育学会（編）1990　生涯学習事典　東京書籍

I-2
教育の法的基礎

legal foundations of education

こんにち学校教育は，国家的・国民的事業として，日本国憲法，教育基本法，学校教育法，同法施行令，同法施行規則，地方教育行政の組織及び運営に関する法律（地方教育行政法），教育職員免許法，学習指導要領，教科用図書検定規則など，種々の法令に基づいて組織され運営・実施されている（**法律主義**）[1]．日本の場合，教育の理念にはじまり，学校教育制度の骨格・運営や教育課程・教科書検定や地方教育行政の在り方に至るまで，法律や文部科学省の省令・通知などに基づいて実施されてきたため，中央集権的・画一的だと批判されてきたが，1990年代以降，地方分権改革の進展に伴い[2]，教育行政の地方分権化も進んできた[3]．

教育基本法（Fundamental Law of Education）は，戦後日本における教育の基本的在り方について規定した法律で，教育に関する他の諸法令の制定・運用・解釈の基準となる性質（準憲法的性質）を持つことから，「教育憲法」とも言われる教育の根本法である．同法は，戦前の国家主義的・軍国主義的教育への反省に立ち，「**教育勅語**」に変わるものとして，1947年3月31日，憲法の基本理念（平和と民主主義：国民主権・基本的人権）に則って制定されたが，2006年（平成18年）12月15日に政府提出の改正法案が可決され，同月22日に公布・施行された（以下，それぞれ旧法，新法と表記）[4]．

新法は，個人の尊厳の確立を基点とし，平和と民主主義に立脚した国民の形成を目的としている点や学校教育の公共性と教育の機会均等などを基本としている点は旧法と同様であるが，重大な変更点は次の三点にある．第1は，「公共の精

1）この法律に基づいて組織・運営する方式は近代国民国家において出現したものであり，諸外国でも共通に見られるが，その様態は多様である．例えば連邦制のアメリカやドイツでは教育は各州の専管事項とされており，日本の教育基本法に相当する連邦レベルの法律はない（ドイツには（「高等教育機関の使命」等を規定した「高等教育大綱法」がある）．イギリスの場合，教育制度の総合的枠組みを定めた法律はあるが（例えばイギリス教育史上はじめてナショナル・カリキュラムについても規定した1988年教育法），教育理念などを規定してはいない．他方，フランス，韓国（1949年制定，38回の改正の後97年に全面改正）や社会主義国の中国（1995年制定），ロシア（1992年制定）などには日本と類似の基本法がある．

2）475の法律改正案から成る地方分権一括法

神」「伝統」（前文と2条）や「規律」（学校教育6条）の書き込み・重視，「我が国と郷土を愛する」態度の養成をはじめ多数の徳目の盛り込み（2条5号），「子の教育」（生活習慣，自立心，心身の調和のとれた発達）に関する保護者責任の強調（家庭教育10条）など，道徳規範の形成と子ども・保護者の責任を強調するものとなっている点である．これらの規定は，子どもの内心を制約・統制する危険性があり，価値の多元性を前提とする民主主義社会の法規定としては不適切であり，「思想・良心の自由」を規定した憲法19条との適合性という点でも問題があるとの批判もある．第2は，教育行政に関する規定（旧法10条，新法16条）で，旧法の「教育は，不当な支配に服することなく，国民全体に対し直接に責任を負って行われるべきものである」との規定を，新法は「教育は，不当な支配に服することなく，この法律及び他の法律の定めるところにより行われるべきものであり，教育行政は……公正かつ適正に行われなければならない．」とした点である．旧法は，政治や行政も「不当な支配」の行使主体になりうるとの観点から，その権限行使を制約していたのに対し，新法はその点を曖昧にし，政治・行政による教育への不当・過剰な介入・統制を招来・正当化しかねない点で問題が多いとの批判もある．第3は以上2点とも関連するが，教育基本法の性質が「権力拘束規範」から「国民命令規範」の要素を持つものへと変わった点である．旧法は，教育の基本的な理念・枠組と行政の責務を規定したもので，憲法の第99条「天皇又は摂政及び国務大臣，国会議員，裁判官その他の公務員は，この憲法を尊重し擁護する義務を負ふ」という規定を踏まえ，近代立憲主義の原則に立ち，国家権力・行政権力を拘束する（教育制度の基本と教育行政や学校運営・教育指導が尊重・準拠すべき基本原則を定めた）権力拘束規範であった．それに対して，新法は，子ども・保護者・大学などに命令する（準拠・努力すべき）国民命令規範的要素が目立つものとなっているという点も，政府・立法府の不見識の表れとして批判する声もある[5]．

学校教育法（School Education Law）は，憲法・教育基本

の1997年7月成立，2000年4月施行．

3）とはいえ，依然として中央集権的統制が過度に強い面もあり，もう一方で，教育行政の一貫性・継続性や政治的中立性を確保するためにも教育委員会の一般行政からの独立性と自律性が重要であるにも拘わらず，地域によっては首長等の教育行政への過度の介入や都道府県教育委員会による市区町村教育委員会に対する指導・監督が強すぎる点など，課題も多い．

4）同法改正については，旧法制定当初から，「国への忠誠」や「伝統」「家族」などの理念に欠ける，連合国軍総司令部の指導下で非自主的に制定させられたなどとして保守勢力により主張されてきたが，上記改正の直接的な端緒となったのは教育改革国民会議（首相の諮問機関）の見直し提言（2000年）である．同提言を受け，中央教育審議会（中教審）が「改正すべし」との答申（03年）を提出し，そして06年4月に改正法案が閣議決定を経て国会に提出され，与党の強行採決により可決され成立した．

5）以上に加えて，同法改正については，中

法に基づき日本の学校制度の基本を定めた法律で，旧教育基本法とともに1947年3月31日に制定された．戦前の（帝国議会の審議・提案を経ず天皇の大権により発せられた法令により統治する）**勅令主義**に基づく各種の学校令（国民学校令，中等学校令，師範教育令，大学令など）に替わる学校制度に関する法律で，国公私立の別を問わず，幼稚園から高等教育まで各段階の学校制度の基本を定めている．2006年教育基本法の改正を受け，07年6月に構成・内容とも大幅改正された（08年4月施行）．本法の制定時の理念と特徴は，戦前の**分岐型**学校体系（中等教育段階からの男女別学や旧制中学と実業学校との分岐のように前段階の学校種別によって制度上その後の進学機会が制限・差別化されるシステムで**複線型**ともいう）を教育の機会均等と男女共学を基本とする「6・3・3・4制」**単線型体系**（どういうタイプの学校に通っても制度上その後の進学機会が制限・差別化されないシステム）へと再編し，義務教育年限を戦前の6年（国民学校令では8年とされたが実施されなかった）から9年に延長し，義務教育の目的も「国民ノ基礎的錬成」（国民学校令）という国家主義的目的を改め，教育基本法の理念（個人の尊厳，人格の完成など）に基づく「心身の発達」に応じた普通教育とした点などに特徴があった．しかし，近年の改革・改正はその基本的な理念・特徴を無節操に変える傾向を強めているとの批判もある．教育の目的・目標面では，復古主義的・国家主義的とも言える徳目が盛り込まれたことに表れている．他方，教育の機会に関しては，その時々の教育環境の変化に対応して拡充・改善を図るために部分改正されてきたが[6]，近年は教育体系の部分的な複線化と小中学校段階からの学校の格差化・序列化を促進する改革・改正が進められている[7]．

学習指導要領（course of study）は，小・中・高校の教育課程に関して国が示す基準で，文部科学省告示であるが，法的拘束力をもつとされる．1947年，最初の学習指導要領が試案として発行され，各学校が教育課程を編成する際の指針・手引きとされた．しかし58年の3回目の改訂（2回目の全面改訂）で文部省告示となり，法的拘束力が強調され，

教審の委員構成の偏り，国会での可決に至るまでのどの段階でも改正の理由・趣旨や各条項の適・不適の検討が十分に行われなかったこと，タウンミーティングでの「やらせ質問」の発覚，国会で意見陳述した21名もの公述人・参考人が連名で「徹底審議を求めます」との異例のアピール文を公表したこと，当時の世論調査でも「今国会成立にこだわるべきではない」が55％であったのに対し，「今国会での成立が必要」は19％でしかなかったことなど，与党勢力のイデオロギー的偏向と多数の力に任せての拙速な改正に対する批判も多く，再改正すべきだとの意見もある．

6) 短期大学（49年，恒常的設置は64年），高等専門学校（61年），専修学校（75年），養護学校（79年．2006年改正により特別支援教育および特別支援学校），放送大学（81年），専門職大学院（03年）等の新設・整備など．

7) 中等教育学校（98年），高校から大学への「飛び級」（01年）の法制化や，小中学校の学校選択制に関わる関係法令（学校教育法施行令の第5条，8条，9条および学校教育法

道徳の時間の新設や教科内容の現代化とともに戦後教育に大きな変更が加えられた．その後ほぼ10年ごとに全面改訂されてきたが，77年の改訂では受験競争の激化・受験苦自殺や落ちこぼれ等が問題視されるなかで，教育内容の精選や**ゆとりの時間（学校裁量時間）**が導入された．89年の改訂では情報化・国際化等を背景に「教育の個性化と多様化」が掲げられ，小学校低学年での生活科の新設，中学校での選択履修幅の拡大，高校社会科の地理歴史と公民への再編，「日の丸」「君が代」を国旗・国歌として入学式や卒業式で掲揚・斉唱することの義務付け等が行われた．1998年の改訂では2002年からの学校五日制完全実施に伴い，「生きる力」の育成をスローガンに掲げ，授業時数・教育内容の大幅削減，「**総合的な学習の時間**」の創設，必修クラブの廃止，高校での教科「情報」必修等を柱として大幅改訂が行われた．しかし「学力低下」論が強まるなかで03年12月には，同年10月の中教審答申を受け，(1) 指導要領の（最低）基準性の明示（従来，各学年配当の教育内容を越える事項は扱わないとしてきた「**歯止め規定**」の廃止），(2) 子どもの学力に応じた**習熟度別指導**や補充的学習・発展的学習などの奨励，(3) 教育内容の一部復活などを柱として，実施されたばかりの指導要領が一部改訂され，能力主義・学力重視への方針転換が明らかになった．さらに08年1月の中教審答申を受け，学習指導要領が改訂され，小学校は11年，中学校は12年，高校は13年の4月より実施されることになった．この改訂は，「総合的な学習の時間」の削減，数学・理科・体育・国語・社会・外国語などの授業時間数と教育内容の増加，小学校高学年での**外国語活動**（英語活動）の導入など，グローバル化や知識社会の進展に対応するための学力向上策と道徳教育・体育や伝統文化の重視を特徴としている[8]． 〔藤田英典〕

施行規則の第32条，33条）の一部改正（03年と06年．97年の弾力的運用に関する通知により東京都品川区等で先行導入されていた選択制を法的に容認し手続きを規定）などに見られる．

8) 改正された教育基本法や学校教育法を踏まえて「生きる力」の理念の共有と「確かな学力の確立」をスローガンに掲げている．

【参考文献】
藤田英典　2005　義務教育を問いなおす　ちくま新書
磯田文雄（編著）2006　新しい教育行政：自立と共生の社会をめざして　ぎょうせい
樋口修資（編著）2008　教育行政と学校経営：改正教育基本法下の公教育制度の理念と構造　明星大学出版部

I-3

教育改革

education reform,
educational reform

　教育の制度・内容・実践等に関わる改革をいう．学校教育の改革に限定して用いる場合もあるが，一般的には，乳幼児教育・就学前教育から生涯教育まで，人間の生涯にわたる学習・成長に関わりのある教育的営みのうち，公権力（中央政府や自治体）が何らかのかたちで関与して進められる教育の制度・運営・実践の在り方に関わる改革をさす[1]．

　教育は，人間の学習・発達・成長を促進・支援することを志向して行われる意図的な働きかけ・営みである．この営みを通じて，人は社会生活に必要な能力・態度・価値観等を形成し，そして，社会は世代を越えて存続・発展していくことが可能となる[2]．

　教育改革とは，本来，この教育の在り方とその質・機能の改善・向上を目的として行われるものである．しかし，実際に行われる改革がその要件を満たしているとは限らない．特に1980年代から始まった「**ゆとり教育**」改革，とりわけ92年の**学校週5日制**導入に始まる「**学校スリム化**」改革とセットになってからは，種々の矛盾とイデオロギー的偏向が目立ち，特に初等中等教育の改革では，教育の在り方や質・機能の改善・向上にプラスになるどころか，マイナスになる矛盾に満ちた改革が増えているとの批判も多い．その改革の経緯と重要な矛盾の概要は以下の通りである．

　1980年から「ゆとりと充実を」というスローガンの下，授業時間と教育内容を削減し「**ゆとりの時間**」を導入した学習指導要領が実施され，いわゆる「ゆとり教育」改革が始まった．84年には中曽根首相の諮問機関として**臨時教育審議会**が設置され，87年までに3次にわたる答申が出され，「個

1）類語・関連語に，教育計画（planning），教育改善（improvement），教育革新（innovation），教育革命（revolution），教育変動（change）などがある．

2）**デュルケム**（Durkheim, E.）は，この人間形成と社会の存続・発展という，教育の二重の機能を重視し，教育は社会が存続していくために成人世代が若年世代に対して行う「方法的社会化（socialization méthodique）」であると定義した．同様に，教育基本法は，「教育は，人格の完成を目指し，平和で民主的な国家及び社会の形成者として必要な資質を備えた心身ともに健康な国民の育成を期して行われなければならない」（第1条）と規定している．

性の重視」「**教育の個性化**」をキーワードにした改革が提案されたが，その実質は「**教育の自由化**」であった．それ以降，エリート的な中高一貫校の創設[3]，小中学校段階での**学校選択制**の導入や習熟度別指導の導入・拡大，構造改革特区制度に基づく**教育特区**校（学習指導要領に拘束されない）の新設など，小中学校段階からの学校の格差化・序列化や学習集団の能力別編成などが進められることになった．

　次いで92年から月1回の学校週5日制が導入され，95年から月2回になり，2002年から完全学校5日制に移行した[4]．しかし，そこには重大な構造的矛盾があった．それは，グローバル化する知識社会にあって子どもたちが高校卒業までに学習・習得すべき知識（理解力・思考力などを含む広義の学力）の水準が高まることはあっても従前より低くてよいということはありえないのに，学校での学習の内容と時間を削減したという矛盾である．この矛盾を覆い隠し改革を正当化してきたのが，いわゆる「**新しい学力観・学習観・評価観**」である．IT化・グローバル化や「知識社会」化が進む時代に必要なのは「**自ら学び考える力**」「**生きる力**」や創造力・問題解決能力などの「新しい学力」であり，その育成には「**総合的な学習**」に象徴されるような**探究学習**・問題解決学習・体験学習などが重要であり，「関心・意欲・態度」を重視した**観点別評価**が重要だというのである．しかし，学習方法・評価方法の改善は必要だが，どのような学力・能力も，短い時間と少ない努力で身につくということはありえない．ここに「学校スリム化」とセットになった「ゆとり教育」改革の構造的矛盾がある．

　この構造的矛盾の解決策の一つが，小中学校段階から「できる子ども」と「できない子ども」を分けていく**習熟度別指導**の拡大とエリート的な**中高一貫校**（中等教育学校）や**学校選択制**の導入である．そして，もう一つの反動的な対応策が2002年1月公表の『確かな学力の向上のための2002アピール**学びのすすめ**』以来鮮明になった学力重視政策への転換と，その方針を具体化した08年3月公示の**学習指導要領**[5]であり，さらには，07年から43年ぶりに復活・実施された

3）例えば宮崎県の五ヶ瀬中高一貫校＝現・五ヶ瀬中等教育学校．

4）5日制導入の実質的理由は「1800労働時間」を実現するための触媒として公務員の週休2日制を実施するとの政策に対応することにあったが，文部科学省・中教審や多くのマスコミ・評論家は「日本の学校はいろんなことをやりすぎているからダメなのだ．もっとスリムにして，子どもを家庭・地域に戻し，親子のコミュニケーションや地域での異年齢交流を促進すれば教育はよくなる」と言って，5日制の導入・拡大を推進・支持してきた．

5）算数・数学，理科，外国語（英語）を中心にした授業時間と教育内容の増加；全面実施は小学校11年度，中学校12年度．

全国学力調査に象徴されるテスト学力重視政策である．

　この学力重視政策への転換と学校選択制等の導入・拡大（**教育の市場化**）については，①小中学校段階からの学校の格差化・序列化と進学競争・受験競争の低年齢化（**教育機会の差別化**）を促進し，②テスト学力向上・進学実績向上をめぐる学校間・地域間の競争を煽り，③学校教育・学習活動とその意義・目的をテスト学力・受験学力の形成に矮小化し，④公教育に対する人びと（保護者）の私的関心・消費者的関心の増大を招き（**教育の私事化・商品化**），⑤地域コミュニティの分断化を促進する，という危険性が指摘されている．

　80年代以降の改革の矛盾・歪みは以上に留まらない．生きる力，自ら学び考える力，創造力・問題解決能力などの育成とテスト学力重視との矛盾，心の教育や人権教育などの重視と競争主義や問題行動抑止のための厳罰主義的対応強化（ゼロ・トレランス）との矛盾，心の教育や総合学習，国際理解教育や情報教育，食育指導や安全指導など学校・教師が特別の時間を割き特別の準備をしなければならない活動の増加と学校スリム化政策との矛盾，成果主義的な**学校評価・教員評価**や**教員免許更新制**など（管理統制の強化）と教職員の自発性・専門性・同僚性・協働性の重要性や教職員の創意工夫・自己研鑽の強調との矛盾，憲法の掲げる平和と民主主義の理念・原則と復古主義的・国家主義的な観点からの教育基本法や学校教育法（→学習指導要領）の改正との矛盾など，挙げればきりがないほどである．

　むろん，好ましい改革がないわけではない．①教育行政の地方分権改革と学校・校長の裁量権の拡大，及び，②**学校支援ボランティア制度，学校評議員制度，学校運営協議会**（コミュニティ・スクール）など地域住民・保護者の学校参加・学校支援を促進する改革は，その代表例である[6]．

　以上のように1980年代以降，矛盾と問題の多い改革が進められてきたが，世界的に見れば3つの特徴を指摘することができる．第1は世界の改革動向と共通する側面で，それは「**教育の再構造化**（educational restructuring）」と言われる改革動向である．その特徴は，ICT（information and commu-

6）しかし，①の分権改革と校長裁量権の拡大は一部地域で，政治家（首長）の教育への過剰・不当な介入や教育委員会・校長の暴走を招いている．その暴走傾向は特に，①全国学力テストの地域別・学校別成績の公表，テスト学力・進学実績向上をめぐる地域間・学校間の競い合い促進，エリート的な中高一貫校や学校選択制の導入・拡大（成果主義的・市場原理主義的改革）と，②国旗・国家の取扱いや道徳教育・愛国心教育などに関する過剰・不当な管理統制の強化（復古主義・統制主義）の側面で目立っている．

nication technology）[7]の革新・普及やグローバル化する知識経済社会の進展と新たな国際競争の激化，子どもの生活環境の変化，財政事情の悪化，公立学校を含む公的機関に対する説明責任（accountability）要求の高まり，教育に対する私的関心の増大などを背景にして，教育の**卓越性**（excellence）・効率性の追求や**質保証・質向上**（QA = quality assurance；QE=quality enhancement）を目的に掲げ，教育行政・学校運営面での**分権化**（decentralization）・**規制緩和**（deregulation）・**権限委譲**（devolution）・現場裁量権の拡大の促進と教育の自由化・多様化や市場化・民営化と**成果主義**的競争（OBE = outcome-based education）及び成果主義的な教員評価と**業績給**を促進する傾向が強い点にある．

　第2の特徴は，教育の役割及びカリキュラム・教育方法などの改革で，この側面では，英米をはじめ諸外国は日本の学校教育を成功例・モデルの一つにしてきたのに対して，日本の改革はその成功の基盤を揺るがし掘り崩すような改革を進めてきた点にある[8]．

　第3の特徴は，第1の特徴とも重なるが，政治主導による改革が目立ち，そして，小さな政府と強い国家を重視する新保守主義，多様化と選択の自由を強調する新自由主義・ポストフォーディズム[9]，市場的競争と効率性を重視する市場原理主義・経営効率主義，説明責任・公明性と明示的（測定可能）な成果を重視する査察主義・テスト主義などが主要な改革イデオロギーとなってきたことである．しかし，こうしたアプローチは，総合性・長期性を特徴とする教育，使命感・献身性や協働性が重要な教職においては，弊害が多く，その基盤を解体していく危険性がある．実際，その弊害は，例えば教師の多忙化や**バーンアウト**（**燃え尽き症候群**）などとして顕現している．　　　　　　　　　　　　〔藤田英典〕

7）ITとも言うが国際的にはICTが一般的．

8）欧米では，「卓越性の追求」をスローガンに掲げ，例えば習得学習（mastery learning）の重視・拡大，授業研究（lesson study）の導入，教員研修システムの充実，フィンランドの習熟度別学習の廃止などによる，実基礎学力の向上・底上げを図る施策を講じてきたのに対して，日本では上述のように「ゆとり教育」と探究学習・総合的学習を重視し（02年以降はテスト学力重視への転換），もう一方で習熟度別指導や学校選択制の導入・拡大を進めてきた．

9）狭義にはヘンリー・フォードの大量生産方式の後に出現した，個別的で多様な市場の需要に応える，融通性に富んだ生産形態・経営形態をさすが，広義には，以上に加えて，情報通信技術の発展等に伴う産業構造・職業構造や雇用形態・労働者管理様式の変化なども含む現代資本主義経済体制をさす．

【参考文献】
藤田英典　2005　義務教育を問いなおす　ちくま新書
苅谷剛彦　2002　教育改革の幻想　ちくま新書
藤田英典　1997　教育改革　岩波新書
広田照幸　2003　教育には何ができないか　春秋社

I-4 学校文化

culture of school

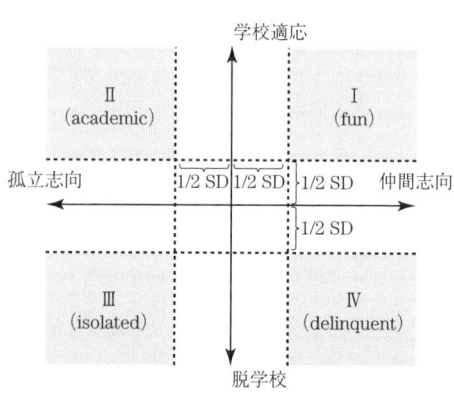

図4-1 学校生活に対する意識の類型(二宮・久世・大野，1985)[1]

児童・生徒の毎日の生活は，学校生活が中心である．学校は，毎朝8時頃から午後3時頃までの約7時間を過ごす場所であり，児童・生徒の1日の活動時間の多くを過ごす場所となっている．また，ほとんどの人が小学校入学の6歳から高校卒業の18歳までの12年間を学校という場で過ごしている．

1980年頃に学校での営みが児童・生徒に与えている影響を明らかにする研究から，学校で起こっている活動そのものを文化現象として明らかにしようという研究へと変化した．学校という教育の場では，一般社会にないさまざまな活動がある．たとえば，学校行事や課外教育活動などである．

学校行事とは，「特別活動」の一内容領域で，各教科・道徳の領域だけでは果たせない人間形成の部分をカバーする教育活動である．学校行事は，学校の全体計画として行われる点に特徴がある．学校行事の内容として，① 儀式的行事，② 学芸的行事，③ 体育的行事，④ 修学旅行・遠足的行事，⑤ 保健・安全的行事，⑥ 勤労・生産的行事などがある．具体的には，入学式や卒業式，学習発表会や文化祭，運動会や体育祭，修学旅行や遠足などである．こうした学校行事は，児童・生徒の学校生活に変化とリズムを与え，楽しく豊かな生活経験が得られるよう工夫されている．これらの学校行事が学校生活の良き思い出として，記憶に残ることが多い．

こうした行事のほかに，部活動・クラブ活動，サークルといった**課外教育活動**がある．課外教育活動は，異年齢集団による集団目標達成と集団維持にその特徴がある．たとえば，

1) 二宮克美・久世敏雄・大野久 1985 中学生・高校生の学校生活への適応に関する一研究 日本教育心理学会第27回総会発表論文集, 404-405.

野球部というクラブに所属していれば，野球がうまくできるようになるといった技術的なことや試合に勝つといったことを異なる学年の者たちとともに目標として掲げ，それに向かって努力するとともに，野球部の部員としての誇りやクラブの存続に力をそそぐ．こうした異年齢集団において，先輩・後輩のきずなを形成していく．

中学生を対象とした角谷・無藤の研究[2]は，「部活動継続者にとって，クラスだけでなく，部活動においても中学生の欲求が満たされていれば，充実感や学校生活への満足度が高まる」ことを明らかにした．さらに「クラスでの欲求満足度の低い中学生にとって，部活動は学校生活への満足度を高めてくれる要因となりうる」ことを示唆している．また角谷[3]は，「部活動で積極的に活動できていることは，その時点での中学生の学校生活への満足度の高さと関連するだけでなく，学校生活への満足度を時期を追って高めることにつながる可能性」があるとしている．

吉村[4]は，中学運動部員を対象に，部活動への適応感と主将のリーダーシップの関係を検討している．消極的な主将の部では，利己的表現が強い部員の部活動への適応感が高いことなどを明らかにしている．さらに，主将から熱心かつ厳しく指導されることによって，部員の意識が練習課題に向けられ，積極的に取り組むようになること，その際に他の部員と一緒に達成感を味わうことによって部員との関係も良好になっていくことなどを明らかにしている[5]．

高校生を対象とした竹村・前原・小林[6]の研究では，スポーツ系部活に参加している者は，部活に参加しない者に比べて，課題志向性（個人の能力の発達を目標とする志向性）および協同性（仲間と協力することを目標とする志向性）が高いことを明らかにしている．また，部活に参加している者は，自己不明瞭感が低く，授業満足度が高いことから，適応が良好であると指摘している．

樽木・石隈[7]は，中学生の文化祭において「学級劇」という小集団での体験の効果を検討している．その結果，小集団の発展を高く認識した生徒は，自己活動（自主性・協力・

2) 角谷詩織・無藤隆 2001 部活動継続者にとっての中学校部活動の意義：充実感・学校生活への満足度との関わりにおいて 心理学研究, 72, 79-86.

3) 角谷詩織 2005 部活動への取り組みが中学生の学校生活への満足度をどのように高めるか：学業コンピテンスの影響を考慮した潜在成長曲線モデルから 発達心理学研究, 16, 26-35.

4) 吉村斉 2005 運動系部活動における利己的表現と主将のリーダーシップの関係 心理学研究, 75, 536-541.

5) 吉村斉 2005 部活動への適応感に対する部員の対人行動と主将のリーダーシップの関係 教育心理学研究, 53, 151-161.

6) 竹村明子・前原武子・小林稔 2007 高校生におけるスポーツ系部活参加の有無と学業の達成目標および適応との関係 教育心理学研究, 55, 1-10.

7) 樽木靖夫・石隈利紀 2006 文化祭での学級劇における中学生の小集団の体験の効果 教育心理学研究, 54, 101-111.

運営）の認知や他者との相互理解を高めたことなどを明らかにしている．

生徒文化とは，「生徒集団に特有な価値志向と行動様式」と定義される．小学生や中高校生が，毎日多くの時間を過ごしている学校に対してどのような意識をもっているかについて，清水ほか[8]は学校適応と仲間志向の2本の軸によって，生徒を4類型に分けている．遊び型，勉強型，孤立型，逸脱型の4類型（図4-1）の心理学的特徴を，中高校生を対象に調査した二宮・大野[9]は次のように要約している．遊び型は，自尊感情，充実感，信頼感が高く，適応型と呼ぶべき特徴をもっている．勉強型は，成績・学歴尊重主義が強く，自尊感情や充実感が高いわりには信頼感が高くない．孤立型は，自尊感情，充実感，信頼感という一般的な適応の指標がいずれも低く，不適応型と言える．逸脱型は，成績・学歴尊重主義が特に低く，学校・教師・勉強に対して適応的ではないが，充実感や信頼感はさほど低くない．

大学生を対象にした研究として，二宮ほか[10]は大学生の授業に対する意識を調べ，「授業への積極的要望」と「授業に対する安直な考え」の2軸を見出した．そして，授業への要望が強く，安直な考えが弱い「勉学型」，要望も安直な考えも弱い「従順型」，授業への要望は強いが安直な考えも強い「自分勝手型」，要望が弱く安直な考えは強い「しらけ型」の4類型に分けている．勉学型と従順型は，自分の存在価値を肯定的にとらえ，自信をもち，大学に居心地の良さを感じているのに対し，自分勝手型やしらけ型は，勉学意識が希薄なまま大学に進学し，大学に居場所がなく，大学をやめたいと思ったことがあるという結果を報告している．

教師文化とは，教師の職業意識と自己意識，専門的な知識と技能，『教師らしい』と感じさせる規範意識や価値観，ものの見方や考え方，感じ方や行動のしかたなど，教師たちに特有に見られる様式的な職業文化を意味している（佐藤[11]）．佐藤は，わが国の教師像を「官僚化」対「民主化」と「脱専門職化」対「専門職化」という2つの軸によって，4類型に分けている（図4-2）．

8）清水義弘・松原治郎・潮木守一・新井郁男・小野浩・菊池城司・武内清 1978 地域類型別に見た高等学校の適正規模に関する総合研究 東京大学教育学部紀要, 17, 1-45.

9）二宮克美・大野久 1990 学校生活における青年 久世敏雄（編）変貌する社会と青年の心理 福村出版 pp.157-182.

10）二宮克美・桑村幸恵・稲葉小由紀・山本ちか・宮沢秀次 2005 大学生の大学授業観(1) 愛知学院大学・情報社会政策研究, 7 (2), 31-38.
二宮克美・高橋彩・桑村幸恵・稲葉小由紀・山本ちか・宮沢秀次 2005 大学生の大学授業観(2) 愛知学院大学・情報社会政策研究, 8 (1), 27-36.

11）佐藤学 1994 教師文化の構造：教育実践研究の立場から 稲垣忠彦・久冨善之（編）日本の教師文化 東京大学出版会 pp.21-41.

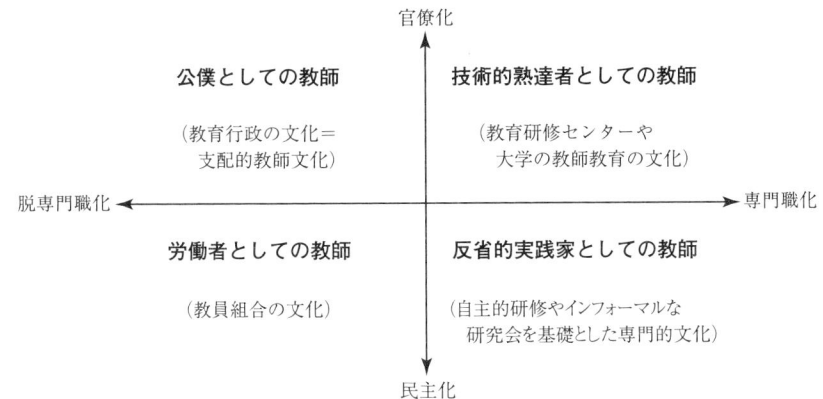

図4-2　教師像の規範型とその文化(佐藤，1994)[11]

　「公僕としての教師」は，大衆に対する誠実な献身性と遵法の精神が求められており，一般に「教員」という呼称は，この類型に対応している．「労働者としての教師」は，1960年代の教員組合運動を基盤として普及したものであり，「公僕としての教師」の対抗文化として形成されてきた．「技術的熟達者としての教師」は，教育の科学的研究の発展を背景とし，教師教育と教職研修の制度化により普及した教師像である．「反省的実践家としての教師」は，教職を高度の専門職として規定するが，その根拠を実践場面における省察と反省を通して形成され機能する実践的な知見と見識に求める．「技術的熟達者としての教師」の対抗文化と言える．

　学校を構成する単位として**学級**がある．学級集団は，基本的に1年間という期限つきであるが，児童・生徒だけでなく教員を含め，そのクラス特有の雰囲気である**学級風土**が形成される．さまざまな要因が複合的に影響しあって形成されるが，教員のリーダーシップが取り上げられることが多い．教示的・説得的（専制的）スタイルは，学級集団が未熟な場合は効果的であり，参加的・委任的（民主的）スタイルは，集団の成熟度が高い場合に効果的であると言われている．〔二宮克美〕

【参考文献】
稲垣忠彦・久冨善之（編）1994　日本の教師文化　東京大学出版会
木原孝博・武藤孝典・熊谷一乗・藤田英典（編著）1993　学校文化の社会学　福村出版

I-5 教室空間

classroom space

図 5-1　旧開智学校（筆者撮影）

教室とは何か

教室（classroom）とは，学校で授業や学習のような教育活動を行う部屋のことであるが，児童・生徒にとっては，学校生活において一日の大半を過ごし，昼食をとったり，休憩をとったりする居室でもある．

教室は，「学校教育法」[1]においては特にそのことが規定されておらず，小学校，中学校，高等学校などの各設置基準の中で具体的に規定されている．**小学校設置基準**および**中学校設置基準**では，「第三章　施設及び設備」に校舎に関する規定があり，

　　第九条　校舎には，少なくとも次に掲げる施設を備えるものとする．
　　　一　教室（普通教室，特別教室等とする．）
　　　二　図書室，保健室
　　　三　職員室
　　2　校舎には，前項に掲げる施設のほか，必要に応じて，特別支援学級のための教室を備えるものとする．

と定められている．

しかし，**高等学校設置基準**となると，教科ごとに必要な専門の教室があるということで規定が多くなり，その第十九条において，「二　相当数の普通教室（普通教室と特別教室との合計数は少なくとも同時に授業を行う学級の数を下つてはならない．）」，「三　地理歴史科・公民科教室及びその標本室」，「四　物理，化学，生物，地学のそれぞれの実験室，標本室及び準備室」，「五　音楽教室，図画教室，製図教室，工作教室及びそれぞれの準備室及び書道教室」が校舎に必要な施設として付加されている[2]．

1) 学校教育法は，昭和22年（1947年）3月31日公布，学校教育制度の基礎を定めている日本の法律である．

2) 平成19年（2007年）の改正により，校舎と教室に関する規定は小中学校とほぼ同じような内容となり，第十五条に置かれている．

教室の歴史

ここで，日本の教育における学校と教室の歴史を振り返っておこう．

わが国の近代的学校制度は，明治5年（1872年）の**学制公布**から始まる．明治政府は，19世紀後半の世界の義務教育化の流れをいち早く取り入れ，「邑に不学の戸なく，家に不学の人なからしめん事」を期するため，この法律を制定した．これを受けて，各市町村では，次々と学校を建設していった．長野県松本市にある**旧開智学校**（重要文化財）は，1873年開校，現存するわが国最古の学校の代表である[3]．図5-1の写真に見られるように，洋風建築として建てられた，当時としては最もモダンな建物であるが，実は学校建築としては問題もあった．すなわち，廊下の両側に教室を配置していたので，教室の半分は冬には寒くて暗いという居住環境上の問題である．

現在も主流派である伝統的な教室を模式図的に表すと図5-2のようになる．この教室は，廊下の片側（できれば南側）にのみ教室が設置され，東西軸上に設計する場合は，必ず教卓が西に置かれる．そうすることによって，南側からの光は冬の教室を暖かく保つのみならず，多くの児童・生徒は右利きであるので，鉛筆を持つ手が教科書やノートに影を落とさずにすむ．

このような配慮のもとに教室が設計されるようになったのは，明治28年（1895年）に文部省が**学校建築図説明及び設計大要**を示したことによるとされる[4]．これにより，校舎の形状は長方形，凸型，凹型，エの字型のいずれかにし，廊下の片側に教室を配置し，その形状は長方形とすることや，児童・生徒1人当たりの教室床面積の基準などが細かく定められた．

実は，「学校建築図説明及び設計大要」では，さまざまな大きさ

3）開智学校の出身者に，澤柳政太郎（1865-1927）がいる．澤柳は，東京大学卒業後，文部省（当時）に入り，小学校令を改正して4年制から現在の6年制にした．東北帝国大学初代総長，京都帝国大学総長（教授解任に伴う「澤柳事件」も勃発）を経て，成城学校の校長として成城学園を発展させた．最晩年には，大正大学初代学長に就任．

4）長倉康彦　1973　開かれた学校：そのシステムと建物の変革　日本放送出版協会

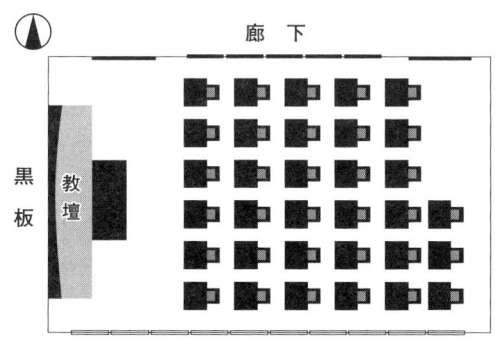

図5-2　伝統的な教室空間の模式図（筆者による作図）

の教室が例示されていたのであるが，明治期後半から大正期にかけて，小中学校の教室は4間×5間（約7.2m×9m）の矩形（長方形）が標準となっていった．第二次世界大戦中は，物資不足のためにやや小ぶりの教室も建てられたが，7m×9mの矩形の教室が標準となっているのは戦後も同じである．ただし，戦後の大きな変化は，特別教室や各種の多目的教室が増えたことである．

オープンスクール

第二次世界大戦の前後で学校の授業が大きく変わったことの1つは，教室の全員に同時に同じことを教師が教える**一斉授業**（lecture style）の形式だけでは，児童・生徒の個人差に即応した教育が難しいので，小集団の班単位で班員同士の討議や共同作業を行わせる**小集団学習**（small group learning）などが取り入れられるようになったことがあげられる．

このような変化の流れの中に位置づけられる教室形態として，**オープンスクール**（open-space school; open plan school）がある．オープンスクールは，最初イギリスで始まり，1970年代にアメリカで発展した（現在は下火になっている）．オープンスクールは，「開かれた学校」という意味であるが，これは学校の建築空間と教室の授業時間の両面において，固定的で閉じられたものではないということである．学校の建築空間の面では，四方を壁で囲まれ，机と椅子が教卓に向かって整然と並べられた教室（図5-2のようなもの）ではなく，教室の壁の一部を大きく取り払い，視覚的に開放された広々とした空間を作り出し，通常よりも床面積の広い教室には，児童・生徒が自習や作業を行う学習スペースが設置されている．授業時間の面では，教室の全員が同じことを同時に学習する一斉授業よりも，児童・生徒の特性や学習進度を考慮して行われる**個別処方授業**（individually prescribed instruction）の占めるウェイトが高い．

わが国でも，1970年代以後オープンスクールの実践が行われた．その代表例として，愛知県東浦町立緒川小学校がある．**緒川小学校**[5]は，まさに学制発布の年の1872年に開校したが，その後100年余りが経過して老朽化した校舎を建て

5) 愛知県東浦町立緒川小学校　1987　個性化教育のすすめ方：写真でみる緒川小学校の実践（オープンスクール選書10）明治図書出版

直す際に全面的に改修し，1978年からはオープンスクール化して新たなスタートをきった．教室空間の問題だけでなく，「指導の個別化」「学習の個性化」を方針として，30年にわたって児童の自主性を育てる教育に取り組んでいる．同校は，地方の公立の小学校がオープンスクール教育の実践を行っている例として，教育関係者にはよく知られている．その実践は，同校のユニークな教室空間のもつ魅力抜きには語れない．

社会的環境としての教室空間

教室空間は，学校という建築物の一部として，台風や地震などの災害に耐え，教材・教具・教育機器を安全に保管する場であり，児童・生徒ならびに教職員が日々安全かつ快適に過ごせる場としての物理的環境という側面をもっていることは言うまでもない．しかし同時に，教室空間は，通常30人から40人の子どもたちが，毎日お互い同士顔を突き合わせて――フランス語でヴィザヴィ（vis-à-vis）と表現される「顔と顔」の関係の中で――生活する社会的環境でもある．

児童・生徒は，自分自身のことを考え，自身の能力を伸ばすための努力を行うだけでなく，学級全体のことにも目を向け，その共通の目標に向かってみんなで力を合わせたり，仲間の様子に気を配ったりしなければならない．自分勝手な振る舞いや，他の子どもへのいじめなどは，教室空間の社会的環境を著しく損ねるものである．教師は，教室がばらばらになったり，暗い雰囲気になったりしないように，日々配慮しなければならない．いわんや，教師自身による子どもへの体罰や授業放棄などは論外である．しかし，教師に悪意や落ち度はなくても，一度教室の雰囲気が悪くなると，それを立て直すのは容易ではない[6]．最初が肝心であるし，日々の努力を怠ると，後になるほど回ってくるそのつけは大きい．学校教育とは，教室空間に始まり，教室空間で終わると言っても過言ではない．〔子安増生〕

6) その極みが「学級崩壊」であるが，これはフランスの社会学者デュルケム（Durkheim, É.）のいう「アノミー」の現象である．

【参考文献】
愛知県東浦町立緒川小学校 1987 個性化教育のすすめ方：写真でみる緒川小学校の実践（オープンスクール選書10）明治図書出版

I-6 教育課程

curriculum

教育課程とは**カリキュラム**（curriculum）の訳で，「学校教育の目的や目標を達成するために，教育の内容を児童生徒の心身の発達に応じ，授業時間数との関係において総合的に組織された学校の教育計画」（文部省，「小学校指導書・教育課程一般編」1978）と記されている．カリキュラムの本来のラテン語の語源は競馬，競争のコースを意味し，「人生の来歴」を意味の中に含んでいる[1]．その後16世紀頃から学校で教えられる教科の科目，その内容や時間割配当など，学校の教育計画を意味する用語として使われるようになった．

日本では，戦前は「教科課程」「学科課程」という用語を使用した．しかし1951年の**学習指導要領**には「児童がどのような教科の学習や教科外の活動に従事するのが適当であるかを定め，その教科や教科外の活動の内容や種類を学年別に配当づけたものを教育課程という」と「教育課程」という用語が使われるようになった．これは学校での教育活動には，教科教育の学習のほかに教科外活動などに（extra-curricular activities：学校行事，学級活動，生徒会活動，クラブ，部活動など），計画に基づいて展開する活動も教育課程の中に含めるとの考えから生じた．一口で言うなら，教育課程の研究とは，学校で何をいつ，どのような順序で教え，学ぶのかというきわめて実践的な側面を研究することになる．

一方，各教科，学年，単元，個々の授業レベルの活動計画は**指導計画**と呼ばれる．これに比較すると，教育課程とは教育内容の全体計画と規定できる．しかし教育課程には学校で教える教科・授業科目その授業時間数や単位は想定されているが，各教科の授業内容にまでは立ち入ってはいない．教育

1) CV（curriculum vitae）と書くと履歴書という意味になる．

課程や指導計画の編成は学習指導要領や地方の教育委員会が決めている基準に従って各学校が行うことになっている．このとき，学習指導要領は教科外活動を含む授業科目等の内容の大綱を示す文部科学省告示として出されている．この学習指導要領に「法的拘束力」があるか否かについては，憲法・教育基本法で定める学問・思想の自由や教育の自由との関わりで議論があり，裁判でも争われる問題となっている．

いずれにしろ幼・小・中・高校等の教育課程は，学習指導要領に編成の基準は示されてはいるが，教育課程の編成，つまり実際に各教科等で何を，どのような順序で教えるかという具体的な編成は各学校で行うことになっている．そして当該の教師が教科書その他の教材，教師自身が作成した指導案等に基づいて実践する．つまるところ，学校の教育課程を実際に編成するのはそれぞれの教師ということになる．日本中の学校の教育課程を文部科学省は把握できないし，教育委員会も把握できない．学校で行われる教育活動の内容を立案し，実施し，評価し，年度ごとに教育課程を改善してゆくのは学校の教師なのである．

カリキュラムには，系統的に配列されたものと学習者の生活経験・知識や技能を重視するものがある．後者のひとつが**コア・カリキュラム**である．これは生活現実の問題解決を学習する「中心課程」，それに必要な基礎的知識や技能を学習する教科教育の「周辺課程」からなる．このコアに何を持ってくるかは活発な議論がなされた．米国では生活経験をコアとするのでなく「知識・技能の共通した体験」「共通した言語の習得」等の共通性をコアとする考え方もある[2]．生活科，総合的な学習の導入にコア・カリキュラムの志向が窺えるが，基礎学力低下，教師の指導性の解体等の問題も指摘されている．

ところで学校での学びの中には，教師が直接指導する教育以外にも学校という制度，子どもと教師，あるいは子ども同士の人間関係の中で無意図的に学習されてゆくものがある．これを**隠れた**(hidden)**カリキュラム**あるいは**潜在的**(latent)**カリキュラム**と呼び，前述の教師が編成したカリキュラムを顕在的カリキュラムと呼んで区別している．

2）加藤十八　1992　アメリカ教育のルネッサンス：進歩主義教育の破綻とアメリカ2000教育戦略　学事出版

隠れたカリキュラムという概念が教育界に登場するのは1960年代の半ばである．しかし19世紀の終わりには最も効果的な道徳教育は，学校のもつ制度的構造を通じて間接的に行われるとの考え方がアメリカの教育学にはあった．たとえば，朝遅刻しないで学校に行く，45分間私語をせずに椅子に座って話を聞く，学校で先生や友達に挨拶をするなど，学校で当たり前のことを繰り返すだけで時間厳守，規則正しさ，静粛，清潔，礼儀正しさなどの習慣を形成するのに役立っている．つまり，教室や学校における日常の決まり切ったことを経験するだけでも学ぶことはあるということである．

　このように潜在的カリキュラムとは，学校での学習経験の総体という意味で広義のカリキュラム概念に含まれる．しかし公式的カリキュラムに組み込まれた教科や教科外活動のカリキュラムとは異なり，学校や教師の計画的・意図的な働きかけとは関係なく，ときには働きかけに反したことも子どもが学習してゆく内容を含む．児童・生徒は学校の制度や組織，校風，あるいは授業中，学校内での教師－生徒関係で教師が示す価値意識や行動様式などから，学習内容のほかに実に多様な影響を受ける．このようなことも隠れたカリキュラムの中には含まれている．このように考えると学校の顕在的カリキュラムも潜在的カリキュラムを通して子どもに作用してゆくのであり，その影響力はかなり大きなものがある．

　ところで実践現場での教師のリーダーシップは，大学での講義やテキスト等，明示的な言葉だけで獲得できるものではない．科学哲学者**ポランニー**（Polanyi, M.）[3]はこのような知識を**暗黙知**（tacit knowing）と呼んだ．彼は科学的な発見の際，科学者は発見の内容をすでに暗黙のうちに知っており，発見とは暗黙のうちに知っていたものを明示化すると考えた．この暗黙知の実例は科学以外の領域にも数多く見られる．たとえば自転車に乗れる人，車を運転する人は自分がどのように操作しているのかを説明できない．身体的な訓練なしに獲得できない技能はすべて暗黙知ということができる．

　仕立屋の職人仕事，親から子へと伝授される産婆の技術など，暗黙知に関する文化人類学者の**徒弟制**的な学びのフィー

3）ポラニー，M．佐藤敬三（訳）1980　暗黙知の次元　紀伊國屋書店

ルドワークによると，これらの学びは仕事に周辺的に参加しながら仕事全体を把握し，少しずつ責任をもたされているうちに，一人前になってゆくことが報告されている[4]．教師の力量形成に関しても，暗黙知の獲得の重要性を示唆した研究は多い[5,6]．明示的な知識は言葉での伝達が可能なため，体系的なカリキュラムを策定し，講義やテキストで伝達ができる．しかし，暗黙知は言葉での伝達が難しい．教師自らが経験や先輩教師との交流，媒介的な言葉を通じた直感，反省（reflection）等を通して多くは無自覚的に獲得すると考えられる[7]．

　こうして1980年代には，研究法が数量的研究から質的研究へ転換し，社会学，政治学，倫理学，文化人類学，エスノメソドロジー，現象学，芸術批評，フェミニズム，文化研究などの多様なジャンルの知識を総合する方法で探求がなされるようになった．またカリキュラムの編成で問われているのは，トップダウン式のカリキュラムで教育の生産性と効率性を追求することではなく，教師の経験の質であり，教育問題の構造的な解決だと考えられるようになった．こうして教育課程の研究は「カリキュラム」から「教師」へ中心軸が移行することになり，「プログラムの開発」から「教師の実践」に研究が移行した．これはカリキュラムを実践の主体である教師の側からとらえなおす転換，つまり教室の実践を内側から対象化する視点への転換でもあった．従来のカリキュラムは「教育目標」「教材」「指導技術」によって構成された「プログラム」であり，教師はこのプログラムの忠実な実践者であった．しかし実際の教育は子どもとのコミュニケーションを通して生成され，創造される．このように考えると，カリキュラムは「開発」されるものではなく，状況との会話に基づいて「デザイン」されるものと言うほうが適切で，「カリキュラムづくり」とは「学びの経験のデザイン」にほかならないと考える学者も多くなった[8]．〔青木多寿子〕

4）レイヴ, J.・ウェンガー, E. 佐伯胖（訳）1993 状況に埋め込まれた学習：正統的周辺参加　産業図書

5）秋田喜代美　1996　教師教育における「反省」概念の展開：反省的実践家を育てる教師教育をめぐって　教育学年報, No.5.

6）ショーン, D. 佐藤学・秋田喜代美（訳）2001　専門家の知恵：反省的実践家は行為しながら考える　ゆみる出版

7）千々布敏弥　2005　教師の暗黙知の獲得戦略に関する考察：米国における優秀教員認定制度に注目して　国立教育政策研究所紀要, 第134号, pp.111-126.

8）佐藤学　1999　カリキュラム研究と教師研究　安彦忠彦（編）カリキュラム研究入門　新版　勁草書房

【参考文献】
柴田義松　2000　教育課程：カリキュラム入門　有斐閣コンパクト
安彦忠彦（編）1999　カリキュラム研究入門　新版　勁草書房

I-7

学力

academic ability,
scholastic ability,
academic achievement

　学力について学問的に確立した定義はないが，広狭の順に，①人間の諸能力のうち，学習（learning）活動を含む諸経験を通じて形成される知的能力，②学問研究の世界や学校教育において重視されるタイプの知的能力，③学校教育の課程（カリキュラム）において学習・習得すべきものとして明示的に盛り込まれている知識・技能とその活用能力の総体としての知的能力を指示する概念と言える．いずれの場合も**知的能力**（intellectual ability）は，認識・理解・推論・判断・意志決定といった**精神作用**の内容・水準として捉えられる能力（mental ability）を指し，**知性**（intelligence）や**認知能力・認識能力**（cognitive ability）とほぼ同義である[1]．

　上記3つの学力の定義のうち，学校教育との関連で一般に用いられているのは②と③である．それは，第一に，学校教育の普及した現代社会においては，当該社会において価値があるとされる「文化・知識・技能」（以下，たんに知識）の中核的・基礎的な部分，社会生活において必要とされる知的能力の基礎的な部分を学習・習得すべきライフサイクルの初期段階（基礎的学習期・青少年期）が学校教育を受けるべき時期（教育期）として組織されているからであり，学校はその価値ある知識を伝達・教授し，青少年の基礎的な学習と知的能力の形成を支援・促進する中核的機関として位置づけられているからである．第二に，学校教育は上記のような知識の伝達と知的能力の形成を組織的・計画的に遂行・促進するために教育課程（カリキュラム・学習指導要領）を編成し，教授・学習活動を組織し実施しているからである．いずれにしても，上記②の定義は③の教育課程や学習指導要領の内

1）学力と知的能力をこのように定義しても，そこには曖昧さがあり，その捉え方は多様である．その曖昧さ・多様性は，文化・社会生活・教育およびその相互関係の多様性・複雑さとその多様性・複雑さに起因する「能力」概念の多義性に由来する．一般に能力（ability）は「何かをなし得る力」を指すと言えるが，例えば，将来の可能性（習得可能性）も含む潜在的能力・才能（capacity），持っている力を発揮し物事を処理・遂行することのできる能力（capability），英語コミュニケーション能力や機械操作能力や問題解決能力のように特定分野の作業を行うことのできる実践的能力（competence），学校や職場を含む様々な活動場面で実際に発揮・達成された成果によって捉えられる能力（performance；achievement），職場をはじめ種々の技術的・文化的・社会的文脈に

容・水準を論じる際の前提となるものである．他方，①の定義は内容を特定していない（内容面では最も広く包括的と言える）が，知的能力形成のメカニズム・過程を含んでいるから，教育指導・学習の在り方・方法や学習者の学習環境・生活環境の影響をも考慮する議論では重視される．

　どの定義によるにしても，知的能力も，その基礎的・中核的部分としての学力も，個々人（個々の子ども）と当該社会・国民国家の現在と将来を左右する重大要因であるから，人びと（特に子ども自身や保護者）も政治家・企業関係者なども，その内容と水準がどうなっているかに無関心ではおれない．むろん，教職員をはじめとする教育関係者も無関心ではおれない．こうした構造的文脈とその時々の時代状況（特に経済的・文化的状況と大学を含む学校教育の直面する課題）を反映して，機会あるたびに「学力」問題は教育界を越えて社会一般の関心の的となり，マスコミや国会・議会などでも論じられてきた．「学力論争」と「学力低下」問題はその典型である．

　学力論争は戦前期にもなかったわけではないが（例えば国家公認の学力観に対して子どもの生活現実に即した学力形成を主張した**生活綴方運動**），それが盛んになったのは戦後のことである[2]．こうした学力論争に加えて，激化する受験競争や知識詰め込み教育・偏差値教育などの弊害が盛んに論じられる中で，1977 年改訂（小学校 80 年，中学校 81 年実施）の学習指導要領により「**ゆとり教育**」が始まることになり，現在に至る「**学力低下**」論争が展開することになった．2002 年 1 月には『**確かな学力の向上のための 2002 アピール「学びのすすめ」**』（文部科学省．以下，文科省）が公表され，「ゆとり教育」政策から「**学力重視**」政策への転換が鮮明化し，そして，08 年には授業の時間と内容を大幅に増やした改訂学習指導要領が告示されることとなった．こうした「学力低下」論議との高まりと「学力重視」政策への転換が進む中で，**学力調査**（**全国学力調査や国際学力調査**）への関心が強まり，その結果が教育政策・教育実践に大きな影響を及ぼすようになった．

における規範や役割期待に応えうる作業能力（スキル skill），さらには「教養」や「学問倫理・職業倫理」なども知的能力に含めて考える必要があるとの議論など，その意味は多様である．それは，何をどのように重視するか（知的能力について論じる際の文脈や関心・視点・目的など）によって能力の捉え方や評価の仕方が多様だからである．この多様性は学力についても当てはまる．なお，「学力」は遅くとも江戸時代後期には使われていたが，当時は「ガクリキ」と言われていた．

2) 特に 1958 年の学習指導要領が文部省告示となり法的拘束力が強化されたことや 60 年代半ばに実施された全国一斉学力調査を背景にして，〈学力とは何か，どういう学力の形成が重要なのか．テストで測られる学力は本当の学力とは言えるか．テスト学力（詰め込み教育による知識）は直ぐ剝落してしまう（「学力剝落」論）．知識偏重が「落ちこぼれ」をつくりだしている〉といった議論が 60 年代半ばから 70 年代にかけて盛んになった．

文部省（当時）は教育課程・学習指導の改善と教育条件の整備に資することを目的として 1956 年〜 66 年に小 6 ・中 3 ・高 3 を対象とする全国学力調査を実施し（小は国・算・理・社の 4 教科，中・高は英語を加えた 5 教科），61 年〜 65 年は中学校で全生徒を対象とする**悉皆調査**を実施したが（それ以外は**抽出調査＝サンプル調査**），種々の不正行為や事前準備や学校間・地域間の競い合いなどが問題化した．その頃から学力調査を実施してきた地域もあるが，1992 年の文科省による学校現場からの「**業者テスト追放**」施策以降，それまでの高校入試・進学指導のために行われていた業者テストに替わって，「**学習状況調査**」「**学力定着度調査**」と称する業者テストが都道府県単位や市・区単位で主に小 2 以上を対象に毎年実施されるようになった．他方，文科省は，「学力低下」論が強まる中で，「学力低下」の真偽や学力の定着度を調べるため，02 年度と 04 年度にそれぞれ小 5 から中 3 までの 45 万人を対象に全国学力調査を実施し，03 年度には高校 3 年生 10 万人を対象に同調査を実施した．さらに 07 年 4 月には 43 年ぶりに，義務教育の成果の検証と質を保証する仕組みを目的として，小 6 と中 2 の全児童生徒（形式的には任意参加のため私立の約半数と犬山市は不参加だったが実質的には全員参加の悉皆調査）を対象に国語と算数・数学の**全国学力テスト**（**全国学力・学習状況調査**）が実施され，08 年も同様に実施され，09 年度の実施も決まっている．

国際学力調査としては，国際教育到達度評価学会（IEA）が 1960 年代から実施してきた TIMSS 調査と経済協力開発機構（OECD）が 2000 年から 3 年毎に実施してきた PISA[3] 調査が世界各国で注目され，英米などでは 1980 年代以降，他の諸外国でも 90 年代後半以降，教育政策・教育論議に多大の影響を及ぼしてきた．日本でも教育関係者の間では知られていたが，マスコミや政策担当者の間でも注目・重視されるようになったのは第 1 回 OECD ／ PISA の結果が公表された 2001 年以降である．しかし，諸外国，特に欧米先進諸国では 1995 年実施の第 3 回 IEA ／ TIMSS の結果が **TIMSS インパクト**と言われるほどに注目され，世界的な学力向上政策の

[3]「0 教育心理学」参照．

引き金となった．そして，それに追い打ちをかけたのが2000年の第1回 OECD／PISA の結果で，その影響も **PISAショック**と言われるほどに大きいものとなった．PISA では日本は 2000 年，03 年，06 年と順位を下げてきており，科学は全参加国中 2 位→2 位→6 位（OECD 加盟国中では 2 位→2 位→3 位，以下同様），数学は 1 位→6 位→10 位（1 位→4 位→6 位），読解力は 8 位→14 位→15 位（8 位→12 位→12 位）だった．上位国・地域はフィンランド，韓国，香港，台湾などである．こうした PISA の結果は，最近の「学力低下」論に拍車をかけ，「学力重視」政策推進の根拠となっているが，そこには幾つか検討すべき問題がある．

第 1 に，順位だけを見るなら，日本は PISA 読解力を除いてトップクラスにあると言えるが，TIMSS でも PISA でも低学力層が増加傾向にあり，また，同一問題の平均正答率も低下傾向にあるのは何故か，その原因を探り，適切な対応策を講じる必要がある．第 2 に，TIMSS と PISA は重視する学力観が異なり，前者は教科内容の習得度を問うアチーブメント・テスト（文科省・全国学力テストの A 問題に相当）であるのに対して，後者は総合的な理解力・思考力を問うリテラシー・アプローチによるテスト（同 B 問題に類似）と言われるが，両者は本当に異なる学力を測定しているのかどうかをきちんと再検討する必要がある．第 3 に，近年テスト学力・進学実績偏重の傾向が強まっており，文科省の全国一斉学力テストがその傾向に拍車をかけているが，そうした傾向・動向の是非についても真摯に検討する必要がある．〔藤田英典〕

【参考文献】
市川伸一　2002　学力低下論争　ちくま新書
OECD 著・嶺井正也（訳）2000　学力低下と教育改革：学校での失敗と闘う　アドバンテージサーバー
「中央公論」編集部・中井浩一（編）2001　論争・学力崩壊　中公新書ラクレ
苅谷剛彦・志水宏吉（編）2004　学力の社会学　岩波書店
藤田英典　2005　義務教育を問いなおす　ちくま新書
藤田英典　2006　教育改革のゆくえ：格差社会か共生社会か　岩波ブックレット
山内乾史・原清治（編著）2006　リーディングス　日本の教育と社会 1　学力問題・ゆとり教育　日本図書センター

I-8
個性と個人差

individuality and individual differences

個性も個人差も日常的によく使われる言葉であるが，個性はある個人の特徴（通常は社会的に価値のある特徴）を指し，それぞれの個性の間に原則的には上下関係がないのに対して，個人差は特定の能力や技術の個人による違いを指し，その能力や技術が高いことが低いことよりも一般的には好ましいとされるものである．前者が個人ごとの質的な違いを指すのに対して，後者は量的な違いを指すとも言えるだろう．

個性も個人差も，学校での学業成績や適応等に大きく影響する．たとえば一般的に，**知能指数**[1]が高いことは，学業にはプラスの影響があると考えられる[2]．また，**認知スタイル**[3]の違いによっても，学業等での成功しやすさが異なるだろう．

学校のように多くの子どもたちを対象に教育が行われる場合，子どもたちの個性と個人差に応じた対応をどうするかは，難しい問題である．多くの子どもがいる学校では，すべての子どもを対等に平等に扱うべきという考えが支配的である．確かに教師による不公平は望ましくない．しかし，すべての児童生徒を「同じ」に扱うことが平等や公平であるとは限らない．どのような教育が最もその子どもにとってよいのかは，個人によって異なる．

学習者の個性や個人差に対応した教育方法の研究成果として，**ATI**（**適正処遇交互作用**，Aptitude-Treatment Interaction）をあげることができる．ATI は 1957 年に**クロンバック**（Cronbach, L. J.）[4]によって提案された考え方で，ある教育方法のもつ効果が，学習者の特性や個性に応じて異なるということである．

1) 知能テスト（「田中ビネー知能検査」や「WISC-Ⅲ」などが市販されている）を実施すると，対象児の精神年齢を測定することができる．精神年齢を実年齢で割り算し，100を掛けたものが知能指数である．なお精神年齢とは，知能検査結果に基づく知的発達の水準を表すものである．心理学用語以外で使われる，大人っぽさ（子どもっぽさ）を表す「精神年齢」とは多少意味が異なる．

2) ただし参考文献にあげた松村（2003）によると，知能指数の高い才能児は才能の高さゆえに学力不振に陥ることがあるとのことである．

3) 認知スタイルとは，思考や意思決定等の様式に見られる個人によるパターンの違いのことである．たとえば，反応は遅いが正確な「熟慮型」と，逆に反応は速いが誤りが多い「衝動型」などがある．

たとえば村山[5]の報告では，高い**習得目標**[6]をもつ生徒の学習方法は授業後のテスト形式による影響を受けなかったが，習得目標が低い生徒は，空欄補充テストでは浅い処理を，記述式テストでは深い処理を行っていた．このことは，生徒の学習目標の状況に応じて，テスト形式を含む教育方法の選択を考えなければならないことを示しており，習得目標が低い生徒には特に注意が必要であることを示している．

ATIは「すべての児童生徒に効果のある教育方法」というものがあるのではなく，教育方法は児童生徒の個性等に応じて，柔軟に変更，調整されなければならないことを示すものである．この考え方は教育実践に生かす教育心理学研究として，非常に重要なものであり，今日に至るまで多くの研究が積み重ねられている[7]．

児童生徒の個人差に対応した教育というと，単純に発想されるのは児童生徒を学力の違いなどを基準としてグループ分けをし，それぞれのグループ別に授業を行うことであろう．後述の習熟度別クラス編成などはその代表的な例と考えられる．しかし，学校での学習活動に影響する子どもの個性や個人差には多くの種類があり，その組合せは無数にある．昨今は**学習障害**[8]や**読み書き障害**[9]などの発達障害をもつ児童生徒の存在が認められるようになり，彼らに配慮した対応も求められている．また，日本ではあまり見られない取り組みであるが，アメリカでは才能児と呼ばれる能力の高い児童生徒のための教育も取り組まれている[10]．さらに，児童生徒の家庭環境，暮らしている地域の環境，健康状態などは一人ひとり全く異なっている．

結局のところ，すべての児童生徒がそれぞれに調整された教育方法を必要としているのである．そうである以上，児童生徒の特性に応じて子どもたちをグループ分けし，別個に教育すればよいという発想には自ずから限界がある．

むしろ発想を転換して，多様な児童生徒が一緒に学びあう中で，一人ひとりの児童生徒の個性と個人差に応じて，教師の対応等の教育方法を調整していくほうが現実的であろう．もちろんこのためには，1人の教師が担当する児童生徒の数

4）Cronbach, L. J. 1957 The two disciplines of scientific psychology. *American Psychologist*, 12, 671-684.

5）村山航　2003　テスト形式が学習方略に与える影響　教育心理学研究，第51巻，1-12.

6）習得目標（mastery goal）とは，何かを学習する際に，その学習内容を自らが習得することを目標とすることを指す．これに対して，他者よりも優れた成績を収めるために学習する場合を「遂行目標（performance goal）」という．

7）ATI研究の歴史的変遷は次の文献に詳しい．Fuchs, D. 2006 Cognitive profiling of children with genetic disorders and the search for a scientific basis of differentiated education, In P. A. Alexander & P. H. Winne（Eds.）*Handbook of educational psychology*, 2nd Edition, Mahwah: Lawrence Erlbaum Associates, pp.187-206.「Ⅲ-26　実験計画法」も参照.

8）「Ⅱ-12　知育の基礎」参照.

9）「Ⅱ-21　文章理解」参照.

10）参考文献にあげた

が多すぎてはいけないし，必要に応じて他の教師とのチームティーチングなども実施されなければならない．このように教室の児童生徒一人ひとりの教育ニーズを把握し，それに応えていく教育のことを**個性化教育**（individualized education または differentiated education）と呼ぶ．

個性化教育が実施される上では，教員が児童生徒の個性や特性を把握し，教育方法を調整しながら彼らの発達変化を注意深く観察する必要がある[11]．また，児童生徒の状況を把握する場合，たとえば学業成績のような全体的な指標ではなく，文章理解，計算能力，プランニング能力，学習への動機づけの実態などを個別に検討するほうが有効である．児童生徒の「学力」や「能力」のあり方は，学業成績のような1つの指標で表せるほど単純なものではないためである．

児童生徒の特性や能力について，多面的に把握することが強調される背景には，心理学や教育学における知能に関する考え方の変遷もあげることができる．**知能**とは何か，知能はどのように測定され得るかに関する研究は，1905年にビネー（Binet, A.）が知能テストの開発を行って以来の長い歴史をもつ．近年では，知能という1つの能力を考えるというよりも，知能は多重性をもつという考え方が提唱されている．

代表的なものに，**ガードナー**（Gardner, H.）の**多重知能理論**をあげることができる[12]．これは，知能には7〜8の異なる知能（言語的知能，論理数学的知能，音楽的知能，身体運動的知能など）が存在するというものである．そして個々人の知能の状態は，これらの異なる知能の組合せであり，その組合せは個人ごとに独自である．また，特定の知能に優れることが他の知能に優れることよりも好ましいということもない．そしてガードナーは，一人ひとりの違いが考慮された教育が最も効果的に働くとして，個性化教育を強く支持している[13]．

日本の教育界では，「個性尊重」というスローガンがさまざまな場面で掲げられている．確かに，個性尊重というスローガンは美しい．しかし，その旗の下に実施される教育が本当の意味で個性尊重なのか，そもそも個性尊重とは何なのか

松村（2003）を参照．

11) 日本での普通学級における，児童の個別の指導計画作成に関する実践研究例としては，次の論文を参照．海津亜希子・佐藤克敏 2004 LD児の個別の指導計画作成に対する教師支援プログラムの有効性：通常の学級の教師の変容を通じて 教育心理学研究，第52, 458-471.

12) 原典は次のとおり．
Gardner, H. 1993
Multiple intelligences: The theory in practice.
New York: Basic Books.
多重知能理論については，参考文献にあげたもののほかにも，次の文献にわかりやすい解説がある．
松村暢隆 2008 本当の「才能」見つけて育てよう：子どもをダメにする英才教育 ミネルヴァ書房
子安増生 1997 子どもが心を理解するとき：子どもの発達と教育7 金子書房

13) Gardner, H. 1999
Intelligence reframed: Multiple intelligences for the 21st century.
New York: Basic Books.
〔松村暢隆（訳）2001 MI：個性を生かす多重知能の理論 新曜社〕

ということを，常に注意深く吟味する必要はあるだろう．

たとえば，児童生徒等の学力の多様化等を受けて，**習熟度別指導**の導入が進められている[14]．確かに個人によって学習の進度には違いが生じるので，習熟度別に授業を行うことにはメリットもあるかもしれない．だがその一方で，習熟度別クラス編成は結果的には児童生徒の学力を向上させないという報告もある[15]．ごく一部の成績の高い児童生徒の学力向上には役立つが，それ以外の児童生徒は「ゆっくりと少ない内容を学ぶ」ことに終始してしまい，結局は低学力から抜け出せないためである．

さらに重要な視点として，実際に社会で求められることは，異質で多様な人々と協同して働き，生活する能力であるということがある．学力によって児童生徒をグループ分けして教育を行うことが，本当に社会で生きる力を育てるのかについては，疑問も大きいと言わざるを得ない．

さらに，学力不振の児童生徒のことを「できないことも，学ばないのも個性」として結果的に放置するという話も聞かないではない．確かに児童生徒の可能性の開拓を考えたとき，音楽やスポーツなどの才能を伸ばすことに時間を多く割き，いわゆる受験学力に近い領域の学習時間は少なめにする（なくすのではない）という対応はあり得るだろう．しかしそれは，あくまでもその児童や生徒のための最善の選択でなければならない．子どもたちにいわゆる「自己責任」を押しつけるのは，教育のあり方としては不適切であろう．

個性に応じた教育という場合，「誰にも共通に必要な市民としての教養がある」ということと「一人ひとり能力や適性は異なる」ということの間のバランスをどうとるかという，非常に難しい問題にぶつかる．この問題にどう対応するにせよ，すべての児童生徒の可能性を拡げるという観点を忘れずに持ち続けたいものである．〔西垣順子〕

14）2002年において，小学校の71％，中学校の67％で習熟度別指導が導入されているという．
佐藤学　2006　転換期の教育危機と学力問題　基礎学力研究開発センター（編）日本の教育と基礎学力：危機の構図と改革への展望　明石書店　pp.35-50.

15）佐藤学　2004　習熟度別指導の何が問題か　岩波ブックレット

【参考文献】
松村暢隆　2003　アメリカの才能教育：多様な学習ニーズに応える特別支援　東信堂
ハワード　ガードナー　黒上晴夫（監訳）2003　多元的知能の世界：MI理論の活用と可能性　日本文教出版

I-9 教師像

teacher as profession

教員養成課程から教師へ

教師は**教育職員免許状**を持った専門職である．全国に幼小中高養護学校等あわせて約110万人という，専門職の中で最大人数を占める職業である．普通免許状を持つ教師になるためには，教職課程認定を受けた大学等で，文部科学省が取得に必要とするとした科目の単位履修をすることが求められる[1]．その単位履修で免許状を取得できる主たる科目としては，教職に関する科目と教科に関する科目がある．つまり，教える教科内容に関する知識と共に，授業方法や生徒指導，進路指導等の指導法と生徒の心身の発達や学習過程，教育の理念等の知識をもっていることが必要であると考えられている．そして大学では内容，方法，生徒の発達等がそれぞれ別の科目として教えられる．しかし，教壇に立つ際には，特定の学年，発達段階にいる生徒に特定の内容を教えるにはどのような方法を用いればよいかについての豊富な複合的知識が求められる．つまり，教職の個々の科目の知識をそのまま当てはめれば授業ができるわけではない[2]．

また教職の特徴は職業に就く前から職業に関する知識を多くもっている点である．生徒として教えられる経験を，小学校から高校までででも1万3,000時間あまり積んでいる．その中で望ましい教師像に関する信念やイメージを教えられる側から形成し，指導方法等についての知識も無意識のうちに学

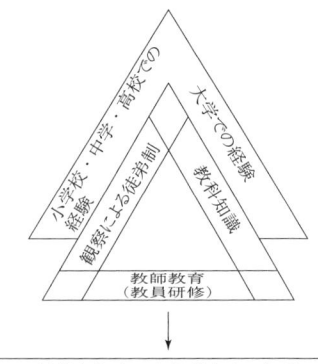

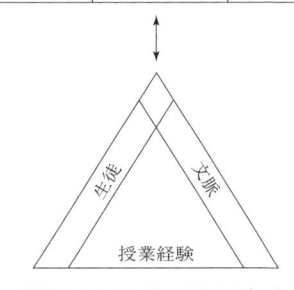

図9-1 授業のための知識の発展モデル（Grossman, 1990）

1) 日本では教員免許状は教員養成を中心とする教育学部の出身ではなくても，教職課程認定を受けている大学で必要な単位をとれば国公立私立にかかわらず教員免許状を取得することができる．これは開放性の免許制度と呼ばれている．

2) Shulman, L. はこの教師の複合的な知識をpedagogical content knowledge（授業を想定した教材内容知識）と呼び，教師の専門性

んでいる．すなわち「観察による徒弟制」によって，その職業イメージを形成してきている[3]．

しかし，生徒としての観察経験は，集団でさまざまな生徒を教える視点ではなく，1人の生徒として教師との関係の中でのものであるために，教えることを単純化してとらえがちである．しかし実際には，教師はきわめて複雑な判断を求められる．教師の仕事は生徒のためにどこまで指導や支援をすればよいかが明確でないという意味では無境界性という特徴を有し，また授業等でも全員に最良の方法が一義的に常に決定しているわけではないという不確実性も有している．したがって，ジレンマ状況に直面しながら即興的な意思決定や判断が求められ，その結果を省察しながら専門的知識を習得していくことになる[4]．

図9-1に示されているように[5]，小中高等学校での，生徒としての観察による徒弟制によって得た知識と，大学での教育課程で得た教科内容や方法等の知識とともに，教育実習などの準備教育での経験と採用されてからの現職教育での初任者研修や校内研修などで得た知識を基にして，教師は授業を想定した教育内容の知識を形成していく．そこには，教育の目的として何が望ましいのか，望まれるかという信念も含まれている．そして，その目的に応じて生徒・カリキュラム・授業方法をもとに授業内容を組み立て，実際に日々の授業の状況に応じて使用する．またその使用を通して，生徒やその状況から学びながら，より精緻で状況にあった知識を形成していくという双方向の過程として発展していくということができる．この過程は教師個人に独自のものであるために，教師の知識は個人的であり，かつ特定の状況に応じて有効に機能する経験的な知識であるということができる．

専門家としての教師像と教師生徒関係

教師は教育学理論や学んだ既有知識や指導技能をただ当てはめて授業を行っているわけではなく，授業中生徒に関わる**多くの実践的な教授学的推論**（pedagogical reasoning）を行い，3秒間に一度は意思決定をしているとも言われるように，行動しながら考え，考えながら行動する過程を繰り返す中で

の中核にあることを指摘している．
Shulman, L. 2003 *The wisdom of practice: Essays on teaching, learning and learning to teach*. San Fransisco: Jossey-Bass.

3）秋田（1996）は「授業〔教える，教師〕とは…．なぜなら…」「教えるとは」といった比喩を教職課程の学生と現職教員に示すことで，教壇に立つ前にはより知識を伝達するイメージや授業の展開を決まったことを伝える過程としてとらえる比率が高いことを示している．
秋田喜代美 1996 教える経験に伴う授業イメージの変容：比喩生成課題による検討 教育心理学研究, 44, 176-186.

4）教師の判断は問題を解決するのではなく，常にジレンマに対処していく過程であるとして Lampert, M. は教師をジレンマ・マネージャーと呼んでいる．

5）Grossman, P. L. 1990 *Making a teacher: Teacher knowledge and teacher education*. NY: Teacher College Press.

その専門性を発揮している．ショーン（Schön, D.）[6]は**技術的熟達者**（technical expert）と**反省的実践家**（reflective practitioner）という2つの専門職像を示している．技術的熟達者とは体系的な学問の理論や知識を厳密に適用して問題解決をはかる専門家像であるのに対し，反省的実践家とは状況と対話し問題を自ら発見し，その状況においてデザインをしていく専門家像である．したがって前者はできるだけ誰にでも当てはまる一般的な合理性をめざすのに対して，後者では相手との関係が判断の重要な点となる．教師にはわざを身に付けるという点では職人的な技能が必要とされる．しかしそれを当てはめてこなすだけでは創造的な実践を作り出すことはできず，たえざる的確な判断が求められることから，今日では反省的実践家としての教師像が教師教育の中で知られるようになってきている．

　教師は生徒との関係を形成するにあたっても，その生徒の発達課題や思考過程を推理し，生徒の要求に対応した行動を授業中でも生徒指導や生活指導場面でも即興的に行うことによって，生徒との信頼関係を得ている．専門的な教科内容の知識をもち伝えていく文化的な熟達者であると同時に，生徒の自己の存在を育て悩みを聞きケアする人としての教師像も生徒は求めている[7]．教師が生徒の存在や発達過程をどのようにとらえるかというまなざしが生徒の行動に影響を与える．**ピグマリオン効果**[8]と呼ばれる教師の期待効果があるが，教師の生徒への期待が生徒に影響を与え，教師－生徒関係を形成していると言える．

学びの専門家としての教師像と同僚性

　教師は指導の専門的技術や知識をもっている「教える専門家」であるだけではなく，「学びの専門家」であるという教師像が知識社会の中で唱えられてきている[9]．多様な社会文化的な背景や個人差をもった生徒の学習や発達過程から学び，また社会の急速な変化の中で教えるべき内容や教育課程の変化に応じて教科や教材内容を学び，またIT技術の進展とともに指導のメディアの発展の中でそれらを学ぶことが求められてきている．そして子どもとともに，その教材内容を

6) Schön, D. 1983 *Reflective practitioner: How professionals think in action.*〔佐藤学・秋田喜代美（訳）2001　専門家の知恵：反省的実践家は行為しながら考える　ゆみる出版〕

7) Noddings, N. 1992 *The challenge to care in schools.* NY.: Teacher College Press.〔佐藤学（監訳）2007　学校におけるケアの挑戦：もう一つの教育を求めて　ゆみる出版〕

8) Rothental, R. & Jacobson, L.（1968）は知能検査を子どもの学力を予測可能とするテストと称して実施し，担任教師に任意の子を学力の伸びる子と診断されたと予告したところ，8ヵ月後に予告された子どもがそうでない子どもに比べて実際に伸びたという結果から，教師が特定の子にもつ期待が子どもに伝わり学習に影響を与えることを示した．ギリシア神話でピグマリオンという王が彫刻の女性像に恋して人間に変えたいと願ったところかなったことから，この名が付されている．

9) 近年の教師教育では「学びの専門家としての教師」という語が頻繁に使用され，教師の学習過程が研究されてきている．たとえ

学び探究していくことが求められている．日本は明治以来，同僚とともに校内で授業研究を実際に行っていく伝統をもっており，専門的見識を培い学ぶ専門家としての学校文化を形成してきた．計画段階で指導案を検討し，実際の授業を実施する過程をともに参観し，授業後に共同で省察を行うという循環的な過程である．これによって，教師の授業づくりという複雑な認知過程全体を同僚もともに学びあうシステムができている．この教師の学習スタイルは**レッスンスタディ**（lesson study）として世界的にも注目され，日本だけではなく，アメリカや東アジアの国々に広まってきている[10]．教師は同僚とともに同じ教育への展望をもって学びサポートしあうことができる．この関係性はただ職場で一緒に働いているというだけではないために，**同僚性**（collegiality）という語を付して呼ばれている[11]．

教師の仕事は授業という専門家としての中心的な業務だけではなく，保護者や地域，他の学校，教育行政，さらに上級の学校との関係をはじめとする多種多様な関係から生じる業務を分業し分掌して担っており，また生徒が起こすさまざまな問題行動等，突発的に生じる事態に対応しなければならないことも多いために，きわめて多忙な業務である．この仕事の無限定性と負担の大きさから，**バーンアウト**（**燃え尽き症候群**）の症状を示す比率が高い．またその際に，同僚性は専門家としての教師の学びを支えていく機能を果たすと同時に，相談しあうことでメンタルなストレスを低減するソーシャルサポートという側面でも重要な機能を果たしている[12]．

学校が組織として支えあい学びあう共同体としての機能をますます果たしていくことが，これからの学校に求められてきている．学校は家庭と連携して地域の公的な教育機能を担う場所として機能しており，教師はその点で保護者や地域の人とともに活動する市民としての像も期待されてきている．

〔秋田喜代美〕

【参考文献】
秋田喜代美・佐藤学（編）2006　新しい時代の教職入門　有斐閣
秋田喜代美（編）2006　授業研究と談話分析　放送大学教育振興会
ば，Darling-Hammond, L. & Bransford, J.（Eds.）2005 *Preparing teachers for a changing world: What teachers should learn and be able to do.* San Fransisco: Josse-Bass.

10）秋田喜代美　ルイス，C.（編著）2008　授業の研究　教師の学習：レッスンスタディへのいざない　明石書店

11）Little, J. 1982 Norms of collegiality and experimentation:workplace conditions of school success. *American Educational Research Journal*, 19 (3), 235-240.

12）松井仁・野口富美子 2006　教師のバーンアウトと諸要因　京都教育大学紀要, 108, 9-17.
教師のバーンアウトについては個人のストレス対処方略に関する研究と組織環境に関連づけた研究がなされており，後者に関しては日本固有の自己犠牲的な教師文化が影響をしているとの指摘もある．

I-10 アーティキュレーション

articulation

articulation という単語を英和辞典で引くと，さまざまな訳が出ている．たとえば，音声学では「調音」，音楽では「各音を明瞭に打ち出す」こと，言語学では「文節」を指す．**アーティキュレーション**という語がカバーする範囲は音楽や言語に止まらない．たとえば，解剖学では「関節」，建築学，植物学などでも専門用語として用いられている．アーティキュレーションという語の元来の意味は「明確に区切ること」のようである．

教育分野でアーティキュレーションとは，「異なる学校段階の間をつなぎ，相互関係の調整をはかること」を意味する．単に接続，あるいは，教育接続などと訳されることが多いようだ．幼稚園や保育園などの就学前教育，小学校，中学校，高校，大学といった学校段階のつなぎに課題があることから，関心が寄せられている．

就学前教育と初等教育との間では，1987年の教育課程審議会答申[1]で幼小の接続関係を重視した新たな教科が必要との認識から**生活科**（life environment studies）の新設が提言され，1992年度施行の学習指導要領で実現した．生活科が実際に幼小接続に貢献しているか否かの評価は別にして，そこから生じた問題がある．それは，小学校1，2年生から理科と社会が消えたことである．理科に関しては，教育水準の高さで知られるフィンランドでは，日本と同じ中学校から行っていた分野の区分を前倒しして2004年度から小学校5，6年生の段階で物理・化学分野と生物・地学分野に分ける改革を行った[2]．学校教育の前提となる文化や教育環境が異なる他国の制度との単純な比較は慎むべきだが，グローバル化

[1] 教育課程審議会 1987 幼稚園，小学校，中学校及び高等学校の教育課程の基準の改善について（答申）．

[2] 鈴木誠（編）2007 フィンランドの理科教育：高度な学びと教員養成 明石書店

した**知識基盤社会**（knowledge-based society）の現代，理科離れ，科学離れが大きな問題となっている日本で，フィンランドのような教育政策を構想したとしても著しく実現困難な状況が招来されてしまったのかもしれない．

　近年，特に議論が活発なのは，初等中等教育と高等教育との接続，高校と大学との接続（高大接続）である．その根底には，**高大接続**問題に対して従来慣れ親しんできた考え方の枠組みが通用しなくなり，新たに教育制度をとらえなおさなければならない時代状況が見え隠れする．

　日本では，長年，接続問題は入試制度と選抜方法に関わるものととらえられてきた．戦前も旧制高校の入試が受験地獄として社会問題化するのが常態だったが，戦後でそれに対応するのは大学入試だろう．戦後の教育改革を主導したのはGHQの付属機関の民間情報教育局（CIE: Civil Information and Educational Section）であった．戦前の入試制度を非民主主義的だと批判し，大学入試では「過去の成績」，「現在の理解力」，「将来の傾向」をすべて等価値で評価すべきとした．1947年度には将来の傾向予測のため，**進適**（**進学適性検査**）が導入された．進適の問題は知能検査的で，生得的個人差による選別を嫌う日本の教育文化に適合しなかったのか，実施上の困難を理由に1954年度をもって実質的に廃止となった．

　1950年代半ばに8％弱程度であった大学進学率[3]は急上昇し，20年後に25％を突破した．それは，一部のエリートのものであった日本の高等教育が大衆化し，同時に多くの人が高大接続問題に巻き込まれることを意味していた．進適廃止以後，日本の大学入試に影響力をもった共通試験はしばらく存在しなかった．国公私立ともに，大学は独自に作成した試験問題による入試を行っていた．当時，問題とされたのは，いわゆる難問・奇問の存在である．日本の学校には学習指導要領が存在し，高校までは学習すべき項目が定められている．ところが，大学入試には高校での学習状況を顧みない出題がなされており，大学進学希望者は高校の学習内容とは異なる特殊な受験勉強を強いられた．その状況を打開するため，国公立大学の受験者に対して高校における学習の一般的・基礎

3）短大等を含めると約10％．

的な達成度の評価をめざして1979年度から導入されたのが**共通第1次学力試験**(the Joint First-Stage Achievement Test）である．現在のセンター試験につながる共通1次は，実は，高校での学習成果を大学入試に反映し，高校と大学をスムーズに接続することを目的として構想された大学入試制度であったと言える[4]．

　当時，国立大学の入試制度は日程を2つに分けた，一期校・二期校制であった．大学進学希望者には2つの国立大学の受験機会が提供されていた．反面，威信の高い大学が一期校に集中していたため，それが大学の格付けのように受け取られる風潮を生んでいた．一期校・二期校の区別を解消するため，共通1次の発足と同時に国立大学の受験機会は一元化され，それは1986年度まで続いた．ところが，入試日程の一元化と共通1次の仕組みが同時に導入されたことで，また別の問題が引き起こされた．いわゆる大学の序列化である．共通1次という単一の尺度によって学力水準が擬似的に可視化され，合格最低得点による大学のランキングがあらわとなった．また，個別大学が課す2次試験が，当初の構想とは異なり学科試験に偏ったことから，受験生に無用な負担を強いているとの批判も噴出した．その結果，1989年度には共通1次制度は廃止，翌年から**大学入試センター試験**（NCUEE examinations)[5]が導入された．

　共通1次は国公立大学の志願者のみを対象とし，5教科7科目ないしは5教科5科目[6]のすべてを受験する制度であった．一方，センター試験となってからは1教科1科目のみの利用やセンター試験だけに基づく選抜も可能となった．そのため，私立大学の参加が年々拡大し，共通1次時代に34〜40万人程度であった志願者が2002年度には60万人を突破するまでになった[7]．

　以上のように日本の高大接続問題を歴史的に眺めた場合，「いかにして受験生の過重負担や成績に関するコンプレックスを軽減するか」という観点から問題がとらえられ，対策が立てられてきたことがわかる．ところが，1982年度施行の学習指導要領から，高校の教育課程では選択科目が増加して

[4] 木村拓也・倉元直樹　2006　戦後大学入学者選抜における原理原則の変遷：『大学入学者選抜実施要項』「第1項　選抜方法」の変遷を中心に　大学入試研究ジャーナル，No.16，187-195．を参照のこと．

[5] Ministry of Education, Science, Sports and Culture Japan 1995 Japanese Government Policies in Education, Science, Sports and Culture: Remaking Universities: Continuing Reform of Higher Education. に基づく．なお，Examination of NCUEE, NCT: the National Center Test という訳もある．

[6] 1987年度から5教科5科目に変更．

[7] 2003年度をピークにその後は漸減している．2008年度の志願者数は約54万人．

いる．それに伴って学習する領域がどんどん狭くなってきている．さらに，1990年代に入ってからはそれまで停滞していた大学進学率が再び急上昇した．1991年度に約26％であった大学進学率が2006年度には約46％と，まさに構造的な変化を遂げたのである．しかも，推薦入試など学力チェックを経ないで大学に入学する学生が全体の半数近くにのぼるのが現状である[8]．このような状況の下，多くの大学では，かつての大学教育の水準に必要とされた学力や学習の姿勢を前提にして教育を行うことができない状況に直面している．

　学校段階のギャップをなくして，従来の枠組みで接続問題を解消しようと考える傾向は今も根強い．しかし，制度変更に副作用がつきものであることは強く意識しておくべきだろう．海外の制度も，その実態を十分に見極める必要がある．たとえば，アメリカのオレゴン州におけるPASS制度と呼ばれる高大接続の構想が1995年に日本に紹介されたとき，画期的な制度として大きな期待を持って迎えられた．要約すると，学力テストのような指標ではなく，学習成果を熟達度として評価し，大学入学の基準として利用しようという試みである．ところが，導入予定の2001年度が過ぎ，**PASS制度**の善し悪しの判断材料を集めようにも，オレゴン州の一般の人々には制度自体が知られていなかった[9]．企画倒れに終わった構想が日本では画期的と紹介されていたことになる．海外の制度は，あたかも理想の制度，成功を約束された仕組であるかのような見方で紹介されることが多い．一般論として，現在の教育制度はそれぞれの社会の歴史や習慣，背景にある価値観とともに成立している．その前提条件は，決して忘れられてはならないのではないだろうか．

　将来の社会から現在を振り返る視点に立ったとき，就学前教育から高等教育までの接続問題をこれからも同じ枠組みでとらえていってよいのだろうか．根本的に考えなおす時期が来ているのかもしれない．

〔倉元直樹〕

8)「V-48　アドミッション・オフィス」参照．

9) 橋本昭彦　2006　大学入学者選考制度の改革に必要なものは何か：オレゴン州PASSシステム実施の事例からわかること　独立行政法人日本学術振興会人文・社会科学振興プロジェクト研究領域Ⅰ-2「日本の教育システム」研究グループ教育測定・評価サブグループ報告書

【参考文献】
荒井克弘　2005　入試政策から教育政策への転換　荒井克弘・橋本昭彦（編著）高校と大学の接続：入試選抜から教育接続へ　玉川大学出版部　pp.19-55.

I-11
キャリア形成

career development

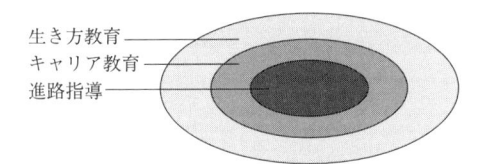

図11-1 進路指導，キャリア教育，生き方教育の関係についての模式図(三村編，2004a)[1]

　キャリア (career) という言葉は，ラテン語の *carrāria* (race course) に由来しているとされる．馬車が通った後の轍でもある．キャリアという語はいろいろに使われる．たとえば国家公務員試験第Ⅰ種合格者もキャリアと呼ばれる．あの人にはキャリアがあると言えば，仕事・職業経験が豊富だというポジティブな意味で使われる．

　産業界で言うキャリア形成あるいはキャリア開発にあたる語が**キャリア教育**である．キャリア教育という用語が日本で公式に登場したのは，1999年の中央教育審議会答申「初等中等教育と高等教育との接続の改善について」である．そこでは，「学校と社会及び学校間の円滑な接続をはかるためのキャリア教育（望ましい職業観・勤労観及び職業に関する知識や技能を身に付けさせるとともに，自己の個性を理解し，主体的に進路を選択する能力・態度を育てる教育）を小学校段階から発達段階に応じて実施する必要がある」とされた．

　キャリアとキャリア教育の定義は，2004年（平成16年）1月に出されたキャリア教育の推進に関する総合的調査研究協力者会議報告において次のように示されている．

> 「**キャリア**：個々人が生涯にわたって遂行するさまざまな立場や役割の連鎖及びその過程における自己と働くこととの関係付けや価値付けの累積」「**キャリア教育**：キャリア概念に基づき児童生徒一人ひとりのキャリア発達を支援し，それぞれにふさわしいキャリアを形成していくために必要な意欲・態度や能力を育てる教育．」

　しかし，これまでの学校教育ではすでに，進路指導，職業指導の用語があり，日々の実践もある．これらとキャリア教

1) 三村隆男（編）2004a 図解 はじめる小学校キャリア教育 実業之日本社

育との関係はどうなのか，また「小学校段階から発達段階に応じて」とはどういうことなのか．数々の疑問が生じる．

この疑問に対する答えは，職業指導，進路指導の歴史，さらには学習指導要領の記述を見ることによって明らかになる．

日本のキャリア教育にあたる営みは，1915年（大正4年）東大の入澤宗寿が『現今の教育』でvocational guidanceを職業指導と訳したことに始まる[2]．大阪市の本田小学校の校長であった三橋節[3]は1918年から3年半にわたり小学校において職業指導を実践した．同じ頃，三田谷啓も，大阪市立児童相談所（1919年）と大阪市立少年職業相談所（1920年）の開設に取り組んでいる[4]．

戦後になると大きな契機が現れる．それは1949年の文部・労働両次官通達であり，これによって職業指導が小学校から中学校へと移されることとなった[5]．1956年には，22分野52項目からなる中学校「職業・家庭科」が誕生した．このうちの第6群は「産業と職業」「職業と進路」「職業生活」の3分野が充てられているが，これらはいずれも必修扱いになっていて，教科の中で職業指導，進路指導に相当する内容が教えられていることがわかる[6]．ただし，このときには，カウンセリングとしての職業指導（今日で言うキャリアカウンセリング，あるいは進路相談）は，教科外の扱いであり，これをどこで行うのかが懸案のままとなった．続く1958年の学習指導要領では中学校「技術・家庭科」となったので，進路指導・職業指導は，実践の中心を教科から学級活動に移すことになる．さらに，1969年中学校，1970年高等学校の学習指導要領では，総則で進路指導の必要性を明示することとなり，これによって以後の進路指導は教育活動全体を通じての営みとして位置づけられた．このように，職業指導と進路指導は歴史的に見て同じ流れにあり，現在の職業指導は教育職員免許法や職業安定法の一部に用語を残すのみとなった．進学指導と職業指導をあわせた活動が進路指導なのである．

進路指導（あるいは職業指導），キャリア教育，生き方教

2) 入澤宗寿　1915　現今の教育　弘道館

3) 三橋節　1924　教育刷新の一過程　新進堂．
1927年には文部省訓令第20号「児童生徒ノ個性尊重及び職業指導ニ関する件」が出され，学校教育における職業指導が正式に開始された．

4) 大阪市立児童相談所では満20歳未満を児童として職業指導を行った．成人向けは1921年の職業紹介法によって公立職業紹介施設ができることになった．

5) 1958年文部・労働両次官通達「新制中学校の職業指導に関する件」

6) 文部省（編）1956　中学校学習指導要領：職業・家庭科編　開隆堂出版　pp.3-4.

育の関係は図11-1に図示されている[7]．キャリア教育は進路指導よりも大きな概念になっているが，これは現行の小学校学習指導要領に進路や職業の用語がないことによる．小学校段階からの継続的な進路指導をキャリア教育ととらえ，キャリア教育は特別活動や総合的な学習の時間だけでなく，あらゆる授業時間を通じて取り組むものとして位置づけられたのである[8]．

2002年（平成14年）の国立教育政策研究所生徒指導研究センターによる調査報告書[9]では，キャリア教育の主目標である職業観・勤労観は次のようにとらえられている．

「職業観・勤労観」は，職業や勤労についての知識・理解及びそれらが人生で果たす意義や役割についての個々人の認識であり，職業・勤労に対する見方・考え方，態度等を内容とする価値観である．その意味で，職業・勤労を媒体とした人生観とも言うべきものであって，人が職業や勤労を通してどのような生き方を選択するのかの基準となり，また，その後の生活によりよく適応するための基盤となるものである．

それでは職業観や勤労観はどのような授業時間の中で教えられるのだろうか．その1つは体験的学習である．まずは勤労観の育成に関わる体験的学習があり，それを基盤として職業観に関わる体験的学習が位置づけられる．図11-2は勤労観と職業観の二重構造およびそれに関わる具体的な体験的学習を例示した模式図である[10]．これらは児童生徒の職業的発達に応じて進められることが前提である．

これまでには，多くの職業的発達理論，キャリア発達理論が提案されている．たとえば**ライフキャリアの虹**で有名な**スーパー**（Super, 1980）[11]は，① 成長段階（誕生〜14歳；空想期4〜10歳，興味期11〜12歳，能力期13〜14歳），② 探索段階（15〜24歳；暫定期15〜17歳，移行期18〜21歳，試行期22〜24歳），③ 確立段階（25〜44歳），④ 維持段階（45〜64歳），⑤ 下降期（65歳以降）を提案した．**ゴットフレドソン**（Gottfredson, L.S.）[12]は，キャリア発達とは，発達に応じて受け入れられない職業を排除していき，考慮すべき職業を制限していく過程であるとして職業排除の基準を示している．

[7] 三村隆男（編）2004a 図解 はじめる小学校キャリア教育 実業之日本社 p.15．

[8] 日本では翌年の1972年，職業指導主事が進路指導主事と改称されている．職業指導主事は1953年に法制化されている．

[9] 国立教育政策研究所生徒指導研究センターによる報告書「児童生徒の職業観・勤労観を育む教育の推進について」（平成14年11月）．

[10] 三村隆男 2004b キャリア教育入門：その理論と実践のために 実業之日本社 p.90．

[11] Super, D. E. 1980 A life-span, life-space approach to career development. *Journal of Vocational Behavior*, 16, 282-298.〔藤本喜八 1991 進路指導 恒星社厚生閣〕など．

[12] Gottfredson, L. S. 1981 Circumscription and compromise: A developmental theory of occupational goals. *Journal of Counseling Psychology*, 28, 545-580.
Gottfredson, L. S. 1996 Gottfredson's theory of circumscription and compromise. In D. Brown, L. Brooks., & Associates

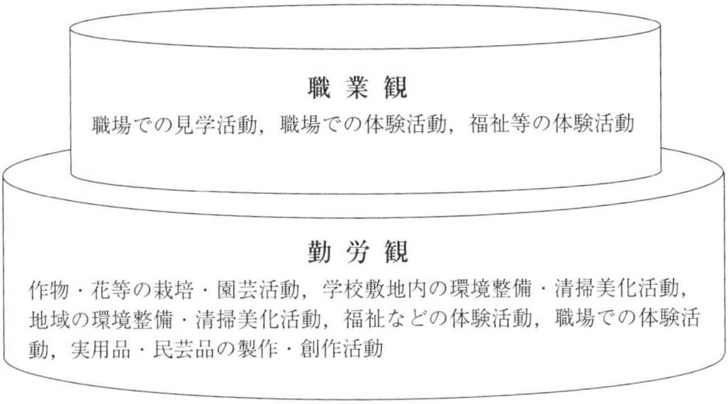

```
┌─────────────────────────────┐
│         職 業 観              │
│ 職場での見学活動，職場での体験活動，福祉等の体験活動 │
└─────────────────────────────┘
┌───────────────────────────────────┐
│            勤 労 観                 │
│ 作物・花等の栽培・園芸活動，学校敷地内の環境整備・ │
│ 清掃美化活動，地域の環境整備・清掃美化活動，福祉 │
│ などの体験活動，職場での体験活動，実用品・民芸品 │
│ の製作・創作活動                      │
└───────────────────────────────────┘
```

図11-2　勤労観と職業観に関わる体験的学習(三村，2004b)[10]

　学校教育と直結した職業観・勤労観を育む学習プログラムもある．先の国立教育政策研究所生徒指導研究センターによる報告書[13]は，横軸に小学校から高等学校までの児童生徒の年齢段階をとり，縦軸には職業的(進路)発達の段階をとった具体的なものである．発達段階で示される諸能力は，①人間関係形成能力(自他の理解能力，コミュニケーション能力)，②情報活用能力(情報収集・探索能力)，③将来設計能力(役割把握・認識能力，計画実行能力)，④意思決定能力(選択能力，課題解決能力)である．また，これに先だって仙崎[14]は4つの能力領域を発達させる進路指導活動モデルを提案している．仙崎のモデルでは領域は，①キャリア設計能力(生活上の役割把握能力，仕事における役割把握能力，キャリア設計の必要性及び過程理解能力)，②キャリア情報探索・活用能力(啓発的経験への取り組み能力，キャリア情報活用能力，学校と職業とを関連づける能力，キャリアの社会的機能理解能力)，③意思決定能力(意思決定能力，生き方選択能力，課題解決・自己実現能力)，④人間関係能力(自己実現・人間関係尊重能力，人間関係形成能力)である．

〔大野木裕明〕

(Eds.) *Career choice and development* (pp.179-232.) San Francisco, CA: Jossey-Publishers.
たとえば，6歳から8歳になるとジェンダーが職業排除の基準として意識されて現れてくるとする．

13) 9)と同じ．

14) 仙崎武　1998　4つの能力領域を発達させる進路指導活動モデル　仙崎武・野々村新・渡辺三枝子・菊池武剋(編) 2006　生徒指導・教育相談・進路指導　田研出版　pp.268-269. より引用．

【参考文献】
三村隆男(編) 2004　図解 はじめる小学校キャリア教育　実業之日本社
吉田辰雄(編) 2006　最新生徒指導・進路指導論：ガイダンスとキャリア教育の理論と実践　図書文化社

II 教育の認知過程

II-12 知育の基礎

foundation of intellectual education

19世紀のイギリスの哲学・教育学者である**スペンサー**(Spencer, H.)[1]は，**知育・徳育・体育**という教育の3つの側面における教育方法について論じている．その中で彼は，価値のある知識とは「いかに完全に生きるか」を示してくれる知識であり，子どもたちにそれを身に付けさせる方法は，知識を盲目的に丸暗記させる方法（規則による教授法）であってはならず，子どもたち自身に具体的な実物を観察させたりしながら原理を教えていく方法（原理による教授法）でなければならないとしている．

20世紀後半において，日本の教育は「知育偏重」と批判され，知育に対する風当たりは良くなかった．知育偏重批判は「学校は子どもたちに知識を詰め込むばかりである」と要約できる主張であったが，これは知育を誤解した見解であった．スペンサーは，当時のイギリスで行われていた「紳士のための教育（古典的な知識を，それらに疑問を挟まずに暗記すること）」を批判し，知育とは具体的で実際的な諸事象を子どもたちによく観察させ，それについて深く思考することを通じて，原理（具体的な現象の根源にある科学的原理）を理解させる教育であると主張していたのである．

そして今，21世紀の社会は先進国を中心に高度情報化社会，知識基盤社会と言われ，新しい知識が次々と生み出される時代になっている．このような時代にあっては，学校等で一定の知識を獲得しても，それらはすぐに古くなってしまう．そこでわれわれは，知識を常に新しく更新していかなければならない．学校で習うことがらを丸暗記してもほとんど意味がない．自らの力で自らの知識を必要に応じて増強していく

1) Spencer, H. 1860 *Education: Intellectual, moral and physical.* London: Williams and Norgate.〔三笠乙彦訳 1969 知育・徳育・体育論 世界教育学選集50 明治図書出版〕

2) リテラシーと類似した概念に3R'sがある．これは，reading, writing, arithmeticの3つを総称したもので，日本語で言うところの「読み書きそろばん」にほぼ相当する．3R'sは，人間が生活を営んでいく上で不可欠なミニマムエッセンシャルな技能である．それに対してリテラシーは，効果的に社会に参加するための技能という側面も含んでいる．

3) 情報の発信と言うと，一昔前はジャーナリストや作家などの一部のプロフェッショナルによるものと考えられていたかもしれない．しかし昨今，web2.0と言われるような情報技術環境の変化があり，インターネ

ことが重要で，大量の情報に溺れることなく，それらを自分自身で吟味し，深く批判的に考えて物事の本質を見抜く力が求められる．つまり現代社会においては，これらの能力を育む真の意味での知育が求められているのである．

　自分自身で情報を吟味し，知識を増強する能力の代表的なものとして**リテラシー**（literacy）をあげることができる．リテラシーとは，元来は読み書き能力のことであり，社会で生きていくのに必要な知識を獲得するための道具と考えることができる[2]．ただし昨今は，リテラシーという概念はより発展的に使用されており，社会に参画するための手段として位置づいている．つまり，文章を正確に理解したり，何かを正確に報告する文章を書いたりする能力だけではなく，メディアやネット等を通じて身の回りにあふれている玉石混交の情報から，本当に必要な情報を探し出したり，批判的に吟味したりできる能力や，状況や相手に合わせて効果的に発信する能力までを幅広く含むものである[3,4]．

　リテラシーには，科学リテラシー[5]や情報リテラシー[6]のように，ある特定の領域において情報を理解したり，適切に考えたりする能力としてとらえられるものもある．いずれにしても，その領域の基本的な読み書きに加えて，それらを利用して効果的に情報を収集発信することを通じて，社会に効果的に参加する能力として考えられる．

　それらの中でも特に，数に関するリテラシーは，学業においても，また職業においても基本的で重要なものである．計算能力や数値で表現される情報の理解，数学的概念の理解と利用といった数に関わるリテラシーは，**ニュメラシー**（numeracy; numerical literacy）と呼ばれることが多いが，数量的リテラシー（quantitative literacy），数学的リテラシー（mathematical literacy）などと呼ばれることもある．

　ニュメラシーの教育と言うと，算数や数学の授業が代表的なものになるが，これらの教科は児童生徒による好き嫌いや出来不出来が比較的はっきりと生じやすい教科である．早々に「自分は文系」と決めてしまった生徒などは，いわゆる理数系と言われる教科の学習からは撤退してしまう者も多い．

ットツールを用いて，一般の個人が情報発信をし，それが一定の影響力をもつようになった．タイム誌が毎年年末に選考する「今年の人」が，2006年は「you」であったことは，このような「情報発信」に関わる世界的変化を象徴している．

4）リテラシーのうち読解力の発達と教育については，「II-21 文章理解」で詳しく述べる．

5）科学リテラシーについては，OECDによる国際学力調査（PISA）が「自然界及び人間の活動によって起こる自然界の変化について理解し，意思決定するために，科学的知識を使用し，課題を明確にし，証拠に基づく結論を導き出す能力」と定義している．

6）情報リテラシーは，情報機器やネットワークを活用して情報を扱うための基本的な能力である．狭義にはコンピュータ利用技術と同義で使われることもあるが，通常は，コンピュータ利用は当然のこととした上で，情報の適切な収集や評価，発信を行う技能を指す．詳しくは次の文献等を参照．
国立教育政策研究所（編）2004　メディア・リテラシーへの招待：

しかし実際には，統計資料を読みこなすこと（統計リテラシー）や，経済情報や金融情報を理解すること（経済リテラシー）など，数に関するリテラシーは大学で学ぶ学問分野や職業にかかわりなく広く求められるものなのである．

「算数が嫌い」「分数が苦手」と一口に言っても，そこには多くのことがらが含まれている．教育心理学が児童生徒の算数や数学の能力について分析する場合には，子どもたちの「苦手」や「得意」の正体を，適切な研究単位に分割して検討する．たとえば時間や速さといった概念を子どもがどのように理解しているかを明らかにしたり[7]，分数や小数で表される数の理解を分析したりする[8]．複雑な実社会で生かせる数学能力として重要な，答えが1つではない問題に対する子どもの反応なども研究されている[9]．

これらの諸研究を通じて明らかになっていることは，学校で教えられることと，子どもの数に関連する事象の理解は一致するとは限らないということである．学校で教わっても定着せずに忘れてしまう場合もあれば，そもそも授業内容を誤って理解することもある．さらに，たとえテストで正解していても，当該の数概念を理解していないこともある．たとえば本当は分数の大きさを理解していなくても，演算のしかたを覚えているので計算問題では正答できることもある．

算数や数学に限ったことではないが，子どもの学ぶ力を把握するためには，テストの点数という表面的なことではなく，その子どもが何を理解し，何を理解していない（または誤解している）のかを，丁寧に分析する必要があると言える．

このようにリテラシーやニュメラシーの発達は，学校で教わったとおりに単純に進むようなものではないが，その中でも特に，平均的な発達とは異なる様相を示す人々がいる．他の知的機能には特に障害がないのに，読み書き能力が著しく低い**ディスレクシア**（dyslexia）[10] や，学習に関わる認知機能（読み書き計算，推論など）に障害のある**学習障害**（**LD**; learning disability）[11] はその代表的な例である．

学習障害は，知的発達の全体的な遅れはないが，教科学習に関わる能力の獲得に著しい困難やアンバランスを示す障害

生涯学習社会を生きる力　東洋館出版社

7) 谷村亮・松田文子　2004　小学5年生が時間の比較判断に用いる知識と方略：5年算数「速さ」単元の授業前と授業後の比較　発達心理学研究，第15巻，129-139．

8) 吉田甫　2003　学力低下をどう克服するか：子どもの目線から考える　新曜社

9) 金田茂裕　2007　小学2～5年生の複数解を考える数的思考　教育心理学研究，第55巻，11-20．

10) ディスレクシアについては，「Ⅱ-21　文章理解」を参照．

11) 学習障害　1999年に文部省（現在は文部科学省）の「学習障害及びこれに類似する学習上の困難を有する児童生徒の指導方法に関する調査協力者会議」が取りまとめた報告書において，学習障害は「基本的には全般的な知的発達に遅れはないが，聞く，話す，読む，書く，計算する又は推論する能力のうち特定のものの習得と使用に著しい困難を示すさまざまな状態を指すものである」と定義されている．同時に，「その原因として，中

である．読み書きや計算が求められる教科の学習がうまくいかず，学業不振に陥りやすい．さらに，学校等での日常的な行動に支障をきたすこともある．たとえばさまざまな雑音のある教室で，担任の先生が「絵の具を持って図工室に行きます」と指示をした場合など，雑音の中から教員の声を聞きわけられず，結果として指示に従えなかったり，それを級友にからかわれたりしてトラブルになったりすることがある[12]．

学習障害は，日常生活に重篤な困難をきたすほどの障害ではない場合も多く，また障害を受けていない能力でやっていける場面では有能であるために，「障害」として理解されず，本人の怠慢や親のしつけの悪さとして受け取られ，それが当人や家族をさらに追い詰めるということもある．

その一方で，障害や支援のあり方を周囲が正しく理解する場合は，学校や社会に適応できるのみならず，さまざまな才能を開花させることもある．実際に発明家のエジソンや推理小説作家のアガサ・クリスティなどの著名人もいる[13]．

2005年には日本でも発達障害者支援法が制定され，学習障害は**ADHD（注意欠陥多動性障害）**などと並んでこの法律の対象となった．そこでは行政や教育機関等が，学習障害を含めて発達障害者の支援体制を整えることが求められており，日本でもようやく本格的な支援が始まりつつあると言うこともできる．日本LD学会会長を務めている上野一彦は「障害は理解と支援を必要とする個性である」と述べている．思えば学習障害と診断されない人でも，皆何らかの苦手や弱点をもっていて，周囲からの理解と支援を得ながら生きている．学校でも職場でも，学習障害をもつ人々を「障害者」という異質な人として排除するのではなく，彼ら（彼女ら）の特徴を理解し，互いに支えあうという意識をもつことが求められている[14]．

〔西垣順子〕

枢神経系に何らかの機能障害があると推定されるが，視覚障害，聴覚障害，知的障害，情緒障害などの障害や，環境的な要因が直接の原因となるものではない」ともされている．

12) 内山登紀夫（監修）2006 ふしぎだね!? LD（学習障害）のおともだち ミネルヴァ書房

13) 女優の黒柳徹子さんの小説やエッセイには，LDであったと思われる自らの子ども時代の体験や，彼女を理解し育んでくれた人々との関わりが紹介されている．
黒柳徹子 1984 窓ぎわのトットちゃん 講談社文庫
黒柳徹子 2004 小さいときから考えてきたこと 新潮文庫

14) 発達障害者支援法第4条では，「国民は，発達障害者の福祉について理解を深めるとともに，社会連帯の理念に基づき，発達障害者が社会経済活動に参加しようとする努力に対し，協力するように努めなければならない」という国民の責務が定められている．

【参考文献】
内田伸子　1999　発達心理学　岩波書店
吉田甫　2003　学力低下をどう克服するか：子どもの目線から考える　新曜社
上野一彦　2006　LD（学習障害）とディスレクシア（読み書き障害）：子どもたちの「学び」と「個性」　講談社+α新書

II-13
道徳教育の基礎

moral education

　わが国の学習指導要領の理念は，「生きる力」を育むことである．**道徳教育**は「人生いかに生きるべきか」という生き方の問題と言い換えることができる[1]．学習指導要領の「総則」に見られる道徳教育の目標では，道徳教育を学校の教育活動全体を通じて行うものとし，道徳の時間はもとより，各教科及び特別活動においても，それぞれの特質に応じて適切な指導を行わなければならないことを明示している．そして，道徳の時間で扱う内容は，次の4つの視点に整理されている．

1) 主として自分自身に関すること[2]
2) 主として他の人とのかかわりに関すること[3]
3) 主として自然や崇高なものとのかかわりに関すること[4]
4) 主として集団や社会とのかかわりに関すること[5]

　どれ1つとっても大切なことがらである．こうした徳目を子どもたちに身に付けさせることが道徳教育であるという考え方が，わが国の文部科学省の立場である．

価値の明確化
　アメリカにおける伝統的な道徳教育の立場として，**インカルケーション**（inculcation）がある．強く勧めたり，絶えず繰り返すことによって，物事を教え，印象づけることを意味している．「教え込み」と訳されるこの立場は，模範，教訓（説明），賞罰などの方法を用いて，望ましいと考えられる諸価値を内面化するものである．そういう意味で，わが国の「価値の内面化」という立場と近い．
　しかし，「誰の価値観を教えるのか」が問題とされるようになり，特定の価値を教えることは価値の押しつけであるという**インドクトリネーション**（indoctrination；子どもの権利

---

1) 文部省　1989　中学校指導書（道徳編）

2) ① 生活習慣，心身の健康増進，② 希望と勇気，強い意志，③ 自律の精神，誠実・責任，④ 真理愛，自己の人生を切り拓く，⑤ 自己の向上，個性を伸ばし充実した生き方

3) ⑥ 礼儀，適切な言動，⑦ 人間愛，感謝と思いやりの心，⑧ 友情，信頼できる友達をもつ，⑨ 健全な異性観，⑩ 個性の尊重，謙虚な心

4) ⑪ 自然を愛し，美しいものに感動する心，畏敬の念，⑫ 自他の生命尊重，⑬ 人間として生きる喜び

5) ⑭ 役割と責任の自覚，集団生活の向上，⑮ 自他の権利・義務の履行，遵法，⑯ 公徳心・社会連帯の自覚，⑰ 正義を重んじ，公正・公平に差別や偏見のない社会の実現，⑱ 勤労・奉仕の精神，公共の福祉，⑲ 家族への

を無視した価値観の注入)であると批判された．さらに，いくつかの価値や徳目を掲げ，模範の提示や説得によって子どもを特定の価値へと方向づける道徳教育では，価値観が多様化し，変化の激しい社会に生きる子どもたちに自由で思慮に富んだ価値選択の能力は身に付けさせることはできないと指摘された．そこで，価値内容の教え込みを回避する教育のあり方として，**価値の明確化**（value clarification）という考え方が提唱された．**サイモン**（Simon, S. B.）ら[6]の立場は，個人の価値選択に中心を置き，各自に相対的に成り立つものとして価値をとらえる「価値づけの過程（Valuing process）」に指導上の注意を向けるものである．この過程を構成する基準として，次の7つがあげられている．① 自由に選択すること，② 複数の選択肢の中から選択すること，③ 各選択肢に伴う結果について熟慮した上で選択すること，④ その選択が自分にとって大切であり，いとおしいものであること，⑤ その選択を公然と人前で肯定できること，⑥ その選択に基づいて行動すること，⑦ 繰り返し行動すること．

しかし，この考え方は道徳的価値の相対性，恣意性に陥っているとの批判に立たされ，その限界が指摘されている[7]．

道徳の構成要素説

イギリスの**ウィルソン**（Wilson, J.）[8]は，生徒に教えるべき道徳的な構成要素として次の4つを提案した．① 他者を自分と平等であるとみなす態度，② 他者あるいは自分自身の感情や情緒に気づく能力，③ 道徳的選択に関連する事実的知識と行為のための社会的スキル，④ こうした要素を実際に働かせ，道徳的判断を行為に移す実行力，の4つである．これら道徳の構成要素を生徒に教え，道徳的に教育された人を育成することが道徳教育の目標であるとしている．

レスト（Rest, J.）は，「道徳性は人々が集団で生活し，人々の行いが互いに影響しあうから生ずるのである．道徳性は，人々の社会的相互作用における権利と責任をいかに決めるか，お互いの幸福の促進と協力の条件をどう調整するかに関連している」と述べ，道徳性は次の4要素により構成されると指摘した[9]．① 状況の解釈（自分の行為が，他者の幸

敬愛，⑳ 愛校心，㉑ 地域社会の一員としての自覚，先人や高齢者への尊敬と感謝の念，郷土の発展に尽くす，㉒ 国を愛し，国家の発展に尽くす，伝統の継承と文化の創造，㉓ 国際的視野，世界の平和と人類の幸福への貢献

6) Simon, S. B., Howe, L. W., & Kirschenbaum, H. 1972 *Value clarification: A handbook of practical strategies for teachers and students*. Hart Publishing.

7) たとえば，子どもが慎重な検討の末に「盗みをはたらく」という結論に達した場合，それを承認せざるを得ない，などの問題がある．

8) Wilson, J. 1969 *Moral education and the curriculum*. Pergamon Press. Wilson, J. 1972 *Practical methods of moral education*. Heineman Educational Books.

9) Rest, J. 1983 Morality. In P. H. Mussen (Series Ed.) & J. Flavell & E. Markman (Vol. Eds.) *Handbook of child psychology*, 4th ed. Vol.3: *Cognitive development*. New York: Wiley. pp.556-629.

10) Rest, J., Narvaez, D.,

福にどのように影響するかという観点から，状況を解釈する過程），② 道徳的行為の計画立案（どのような行為をすることが，道徳的に最良なのか，その状況では何をすべきかを考慮する過程），③ 行為の選択（いくつかの道徳的価値の中から，実際に自分がどのように行動すべきかを決定する過程），④ 道徳的行為の実行（道徳的な行動計画を実行する過程）．これら4要素に関する能力を促すことを目的とした共同体を重視している[10]．

ジャスト・コミュニティ

コールバーグ（Kohlberg, L.）は，道徳性の発達を促す要因として，役割取得の機会と適切な道徳的環境をあげており，直接民主主義に基づく学校組織として「正義の共同社会（just community）」という教育プログラムを考えた[11]．コールバーグは，道徳性の発達には文化の違いを超えた普遍的な段階[12]が見られ，道徳教育とはそうした道徳性の発達を促進させることであると主張した．

わが国では荒木を中心として，コールバーグの理論に沿った道徳的ジレンマによる討論の有効性が確認されている[13]．

キャラクター・エデュケーション

リコーナ（Lickona, T.）[14]は，学校は，読み・書き・計算の3つのRに加え，尊重（respect）と責任（responsibility）という第4・第5のRを取り上げなければならないとして，学校教育活動全体の中で展開していく総合的なアプローチを提唱した（図13-1）．そして，次の12の指針をあげ，実践事例をまじえて具体的な方法を示している．① 教師は人間尊重の精神の実践者であり，子どもたちの模範となるべきであること，② 学級を道徳性豊かなコミュニティにすること，③ 学級に道徳に基づく規律をうちたてること，④ 学級に民主的な環境を整えること，⑤ すべての教育カリキュラムを通じて道徳的価値を教えること，⑥ 学習を協力的・協同的なやり方で進めること，⑦ 学問を学ぶことに対する真摯な態度を育成すること，⑧ 道徳問題について思考を深めさせること，⑨ 人間関係の葛藤を公平に，暴力によらず解決する方法を学ばせること，⑩ 人間尊重の心を教室の外にまで

Bebeau, M.J., & Thoma, S. J. 1999 *Postconventional moral thinking: A neo-Kohlbergian approach*. New Jersey: Lawrence Erlbaum Associate.

11) Kohlberg, L. 1985 The just community approach to moral education in theory and practice. In M. W. Berkowitz, & F. Oser (Eds.) *Moral education: Theory and application*. Hillsdale: Lawrence Erlbaum.

12) コールバーグの提唱した発達段階説は3水準6段階である．
水準1：前慣習的水準
　段階1：罰と服従への指向
　段階2：道具主義的な相対主義
水準2：慣習的水準
　段階3：対人的同調・良い子指向
　段階4：法と秩序指向
水準3：後慣習的水準
　段階5：社会契約的な法律指向
　段階6：普遍的倫理的な原理指向

13) 荒木紀幸（編著）1997　続・道徳教育はこうすればおもしろい：コールバーグ理論の発展とモラルジレンマ授業　北大路書房

14) Lickona, T. 1991 *Educating for character: How our schools can*

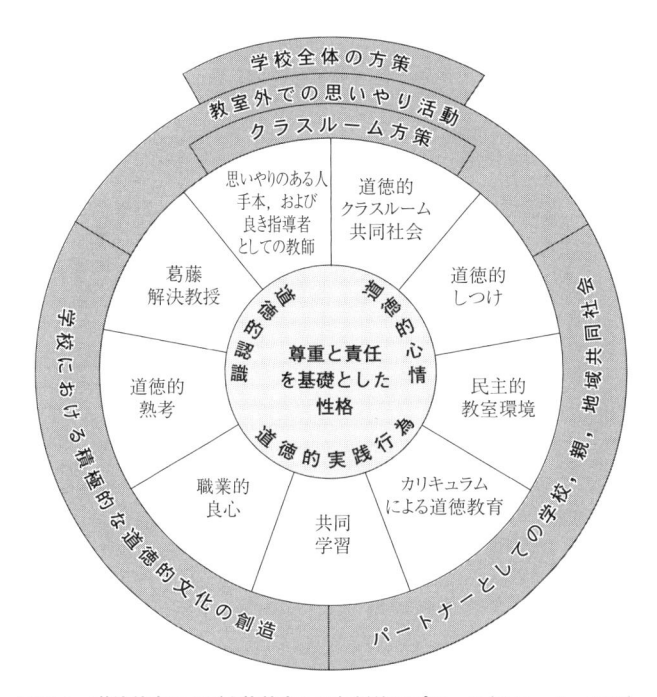

図13-1　道徳教育および人格教育への包括的アプローチ(リコーナ，1992)

広げること，⑪ 学校の中に望ましい道徳的な雰囲気を育成すること，⑫ 価値教育のパートナーとして親や地域を巻き込むこと．

　この**キャラクター教育**の考え方は，現在のアメリカで1つの大きな流れとなっている．

　このほかにも**セルマン**（Selman, R.）[15] の「**愛と自由の声**（The Voice of Love and Freedom）」という道徳教育のプログラムがあり，わが国でも渡辺[16] が実施している．さらには，**道徳的知能**[17] という考え方も出てきている．

　今後も道徳的な子どもを育てるために，道徳性の発達や道徳教育についての議論は続くと思われる．

〔二宮克美〕

teach respect and responsibility. New York: Bantam Books.〔三浦正（訳）1997 リコーナ博士のこころの教育論：〈尊重〉と〈責任〉を育む学校環境の創造　慶応義塾大学出版会〕

15) Selman, R., Walker, P., Chyug Sun et al. 1994 Teacher training module for voice of love and freedom. Unpublished paper. Boston：Friend, Family and Community.

16) 渡辺弥生（編）2001　VLFによる思いやり育成プログラム　図書文化社

17) Coles, R. 1997 The moral intelligence of children: How to raise a moral child. Random House.〔常田景子（訳）1998 モラル・インテリジェンス：子どものこころの育て方　朝日新聞社〕コールズによる「道徳的知能」という考え方は，道徳についての想像力，人間の精神に備わった感情面と知的な面の資質を総動員して，何が正しくて何が悪いかについて考える能力を指している．

【参考文献】
リコーナ, T.　水野修次郎（監訳・編集）2001　人格の教育：新しい徳の教え方学び方　北樹出版
大西文行　2003　道徳性形成論：新しい価値の創造　放送大学教育振興会

II - 14
健康教育の基礎

grounding in health education

　健康教育のあり方を考える上では，現代人の心と身体の諸特徴を理解し，また子どもから大人までの**ライフサイクル**に沿って考えていくことが必要である．日本においては，現代医療の発達や栄養の充足から発育が促進され，平均寿命が延びた．ライフサイクルの各段階における発達課題をふまえ，長い人生を丁寧に歩んでいくことが求められよう．しかし，国の成長を支えるはずの中高年齢者において，仕事上対人関係上の**ストレス**による**自殺**が増えている現状がある．したがって改めて，その寿命を全うするまでの長い間の**自己実現，生き甲斐**を追求していく姿勢，そして自らを尊重し，守っていく姿勢が最も重要となる時代を迎えている．青年期を中心に，身体の成長の現状及び精神的健康に影響を与える**自尊心**や**自己イメージ**についても，健康と重ねながら論じていく．

　近年では幼児期，児童期を通して，「命の大切さ」について，しっかりと子どもたちに伝えていかなくてはいけない時代になったと言われる．これは，**コンピュータゲーム**上で一度命を落としたキャラクターがまた生き返るなど，再生可能な遊びの世界と現実世界との境界があいまいになってしまう恐れからである．

　以上のように健康教育を考える前提として，自尊心など自分自身を大切にできる感情，また現実場面を見極め，責任がとれる行動をとるような判断，そして命の大切さを教えていくことが重要と思われる．

　近年**青少年の発育**については，その親世代と比べて，格段の発展があり，スタイルは欧米並みになりつつあると言われている（表 14-1）[1]．しかし，その成長ぶりに反して，体

表14-1　年齢別身長・体重・座高の全国平均値

区分			身長(cm)				体重(kg)				座高(cm)			
			平成18年度(A)	平成17年度	昭和51年度B(親の世代)	差 A−B	平成18年度(A)	平成17年度	昭和51年度B(親の世代)	差 A−B	平成18年度(A)	平成17年度	昭和51年度B(親の世代)	差 A−B
男子	小学校	6歳	116.6	116.6	115.3	1.3	21.6	21.6	20.6	1.0	64.9	64.9	64.7	0.2
		7歳	122.5	122.5	120.9	1.6	24.2	24.3	23.0	1.2	67.7	67.7	67.3	0.4
		8歳	128.3	128.2	126.5	1.8	27.4	27.4	25.8	1.6	70.3	70.3	69.8	0.5
		9歳	133.6	133.6	131.3	2.3	30.9	30.9	28.5	2.4	72.7	72.7	71.9	0.8
		10歳	138.9	139.0	136.8	2.1	34.5	34.7	32.0	2.5	75.0	75.1	74.2	0.8
		11歳	145.1	145.1	142.1	3.0	38.8	39.1	35.4	3.4	77.8	77.7	76.3	1.5
	中学校	12歳	152.6	152.5	148.9	3.7	44.9	44.9	40.4	4.5	81.4	81.3	79.5	1.9
		13歳	159.8	159.9	156.2	3.6	49.9	50.1	45.9	4.0	85.0	85.0	83.1	1.9
		14歳	166.3	165.4	162.4	2.9	55.1	55.3	51.4	3.7	88.0	88.1	86.4	1.6
	高等学校	15歳	168.5	168.4	166.3	2.2	60.1	60.3	55.7	4.4	90.2	90.2	88.9	1.3
		16歳	170.0	170.0	168.0	2.0	62.0	62.2	58.0	4.0	91.2	91.1	89.9	1.3
		17歳	170.9	170.8	169.0	1.9	63.9	63.8	59.4	4.5	91.8	91.7	90.4	1.4
女子	小学校	6歳	115.7	115.8	114.6	1.1	21.1	21.1	20.1	1.0	64.5	64.5	64.2	0.3
		7歳	121.7	121.7	120.2	1.5	23.6	23.6	22.5	1.1	67.3	67.3	66.8	0.5
		8歳	127.4	127.5	125.8	1.6	26.6	26.8	25.3	1.3	70.0	70.0	69.3	0.7
		9歳	133.5	133.5	131.3	2.3	30.1	30.2	28.2	1.9	72.8	72.8	71.7	1.1
		10歳	140.2	140.1	138.0	2.2	34.2	34.4	32.4	1.8	76.0	75.9	74.9	1.1
		11歳	147.0	146.9	144.4	2.6	39.5	39.5	36.8	2.7	79.4	79.3	78.0	1.4
	中学校	12歳	152.0	152.0	149.9	2.1	44.4	44.4	41.9	2.5	82.2	82.2	81.2	1.0
		13歳	155.2	155.2	153.3	1.9	47.9	48.0	45.9	2.0	83.9	83.8	83.1	0.8
		14歳	156.7	156.8	155.1	1.6	50.6	50.8	48.9	1.7	84.9	84.9	84.2	0.7
	高等学校	15歳	157.3	157.3	155.9	1.4	52.3	52.4	50.8	1.5	85.2	85.3	84.9	0.5
		16歳	157.8	157.8	156.3	1.5	53.4	53.3	51.9	1.5	85.7	85.6	85.0	0.7
		17歳	158.0	158.0	156.5	1.5	53.7	53.7	52.3	1.4	85.7	85.6	85.1	0.6

(注)　1　年齢は,各年4月1日の満年齢である.
　　　2　下線の部分は,調査実施以来過去最高を示す.なお,平成17年度については,平成17年度調査時における過去最高を示す.
　　　3　中学校には中等教育学校の前期課程,高等学校には中等教育学校の後期課程を含む.
資料:文部科学省『学校保健統計調査報告書』

力・運動能力には低下傾向があり（表14-2）[2]，怪我もしやすいという報告がある．これらの原因になっていることについて，近年取り沙汰されていることとしては，幼児期における栄養の偏り，幼少期からの睡眠時間の減少[3]などが問題としてあげられる．この早期からの夜型指向の習慣，そして朝が起きづらいため，**欠食傾向**の増加というパターンも影響している．さらには，子どもや青年が親と同居しているにもかかわらず，**偏食**のある子どもが，1人で食事をとる（**孤食**をする）回数が増えているとの報告もあり，こうしたことは，上記の身体の機敏さ，体力の増進にブレーキをかけていると推測できる．

戦後しばらくは父親が多忙で，母親も家計を支えるべくパート勤めなどで追われる時代が続いたと言われるが，現在で

1），2）内閣府発行 2007　平成19年度版 青少年白書

3）具体的には入眠時間が遅く，大人の生活に付き合っていて，発育に悪影響を及ぼし得る状況．

表14-2 年齢別テストの結果(平均値)の年次推移

区分		握力(kg)				50m走(秒)				持久走(秒)				ボール投げ(m)			
年齢	性別	S50	S60	H7	H17年	S50	S60	H7	H17年	S50	S60	H7	H17年	S50	S60	H7	H17年
7歳	男子	—	—	—	11.36	—	10.30	10.67	10.76	—	—	—	—	—	15.37	13.28	13.08
	女子	—	—	—	10.55	—	10.68	10.92	11.05	—	—	—	—	—	8.80	8.08	8.01
9歳	男子	—	—	—	15.18	—	9.40	9.57	9.69	—	—	—	—	—	25.13	22.05	21.92
	女子	—	—	—	14.07	—	9.74	9.91	9.97	—	—	—	—	—	14.22	12.58	12.55
11歳	男子	21.70	21.08	20.80	—	8.80	8.75	8.88	8.95	—	—	—	—	34.00	33.98	30.42	29.80
	女子	20.90	20.49	19.86	19.98	9.10	9.00	9.16	9.20	—	—	—	—	19.90	20.52	17.47	17.81
13歳	男子	30.70	31.16	30.44	31.05	7.90	7.90	7.95	7.92	370.70	366.40	379.32	384.73	22.60	22.10	21.86	22.43
	女子	24.30	25.56	23.69	24.14	8.70	8.57	8.76	8.76	275.80	267.11	269.13	266.52	15.40	15.36	14.36	14.05
16歳	男子	44.50	44.22	42.25	42.02	7.30	7.35	7.45	7.39	354.00	357.35	377.08	378.01	27.80	27.86	26.13	26.25
	女子	29.70	29.03	26.76	26.71	8.70	8.79	9.04	9.02	286.20	288.48	311.33	316.90	16.90	16.37	14.61	14.52
19歳	男子	—	47.47	45.62	44.21	7.28	7.29	7.43	—	—	371.08	381.85	403.20	—	29.54	28.24	20.50
	女子	—	29.76	27.80	27.31	8.75	8.92	9.13	—	—	294.28	304.61	313.87	—	17.24	16.25	14.04

(注) ボール投げは,7・9・11歳はソフトボール投げ,13・16・19歳はハンドボール投げ.
資料:文部科学省『体力・運動能力調査』

は両親共働きであっても,家族のために休暇をとることが可能になってきている.そうした時代だからこそ,幼児期,児童期そして青年期までは,可能な限り家族で食事をともにすることや家族内の**コミュニケーション**を尊重すべきであろう.

また青年期になると**第二次性徴**[4]が始まり,心理的には自我同一性の中の男性性,女性性の確立が進む.そして,自己の身体へ関心が強くなっていき,**身体的健康**の問題は**精神的健康**と強く結びついていく.片山・松橋[5]の研究で,男子よりも女子のほうが自己の身体に不満を抱きやすく,身体や健康に対する意識と身体意識度得点には高い相関があり,特に他者から自分がどう見られているのかが気になることが明らかになっている.大人たちは,実際の体格やBMI指数[6]などを気にして,健康への意識が高まり運動を心がけたりするが,青年たちは,そうした指数が問題ではなく,あくまで主観的な意識(**身体イメージ**)が強く影響しているようである.そこで必要以上のダイエットを行い,理想の体型に近づけることだけを目的として精神的健康を損なうことも少なくない.今では拒食,過食を含む食行動の異常を総称して**摂食障害**と言うが,かつては思春期やせ症と呼ばれた「やせ」に強い関心をもつ心の問題も,現代青年の健康問題における特徴を示すことがらと言える.

宮崎・緒方[7]は,栄養学の立場から,摂食障害傾向を一般大学生がどれくらいもっているのか,そしてどのように心

4) 思春期以降に男女ともに陰毛の発毛,男子の場合は変声,精通現象,骨格や筋肉の発達などによる男性的な体つきに発達し,女子の場合は,乳房の発達,月経,骨盤の発達や女性らしい体つきになる様相を示す.またそのような身体的変化に伴って心理的,行動的に男性らしさ,女性らしさが意識され,社会からの役割期待も意識化される.

5) 片山美香・松橋有子 2002 思春期のボディイメージ形成における発達的研究 思春期学 20 (4), 480-488.

6) BMI:body mass indexの略.肥満などの程度を比較する際汎用される指標.
BMI=体重(kg)／身長(m)^2 (南山堂 医学大辞典)

理的特性や栄養状態と関係しているかについて検討した．それによると1,000名以上の回答者のうち37％に何らかの摂食態度異常が見られた．またそうした行動と心理的側面としての「自己不信」,「自己否定」,「完全主義」などと関係性が見出され,「自己表出」については，関連性が見られなかったという．そして従来言われてきているように，摂食障害傾向をもつ青年たちは，低栄養状態であるにもかかわらず，過活動的であることも明らかとなった．こうしたデータからは，**栄養教育**とともに**自己効力感**をもたせることが予防として必要ではないかと述べられている．

　青年期のこれらの問題は，食行動の問題という視点では栄養学から，また身体，第二次性徴への影響という視点では，内科，婦人科といった幅広い領域からの研究が数多くなされている．心理学的，**精神的健康**の側面としては，臨床心理学，家族心理学，精神医学などから，摂食障害を含む食行動の問題と家族関係，特に母親との関係や性同一性のあり方と深い関係があることが見出された．そして松木・鈴木[8]が詳細にまとめているように，その**心理療法**も発展してきている．

　現代青年の心と身体が強く結びついた1つの現象として摂食障害を最後に取り上げた．青年の健康教育としては，ここで取り上げてきた研究成果などから，幅広い身体イメージの問題や**自己評価**，自己の成長に関して抱えている問題について，中学，高校及び大学での予防的に働きかけていくことが必要であろう．そのためには，**自己理解**の促進とともに，精神的なストレスに対する対処のしかた（**ストレスコーピング**）などの実践活動も取り入れていくことが望まれる．これは，**スクールカウンセリング**や**学生相談**などのサポートの充実ともつながることである．また，健康教育について青年期を中心にまとめてきたが，現代においては，前述のように人生のライフサイクル全体を見通して，「健康教育」を考えていかなければいけないと思われる．　　　　〔高橋靖恵〕

7）宮崎由子・緒方智子　2006　摂食障害傾向を示す女子大生の心理的特性と栄養状態評価　栄養学雑誌　64(1), 31-43.

8）松木邦裕・鈴木智美（編）2006　摂食障害の精神分析的アプローチ　金剛出版

【参考文献】
内閣府発行　青少年白書（毎年1回発行）

II-15
連合説と認知説

association theory vs. cognitive theory

教育の基礎としての学習

一般に教育活動というものは，教師がさまざまな情報を伝達しようとする**教授**（teaching）と，児童・生徒が知識や技能を獲得する**学習**（learning）という2つの側面を有するものである．教授と学習は，同じ現象を異なる立場から表現したものとも言えるが，教育の効果は，多くの場合，教師の側の変化ではなく，児童・生徒の側の変化によって評価されるので，学習のほうがより重要ということになるのである．

心理学では，学習は「経験による比較的永続的な行動の変容」という一般的な定義を行ってきた．「経験による」という制約条件は遺伝的に規定された**成熟**（maturation）による変化成分を除外し[1]，「比較的永続的な」という限定句は疲労や薬物の影響のような一時的な変容を定義の中に含めないようにするためのものである．

教育の効果は，主として授業経験の要因によるものであり，その効果の持続性は，比較的永続的あるいは長期的であることが望まれる．ただし，「行動の変容」は，必ずしも目に見える形で現れる外的行動のみに限定する必要はない．たとえば，児童・生徒の意欲（aspiration），態度（attitude），動機づけ（motivation）などの変容も，重要な教育の課題となるのである．

学習で何が変わるか

教育心理学のみならず，広く心理学の歴史において，学習研究が果たしてきた役割は大きい．では，なぜ学習研究はそれほど重要なのであろうか．それは，人間という動物は，遺伝的に規定された種に固有の行動パターンである**本能**

1) 学習と成熟を区別する有名な研究として，アメリカの育児学者**ゲゼル**（Gesell, A. L.：1880-1961）が1929年に発表した「階段のぼり」実験がある．一卵性双生児の一方には生後46週〜52週まで階段のぼりの訓練を行い，他方にはその間一切訓練を行わなかったが，53週時点で両者の階段のぼりのうまさには差がなく，この行動が成熟要因に規定されることを示した．
「II-16 学習と発達」も参照のこと．

(instinct) よりも，個人が経験を通して身に付ける個人に特有の行動パターンの占めるウェイトが高いからである．このことは，人間のみに当てはまるものでなく，多くの動物種（特に哺乳類動物）についても同じことが言える．実際，学習心理学においては，ハト・ネズミ・ネコ・イヌ・サルなど，人間以外の動物を対象とする研究が重要な役割を果たしてきた．経験による比較的永続的な行動の変容のプロセスには，動物の間でも一定の共通法則を認めることができ，その知見が人間の学習過程を理解する上でも重要と考えられる．

では，学習において変容するものは一体何だろうか．この点について，見解を異にするいくつかの理論的立場があり，それを2つに大別すると**連合説**（association theory）と**認知説**（cognitive theory）ということになる．

連合説においては，個体が受け取る**刺激**（stimulus: S）とその結果として生ずる**反応**（response: R）の結びつき（連合）である**S-R結合**（S-R bond）が強化されることが学習における最も重要な変容である，と説明される．たとえば，毒性の強い植物（S）を食べてひどい目にあった動物は，次からはその植物は回避する（R）．このS-R結合をきちんと強化しておかないと，何度でもひどい目にあうことになる．実際に何度かひどい目にあって，たとえば毒キノコとそうでないキノコを見分ける学習が成立する．このようなS-R結合は，一般に訓練や練習を重ねることによって強化される．

他方，認知説においては，学習の過程で変容するものは個体のもつ**認知構造**（cognitive structure）であると考える．その最もわかりやすい例は，**認知地図**（cognitive map）の形成である．たとえば，ある地域で毎日通勤・通学をしていると，途中の道の様子や店の位置など，その経路に関する認知地図が自然に形成されてくる．その認知地図情報の多くは，通勤・通学という行動とは直接関係がないものであり，必ずしもS-R結合という枠組みには入らない．たとえば，通勤・通学経路の途中にコンビニが何軒あるかといったことは，意識して憶えておいたりしなくても，自分のもつ認知地図を参照して答えることができる．

連合説でわかったこと

連合説の出発点は，ロシアの生理学者**パヴロフ**（Pavlov, I. P.: 1849-1936）[2]の条件反射学であると考えられている．パヴロフがイヌの唾液腺の消化機能を研究する中で，肉片（無条件刺激）を与えると当然唾液の分泌（無条件反応）が生ずるが，肉片とベルの音を同時に聞かせると，ベルの音（条件刺激）だけで唾液が分泌されること（条件反応），その結びつきは，**強化**（reinforcement）することも**消去**（extinction）することも可能であることを発見した．すなわち，この状況では，学習とは刺激と反応の新たな結びつき（連合）を形成させることにある．

連合説の主な研究者とその成果を以下にあげる．すべてアメリカの心理学者である．

ワトソン（Watson, J. B.: 1878-1958）は，1913年に**行動主義**（behaviorism）の心理学の旗揚げを宣言した．目に見える行動のみを研究の対象とすることを主張し，言葉を理解しない動物や赤ちゃんの学習研究の道を開いた．恐怖心など感情反応すらも条件づけられたものと考える環境論者であった．

ソーンダイク（Thorndike, E. L.: 1874-1949）は，**試行錯誤**（trial and error）による学習を提唱したことで知られているが，その理論の中心は「満足や快経験をもたらす行動は強化される」という**効果の法則**（law of effect）であり，訓練の転移や教育測定理論の研究で教育心理学の発展に貢献した．

スキナー（Skinner, B. F.: 1904-1990）は，ネズミのレバー押しに対して餌（報酬）の出方をコントロールし，レバー押し反応頻度を自動的に記録するスキナー箱を用いて，自発的反応が強化されていく**オペラント学習**（operant learning）の理論を提唱し，ティーチング・マシン等の応用研究を行った．

ハル（Hull, C. L.: 1884-1952）は，学習を説明する原理として習慣強度と動因低減の概念を導入し，数学的に厳密に記述された**新行動主義**（neo-behaviorism）の理論体系を築いた．

トールマン（Tolman, E. C.: 1886-1959）は，場所学習や潜在学習の事実から，学習の成立を「記号−意味の結びつき」とする**S−S説**（sign-significate theory）を提唱した．

[2] パヴロフは，食物消化の研究で1904年にノーベル生理学・医学賞を受賞．パヴロフが自ら連合説を名乗ったわけではないが，結果的に連合説の基礎となる理論を提供した．

[3] 刺激と反応の関数関係を記述すれば事足れりとする行動主義心理学は，刺激を受け止め反応を行う当の人間の中で起こっていることを中身の見えない「ブラックボックス」のままにして満足していると批判された．しかし，連合説の中でも，

認知説でわかったこと

　連合説の中心となる行動主義は，1910年代から1950年代まで，アメリカを中心とする心理学の主流派の地位を占め続けた．しかし，1945年のコンピュータの登場は，外に現れた行動のみを研究対象とすべきと主張する行動主義に根底から疑問を投げかけた[3]．なぜなら，コンピュータでさえ入力されたデータを処理するプログラムが必要である以上，人間の行動を制御する「心のプログラム」とその内容を考えない限り行動の解明はできないのではないかという見解が登場したからである．このような認知説の考え方は1950年代後半に強まり，1960年代以後盛んになっていった[4]．

　ヨーロッパの心理学では，認知説は昔からそれなりに力をもっていた．たとえば，**ゲシュタルト心理学**（Gestalt psychology）[5] に属するドイツの**ケーラー**（Köhler, W.: 1887-1967）は，1910年代の研究において，天井から吊された高い位置のバナナを取る等の問題解決場面においてチンパンジーが状況を見渡し**洞察**（insight）に基づく行動をとることを明らかにした．

　また，スイスの**ピアジェ**（Piaget, J.: 1896-1980）は，知能の個体発生（発達心理）ならびに系統発生（科学史）の過程を明らかにする**発生的認識論**（genetic epistemology）を提唱したが，その中心概念の**操作的思考**（operational thinking）は，行為が内化されることによって獲得されるものである．

　アメリカでは，第二次世界大戦後，欲求が知覚に及ぼす密接な関連性を示した**ニュールック心理学**（new look psychology）を引っさげて登場した**ブルーナー**（Bruner, J. S.: 1915- ）が，1950年代以後，問題解決における思考の**方略**（strategy）の研究，スプートニク・ショック後のアメリカの教育改革[6]，共同注意など乳児発達研究，文化心理学研究等に多大の貢献を行ってきた．知覚・学習・発達・文化などさまざまな研究を展開してきたブルーナーの考え方の背後に一貫してあるものは，人間の主体的能動的な心の働きである．〔子安増生〕

【参考文献】
バウアー, G. H.・ヒルガード, E. R.　梅本堯夫（監訳）1988　学習の理論　第5版　培風館

行動の動機を重視するハルの新行動主義や，認知地図の研究を行ったトールマンのS-S説などは，極端な行動主義に対する理論修正であったと言える．

4)　ガードナーは，「認知革命」が起こった年を人工知能研究の国際会議がアメリカのダートマス・カレッジで開催された1956年であることを宣言し，哲学・心理学・言語学・人工知能・人類学・神経科学の6分野の連携によって認知科学という新たな学問が発展していくとする考え方を提唱した．認知革命と認知科学の展開については，下記の文献を参照のこと．
ガードナー, H.　佐伯胖・海保博之（監訳）1987　認知革命：知の科学の誕生と展開　産業図書

5)　「ゲシュタルト」はドイツ語の「形態」という意味であり，形態の知覚や認知は，その形態を構成する要素の総和ではなく，全体的構造として処理されるという考え方を言う．

6)　スプートニク・ショック後のアメリカの教育改革については「0. 教育心理学」を参照．

II - 16
学習と発達

learning and development

　人が成長し発達するのは，遺伝的に組み込まれた**成熟**によるのだろうか，それとも**学習**によって獲得するのだろうか．
学習・発達と遺伝
　ホール（Hall, G. S.: 1844-1924）は，発達は遺伝子によって支配されると考え，学習をほとんど重視しなかった．ホールの弟子**ゲゼル**（Gesell, A.: 1880-1961）は，これを受け継ぎ，発達は内部の生物学的成熟で生じると信じていた．ゲゼルは同年齢の子どもに見られる行動の類似性に注目した．そして類似した行動が同じ頃出現するのは，まさしく神経系が成熟した結果だと考えた．
　ゲゼルは**双生児対照法**（twin method）を用いて，成熟と学習が果たす役割を研究した．これは一卵性双生児は遺伝子のタイプが同じであることに着目し，一対の一卵性双生児の一方の子どもにある行動の訓練や練習をさせ，もう一方の子どもにはそれをさせない条件で両者の行動を観察する方法である．一卵性双生児の発達を比較すれば，遺伝の影響なのか，学習の影響なのかが判断できると考えた．
　ゲゼルは，双生児の一方が約46週になったとき，その子どもに階段をのぼる訓練を始め，6週間訓練して階段のぼりがかなり上手になったとき，もう一方の双生児の訓練を始めた．その時，訓練をした子は26秒で階段をのぼれるようになっていた．しかし訓練をしていないもう一方の子も全く支えもなく45秒で階段をのぼったのである．しかも，79週目には，どちらも7秒と8秒でのぼれるようになり，差はなくなった．このことからゲゼルたちは，この階段のぼりができるようになった決定的な要因は，訓練や練習ではなく，この

2人の子どもの内部からの生物学的成熟であると考えた[1]．あることを学習するには，それを学ぶだけの準備が必要となる．これを**レディネス**（**準備性**; readiness）と言う．この言葉を用いて説明するなら，6週間訓練した子は，レディネスを持ち合わせていなかったので学習できなかったことになる．6週間後には両者にはレディネスがあったので，両者ともすぐに学習できたと考えた．

ところでこのレディネスをどのようにとらえるかで学習に関する考え方が少し違ってくる．レディネスは生物学的成熟からもたらされると考えるなら，学習はレディネスができるまで行えないということになる．学校の授業についてゆけない子どもたちは，レディネスに達していないと考えることになる．これは考えようによっては，学業についてゆけない子どもたちを放置してレディネスができるまで待つ態度をつくってしまう危険性がある[2]．

学習・発達と環境

これに対して**行動主義**（behaviorism）の創始者，**ワトソン**（Watson, J. B.: 1878-1958）は学習について異なる考えをもっていた．20世紀の初頭まで，ヨーロッパでは**ヴント**（Wundt, W.: 1832-1920）の**構成的心理学**が主流だった．この心理学は自分の心を正確に，客観的に分析する内観（introspection）法を用いた．しかしこの方法は，正常な大人には使えても幼児には使えない．幼児には自分の内面を言語で報告するのが難しいからだ．この点，ワトソンの行動主義は対象とする人間や動物の行動を外から客観的に観察して研究した．研究対象も意識ではなく，外部から観察できる「行動（behavior）」に絞った．こうして心理学の研究対象が拡大し，幼児や児童の学習も客観的に研究できることになった．

行動主義は行動を観察する際，一定の刺激を与えて，それに対してどのような反応が生じるかを観察した．これは，ロシアの生理学者，**パヴロフ**（Pavlov, I. P.: 1849-1936）が動物について発表した**古典的条件づけ**（classical conditioning）の考えを参考にしたものだった．パヴロフはよく知られた犬の実験で，餌を与える直前にベルの音を聞かせるという行為

1) Gesell, A. L., & Thompson, H. 1929 Leaning and growth in identical infant twins: An experimental study by the method of co-twin control. *Genetic Psychology Monographs*, 6, 1-123.

2) 宮原和子・宮原英種 1996 乳幼児心理学を愉しむ ナカニシヤ出版

を繰り返した．すると犬は，ベルの音を聞くだけで唾液を出すようになる．本来，唾液は食べ物を見たときに反射的に出るものでベルの音を聞いて出るものではない．つまりこれは，ベルの音という刺激に対して，唾液の分泌という新しい反応が獲得されたと考えるのである．こうして**ワトソン**は学習とは**刺激**（stimulus）と**反応**（response）の新しい連合が創られることであると考えた．つまりワトソンによれば，人の行動のほとんどは，生まれつきもっているものというよりは，生後に条件づけられて獲得して生じるということになる．

確かに人間のもっている能力の多くは，生まれてからのさまざまな経験を経て，学習してきた結果である．しかしその経験を振り返ってみると，2つの種類があることがわかる．1つは学習者が試行錯誤を重ねて体験するもの，これを**直接経験**と言う．もう1つは，他者の体験を見聞きすることであり，これを**代理経験**（vicarious experience）と言う．そして代理経験による学習，つまり他者の示した模範（**モデリング**; modeling）を介して学習することを**バンデューラ**（Bandura, A.: 1925-）は**社会的学習**（social learning）と呼んだ[3]．日常生活の中で私たちが観察学習で学んでいることは多い．たとえば初めて入るレストラン，初めて訪れた土地でのバスの乗り方など．自分がどう振る舞えばよいのかを，毎回直接教えてもらうだろうか．ほとんどの人がまず周囲を観察して自分の行動を決めるに違いない．

社会的学習による習得は，2つの段階に分けて考えることができる．1つはモデルを観察するだけで学習が成立する場合，これを**観察学習**（observational learning）と言う．もう1つは，モデルを実行し，同じ行動がとれるよう強化を受けて修正する学習で，これを**模倣学習**（imitative learning）と言う．

模倣学習の代表的な例が言葉の学習である．子どもは大人の言葉を模倣（imitation）して覚えてゆく．このとき，母親の喋った言葉が刺激となる．子どもは刺激としてその音声を聞いて，それを真似，模倣してそれに似た音声を発する．これが反応となる．子どもが上手に発音できたとき，大人は喜んで褒める．これが刺激と反応の結びつきを形成する強化

3) Bandura, A.（Ed.）*Psychological modeling: Conflicting theories.* Chicago: Aldine-Atherton.（原野広太郎・福島脩美（訳）1975 モデリングの心理学：観察学習の理論と方法 金子書房）
Bandura, A. 1977 *Social learning theory.* New York: Prentice-Hall.（原野広太郎（監訳）1979 社会的学習理論：人間理解と教育の基礎 金子書房）

(reinforcement) となる．こうして子どもは「もう一度喋ってみよう」という動機づけがつくられてゆくことになる．

　ゲゼルのように発達を成熟で生じるとする考えを発達の先決説とするなら，行動主義的な考えはその対極にある**環境説**ということになる．この考えによると，発達に対して最も大きな力を発揮するのは，子どもの内部で自生的に展開する成長ではなく諸経験，つまり刺激－反応の連合から生じる学習行動によって形成されることになり，そして人間はこの学習行動で無限の可能性をもって成長・発達を遂げることができると考えた．

学習・発達と相互作用

　これらの極端な成熟説，環境説に対して，**ピアジェ**（Piaget, J.: 1869-1980）は，主体である子どもが環境に働きかけ，働きかけられるという主体と環境のダイナミックな過程としてとらえる．これは同化，調節，均衡化という言葉で説明している．ピアジェは子どもの知性がどのように発達するかを考える際，**シェマ**（schemes）という体制化された構造を発達させることが重要と考えた．そして，新しい情報や経験を自分のもっているシェマに取り入れることが**同化**（assimilation）である．このとき新しい知識を取り入れるのに，ときには自分のもっているシェマを修正しなくてはならないことがある．たとえば，リンゴは赤だと思っていたのに，青いリンゴに出会ったら，リンゴは赤だというシェマを修正しなくてはならない．これが**調節**（accommodation）である．また，知らないものに出会ったとき，うまく調節できないこともある．その不安定さを安定する方向に変えてゆく．これが**均衡化**（equilibration）である．このようにピアジェは環境との相互作用を通して知的発達がなされると考えた．しかし4つの発達段階[4]を想定していることなどから，成熟を重視した**相互作用説**となっている．　　　　〔青木多寿子〕

4）ピアジェは知的発達を「感覚運動期」（0〜2歳），「前操作期」（2〜6,7歳）「具体的操作期」（6,7歳〜11,12歳）「形式的操作期」（11,12歳〜）の4段階としてそれぞれの時期の特徴の違いを示した．

【参考文献】

宮原英種・宮原和子　1996　教育心理学を愉しむ　ナカニシヤ出版
宮原和子・宮原英種　1996　乳幼児心理学を愉しむ　ナカニシヤ出版
山内光哉・春木豊（編）2001　グラフィック学習心理学：行動と認知　サイエンス社

II-17 知識と記憶

knowledge and memory

情報処理過程と記憶のメカニズム

教育場面では教師と生徒のやりとりや，テキストやさまざまなメディアを通して，言語情報や視聴覚情報が提示される．五感を通して入ってきた情報はどのようにして**知識**として獲得され，また必要なときに使えるのだろうか．これに関わる情報処理過程として，大きくは，3つの過程が考えられている．入力情報を解読して**記憶**に入れ記銘する**符号化**（coding）過程，さらにその情報を忘れないように記憶内に保持し続ける**貯蔵**過程，そして必要なときに記憶から**想起**する**検索**過程である．この過程は，図17-1のように**長期記憶**と**短期記憶**（**ワーキングメモリ，作動記憶**）という2つの記憶貯蔵庫から構成されているという貯蔵庫モデルで説明されている[1,2]．

まず注意を情報に向けることで，その中の一部の情報が意味あるパターンとして認識される．たとえば文字を読んでい

1) ロフタス，G.R.，&ロフタス，E.F. 大村彰道（訳）1980 人間の記憶：認知心理学入門 東京大学出版会

2) Bower, G.H., & Hilgard, E. R. 1981 *Theories of learning*, 5th ed, Prentice-Hall.

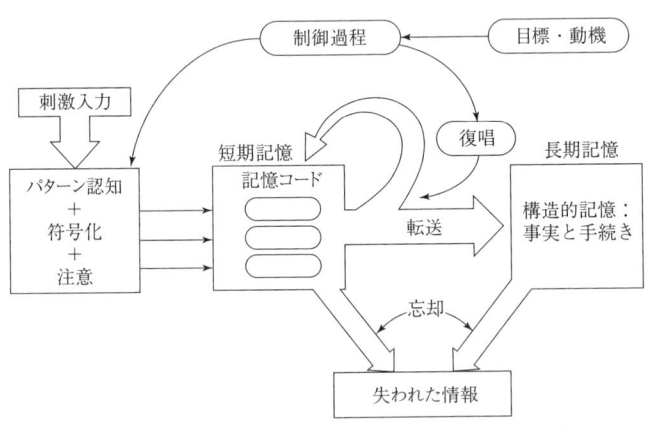

図17-1 人間の記憶のメカニズムの模式図（Bower & Hilgard, 1981）

るときには文字だけであり，それが書かれている紙の質や文字の濃さなどではなく，何という文字かという情報だけが符号化されて，ワーキングメモリ[3]に送付される．この**ワーキングメモリの容量は7±2チャンク**（Chunk, 意味の1つの塊）と言われており，一定の限定された情報量だけが記憶される．この容量には個人差や発達による違いがある．そして意味のある処理（**精緻化**）がなされた情報だけが，長期記憶へと転送され貯蔵される．つまり，注意は向けられてもそれ以上の処理がなされない情報の多くはここで消失していく．授業の内容をすべて文字通り記憶している人がいないのは，このようにして情報は消失していくからである．たとえば鎌倉幕府の成立「1192年」を単に反復して覚えるのではなく，「いい国作ろう鎌倉幕府」と年号に意味を与え年号と事象に関連性をもたせることで長期記憶へとその情報が転送されやすくなる．つまり**記憶のための方略**である[4]．

またさまざまな情報を羅列して与えるだけではなく，学習者が長期記憶に貯蔵されている既有知識と関連づけ，意味の関連を考え，同一カテゴリーの事項は一まとめに説明したり，相互の情報を階層的に関連づけて提示すると記憶されやすい．また学習者がノートをとったり，声に出したり，線を引いたりなど，情報に対して能動的に働きかけることにより，記憶に残りやすくなると言われている．学習者が入力情報を自ら関連づけようとどのように能動的に注意し精緻化していくかが，記憶に残るかどうかに関わってくるのである．

長期記憶に転送された情報は，図書館の書架に本が配列されるように，入力時に与えられた見出しがついて，関連した既有部分と位置づけられ記憶される．そして当該情報に関連する情報がワーキングメモリで使用され検索されるときに活性化し，検索可能な知識となる．したがって，入力情報が適切に構造化されて記憶され，かつ頻繁に使われ，適切な見出しが与えられていなければ，使いたいときにすぐに使える知識にはならないと言うことができる．長期記憶の容量は無尽蔵と言われているが，使われなかった情報は忘却されていくし，既知感はあっても思い出せないという現象も生み出す．

3）ワーキングメモリの中には，音韻的ループと呼ばれる言語的リハーサルシステムと聴覚的入力音を蓄える一次音響貯蔵庫と呼ばれる音素システム，視覚的情報や空間的情報を保持しリハーサルする視空間スケッチパッドと呼ばれる部分とそれらを司る中央制御部があるのではないかと想定されている．
Baddley, A.D. 1986 *Working memory*. Clarendon.

4）精緻化するには，塊に区切りなおすチャンキングや有意味なものにしていく有意味化以外に，その状況をつなげてイメージできるようにして覚えるイメージ化，ある出来事をつなげて物語として記憶する物語化などがある．
大村彰道 1996 記憶と文章理解 大村彰道（編）教育心理学1 発達と学習指導の心理学 東京大学出版会

知識の種類

知識には大きく分けて2種類ある．その1つは，事物や事象に関して，「……は……である」（例：正三角形は三辺の長さが等しい三角形である）といった形で表現される事実の知識，もう1つは掛け算の手順や跳び箱の飛び方のように，ある事象を遂行するための一連の手続きについての知識である．身体運動のような技能では言語化が難しい知識も含まれている．前者は**宣言的知識**（declarative knowledge），後者は**手続き的知識**（procedural knowledge）と呼ばれる．「わかる」を支える知識と「できる」を支える知識とも言える．この前者の知識には，「昨日先生と〇〇へ行った」というような出来事に関する**エピソード記憶**として記憶されている知識と「水は水素と酸素からなる」「日本の議会は参議院と衆議院からなる」というように事実と事実の関係を示し，いつどこで覚えたかではなく内容を示す**意味記憶**として記憶されている知識から構成されている．教室で教科書等を用いて指導される知識の多くは，この概念的な知識である．

「できる」につながる手続き的知識のうち，特に身体運動に関わる知識は本人も無意識に習得しているので言語化されず，**暗黙知**（tacit knowledge）[5]となっている場合も多い．

ただし，この2つの知識は相互に置き換え可能である．自動車教習やワープロの使用のように「もし……ならば…せよ」というマニュアルによって言語的に示された宣言的知識は，練習によって実行可能な手続きとなり，しだいに個々の操作についてのルールが一連のものとして合成され，まとまって手続き化され，自動的にできるようになっていくことがある[6]．また，ある程度手続き的知識が習得されできるようになることで，**メタ認知**が働き，自分の行動操作をモニタリングして，言語化できるように変わってくることも生じる．

既有知識の利用

私たちは入力された情報を認知するのに，長期記憶に蓄えられた知識を検索し活性化させて利用していく．暗黙のうちに，外界（環境）についてあるまとまった構造をもった知識を心的に表す表象構造を知識としてもっている．それは**スキ**

---

5) ポランニー，M. 高橋勇夫（訳）2003 暗黙知の次元 ちくま学芸文庫
経験に基づく知識であり，表現されないが機能している知識のことを指す．

6) Anderson, J. R. 1983 *Architecture of cognition.* MA; Harvard University Press.

7) Mandler, J. 1984. *Stories, scripts, and scenes: Aspects of schema theory.* Hillsdale, NJ: Erlbaum.

8) Schank, R. & Abelson, R. 1977 *Scripts, plans, goals, and understanding.* Hillsdale, NJ: Erlbaum Assoc.

9) ルーチンスの水かめ問題と呼ばれる問題において何回かある解法で解くと他のより簡単な解法を使えなくなることを示した研究がある．これらの研究に

ーマ（schema）[7]と呼ばれる．たとえば人は「顔スキーマ」をもっているので，ある絵を見たときにそれを顔であると認知できたり，車のフロントを見て顔のようだと思ったりする．また何度もお話を読む経験を通して「物語スキーマ」と呼ばれる物語の展開に関する知識をもっているので，それを用いて，新たに読む物語の展開を予測したり理解したりできる．

このスキーマの中でも，日常生活における事象の系列的な構造に関する知識を心理学では**スクリプト**（script）[8]と呼んでいる．病院スクリプトとして「病院の受付で診察券を出すか，診療の申し込みを書くと，カルテがつくられて，待合室で待っていると看護婦さんに呼ばれて……」といった手順の知識をもっているので，初めての病院を訪れたときもそこに適用できるのである．教師は授業スクリプトをもって，授業を展開していく．生徒も授業スクリプトを習得し，「A先生の宿題チェックの方法は，B先生とはこう違う」といった形で，効率よく当該授業の複雑な行動様式やその流れに対応できていくのである．

このように，既有知識をもつことで，新たな経験や知識を獲得することを容易に早くできるようになることが多い．しかし一方では，知識が問題解決への**構え**（set）[9]を作り出したり，特定のやり方よりもより柔軟で創造的な見方に気づく可能性を妨げたりする**機能的固着**（functional fixedness）を生み出すこともある[10]．

熟達化

知識量が増大し，それらの知識が相互に関連してより構造化され，優れた遂行を示す熟達者へと変化していく．遂行が正確かつ自動化し，ある状況をとらえるのに表面的でなく深層の構造や原理をとらえ，適切な問題表象を形成することができるようになるのである．効率を求める領域と創造的な遂行を求める領域では**熟達化**（expertise）の様相にも相違はあるが，上記の点は共通する特徴と言えよう[11]．　　〔秋田喜代美〕

【参考文献】
森敏昭（編）2001　おもしろ記憶のラボラトリー　北大路書房
海保博之（編）2005　認知心理学　朝倉書店

については，次を参照のこと．
安西祐一郎　1985　問題解決の心理学　中公新書

10）機能的固着とは，現在必要な機能とは異なった機能がある物に与えられていても，特定の機能を使っていることで，必要な他の機能を利用した適切な問題解決が妨げられることを指す．

11）波多野・稲垣は定型的熟達者（routine expertise）と適応的熟達者（adaptive expertise）という概念を提出している．定型的熟達は反復練習によって可能となるが，適応的熟達はより本質的な原理を習得し問題解決過程を評価できるための概念を形成していくことが必要であり，そのためにはよく考えられた学習（deliberate practice）を行うことが重要だとされている．
Hatano, G., & Inagaki, K. 1986 Two courses of expertise. In H. Stevenson, H. Azuma, & K. Hakuta (eds.) *Child development and education in Japan*. New York: Freeman, pp.262-272.

II-18
動機づけ

motivation

報酬による動機づけ

人の行動を理解するときに，私たちは行動している人が何か欲求や意志をもって，ある目標に向けて動いていると想定している．つまり，人の行動を動かすものとして**動機**を想定する．人間はおもしろい，行いたいと思って行動する動機を本来もっている．課題への知的好奇心や自己実現，成長欲求から行動する動機は，本人の内側から生まれるものであるので，**内発的動機づけ**と呼ばれている．つまり，人は外的な賞罰を目的に行動をするだけではない特性をもっている[1]．

しかし学校は必ずしも生徒の誰もが授業で学びたい，教師が設定した目標を達成したいという動機をもって授業に常に臨んでいるわけではない．したがって，教師がいかに外側から教材や指導法の工夫や生徒との相互作用によって，生徒に対して「動機づける」かが問題になる．

その手立てとして，行動に対し報酬を与えれば行動が強化され罰を与えられれば抑制されるという行動主義の学習理論に基づく考え方がある．**レッパー**（Lepper, M. R.）[2]は，課題内容と直接関係しない賞を与えることが，賞授与後の課題遂行への意欲を低下させる現象を発見し，**アンダーマイニング現象**と呼んだ．報酬には，3つの機能がある．第1は行動すれば何かが得られるという「誘因の機能」と，このやり方を続ければよいといった行動に対する評価情報やその人の有能感を認める「フィードバック機能」，そしてその行動が社会的に意味があることやすべきでないという制約を与えることを知らせる「社会的制御機能」である[3]．この第3の機能が強まり，自分で行動を決定しているのではなく他者からや

1) 知的好奇心や内発的動機づけについては，次にわかりやすくまとめられている．
波多野誼余夫・稲垣佳世子 1973 知的好奇心 中公新書
　乳児であっても複雑性のある新奇なものを好むことが示されており，人は生涯にわたって好奇心をもち一時的な好奇心や状況的興味が，私は○○に関心があるといったような安定した個人的興味へとしだいに変化していく．

2) Lepper, M. R., Greene, D., & Nisbett, R. E. 1973 Undermining children's intrinsic interest with extrinsic rewards: A test of the overjustification hypothesis. *Journal of Personality and Social Psychology*, 28, 129-137.

3) Lepper, M. R., & Hodell, M. 1989 Intrinsic motivation in the classroom. In R. Ames, & C. Ames (Eds.) *Research on motivation in education*. Vol.3.

らされていると感じたときに,内発的動機づけは低下するのである.この意味で行動を自ら決定すること,選択の中から自己選択できることは動機における重要な要因である.

学習への目標志向性と能力観

学習の目標,目的には短期的,長期的にさまざまな目標があるが,教室での学習を考えると2つに大別できる[3].課題に習熟し,技能を獲得し,内容をより深く理解するという**習得目標**(learning goal)と,重要な他者から自己の能力を他人よりも高く評価されたいという**遂行目標**(performance goal)である.習得目標では能力は努力によって変化増大し得るものとしてとらえられるのに対し,遂行目標では同じ目標に対して努力を要することはその人の能力が低いことを示すというように,能力を固定した実体としてとらえることが生まれる[4].したがって,習得目標をもてば行動の成功失敗にかかわらず努力や挑戦が生じるが,遂行目標を重視すれば成功すればさらに行うが,失敗すれば能力を低く評価されることになるために,遂行を回避しようとする行動が生じることになる.

また実際には学業を達成し学習能力を高め知識を増大していくという学業熟達目標だけではなく,教師や友人の期待に応えるという**社会的責任目標**によって,行動が生じる場合もある.親密な関係に応えることで信頼や期待を高めることが学習場面への関心や意欲を高めるという図18-1のようなモデルも考えられている[5].

したがって,教師がどのような課題を準備するか,その遂行に対してどのようなフィードバックを与えるかだけではなく,学級や学校全体として,まとまりをもって生徒が自律的に行動することで,個々が効力感を高めあっていくような学級風土を形成していく学級づくりを行うことが重要になる.

Academic Press.

4) Ames, C., & Archer, J. 1988 Achievement goals in the classroom: Students' learning strategies and motivation processes. *Journal of Educational Psychology,* 80, 260-270.

エームズ(Ames, C.)ラーニング目標の教室では,教師はどのように学習しているのかを大事にし,誤りや失敗を学習の一部としてとらえるのに対し,パフォーマンス目標の教室では,どのような成果を生徒があげているかに注目するので,誤りや失敗は生徒にとって不安を喚起するものとなる点を指摘している.

5) 中谷素之 2006 社会的責任目標と学業達成過程 風間書房
中谷はWentzel, K. R.の社会的責任目標という理念に基づいて,日本での実証的データを分析している.

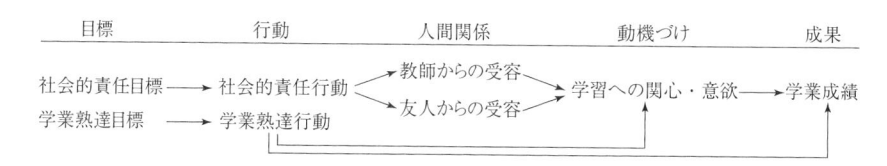

目標	行動	人間関係	動機づけ	成果
社会的責任目標 →	社会的責任行動	→教師からの受容↘ →友人からの受容↗	学習への関心・意欲 →	学業成績
学業熟達目標 →	学業熟達行動			

図18-1 社会的責任目標が学業達成に影響を及ぼすプロセス(中谷,1996, 2006[5];一部改変)

原因帰属

テストをはじめ，子どもはさまざまな場面で成功と失敗を経験し，その原因を推測する過程が生じる．これを**原因帰属**と呼ぶ．社会心理学者の**ハイダー**（Heider, F.）は，自己にその原因を求める「内的帰属」と自分の外側の要因に原因を求める「外的帰属」という2つの帰属様式の考え方を提唱した．この概念をさらに発展させた**ワイナー**（Weiner, B.）は表18-1のような3次元の原因帰属の分類を提出している[6]．

表18-1　原因帰属の分類（Weiner, 1979）

	統制可能		統制不可能	
	安定	不安定	安定	不安定
内的	普段の努力	一時的努力	能力	気分
外的	教師の偏見	他者からの日常的でない援助	課題の困難度	運

[6] Weiner, B. 1979 A theory of motivation for some classroom experiences. *Journal of Educational Psychology*, 71, 3-25.

内的か外的かという「原因の所在」に加えて，原因が自分の力で統制が可能か不可能かという「統制可能性」の次元，さらにその原因が継続して可能となる安定したものか，変動しやすい不安定なものかという原因の「安定性」の次元の3次元で考えられている．テストの成績が振るわなかったときに，たまたま今回のテストは難しかっただけと考えるか，自分の努力が不足していたととらえるかで，感情やその後の行動が変わってくる．

努力への原因帰属が望ましいように判断されがちであるが，子どもがすでに日頃からかなり努力している場合にさらなる努力を求めても，目に見える成功経験が生じない場合には，能力に帰属することで問題が生まれることもある．努力をしなければ教師に低く評価され，努力をしても成果が出なければ能力がないと考えざるを得なくなるという葛藤状況は**両刃の剣**と呼ばれる[7]．このために自尊心が傷つかないよう，子どもが努力を差し控えることも生じる．

学習性無力感

また失敗経験を統制不可能な事態と認知することが積み重なることで，意欲をなくし，無力や抑うつ傾向に陥る状況は，**学習性無力感**（learned helplessness）と呼ばれる．この概念

[7] 日本は努力帰属が強調されるだけに，両刃の剣状況は教師や保護者が考えるべき課題となっている．Covington, M. V., & Omelich, C. L. 1979 Effort: The double-edged sword in school achievement. *Journal of Educational Psychology*, 71, 169-182.

は，**セリグマン**（Seligman, M. E.）が1960年代に犬に電気ショックを与え続けても逃れることのできない統制不可能な条件と，パネルを押すと電気ショックを止めることのできる統制可能な条件を与えて訓練をした後，逃れられる条件を与えても，統制不可能な条件を経験した犬は逃れようとしなくなる結果が見出された．この実験から，行動を行っても望む結果が得られない経験を積み重ねることで，自分が行動すると結果が変えられる，望ましい結果が得られるという**随伴性認知**が得られないために無力感を身に付けてしまった状況を「学習性無力感」と呼んだ[8]．人間の行動の場合には，犬のような刺激と行動の直接的な連合関係とは異なっているが，失敗経験から無力感が生じないように，失敗してもそれが自己の力や外部の道具や人の援助を得ることで変更が可能となることを学んでいくことが重要である．

学びあう共同体への参加と承認

授業においては，① 生徒の知識や興味に対する課題，教材のあり方という認知的な展開構造，② 教師と生徒，学級などの学習を行う集団での対人的関係の構造，③ それぞれの生徒の存在や行動をどのように評価し承認していくのかという評価の構造を，1時間1時間だけではなく，単元，学期や学年，そしてより長期的な発達課題に即して考えることが求められる[9]．生徒たちは学級や学校の成員としてのアイデンティティを形成することで，責任感や役割をもって参加していく．教師だけではなく，専門家との出会いや承認評価がより深く動機づけることもあれば，年少の子どもたちに教えることで理解を深め，達成感を得ることもある．多様な人々から多元的視点で存在や行動が承認されることが，長期的に生徒の自己を形成し学ぶ意欲を支えていく．そのためには，教師自らが生徒が学ぶ内容に関して深く学問の系統性を理解し，また様々な学習形態やメディアを活用できるよう探究していくことが求められている．　　　　　　　　　　〔秋田喜代美〕

[8] Seligman, M. E. R., & Maier, S. F. 1967 Failure to escape traumatic shock. *Journal of Experimental Psychology*, 74, 1-9.

犬に電気ショックを与える実験は心理学領域での現在の倫理から考えると許可の得られない研究であり，1960年代に実施された研究であったから，可能であったとも言える．

[9] エームズは生徒の熟達目標を高めるクラスの構造として，課題，権威，評価・承認の3次元を指摘している．Ames, C. 1992 Classrooms: Goals, structures and student motivation. *Journal of Educational Psychology*, 84, 261-271.

そして，課題構造として「新奇性や多様性をもった課題の計画，適度な困難度の課題の提供，効果的な学習方略使用の支援」，権威構造として「学級の意思決定への積極的な参加，責任感・自立感をもつ機会の提供，モニタリング能力の育成」，評価・承認構造として「個人内での進歩の重視，努力の承認，失敗も学習の一部であることの強調」をあげている．

【参考文献】
上淵寿（編）2004　動機づけ研究の最前線　北大路書房
中谷素之（編）2007　学ぶ意欲を育てる人間関係づくり　金子書房

II-19 素朴理論と科学理論

naïve theory and scientific theory

知識や知能に関する発達心理学では，発達の早い時期（乳幼児期）から物体の動きに関わる領域，人間の意図的な行動に関わる領域，動物や植物，人間の身体に関わる領域を他の領域とは区別しているらしいことを示してきた．しかもこれらの領域の知識は，個別的・断片的な知識の集合ではなく，ある意味で「理論」とも呼べるような，ある体制化された知識の集合になっていることを見出した．つまり，ある種の重要な諸側面に対して，幼児は**素朴理論**（naïve theory）を構成している，と考えられている．

幼児の素朴理論の特徴

この幼児の素朴理論として，物に関わる素朴物理学と人の意志に関わる素朴心理学はかなり早い乳幼児期に，生き物についての素朴生物学も5～6歳までには獲得されると考えられている．しかし就学前の幼児の素朴理論は大人の理論とは違っている．たとえば幼児のもつ素朴生物学は，大人の生物学に比較すると次の弱点をもっている．それは①事実に関する知識が少ない，②生物学的推論の適応範囲が狭い，③複雑に階層的に体制化された生物学的カテゴリーに基づく推論の欠如，④機械的因果の欠如，⑤進化や光合成といった「科学的概念」の欠如である[1]．この幼児の素朴概念は成長するにつれて訂正され，質的な変化を遂げる．たとえば特定の領域で経験を積むにつれてその領域での知識の量が増大してくる．すると累積された知識の間での大幅な組み替えが生じる．こうして知識の再体制化や概念の変化が生じて発達してゆくのである[2]．

1) 稲垣佳世子 2005 概念的発達と変化 発達と教育の心理学的基盤 放送大学教育振興会 pp.45-57.

2) Carey, S. 1985 *Conceptual change in childhood.* MIT Press.〔小島康次・小林好和（訳）1994 子どもは小さな科学者か ミネルヴァ書房〕

概念の再体制化

では，素朴理論と**科学理論**の関係はどのようなものであろうか．そして概念の再体制化はどのように生じるのだろうか．

たとえば，われわれは平らな大地に住んでいるが，同時に「地球は丸い」という科学的な事実を知っている．この日常経験的な感覚と科学理論の矛盾を子どもたちがどう理解しているのかを，小学校1年，3年，5年生を対象に調べてみると，子どもたちは2つの知識を組み合わせたような概念をもつことがわかった（図19-1）[3]．この図の中では一番上が正しい概念である．下から2番目は「丸い」という言葉から，円盤状の平らな地球を考えている段階，次の図は，同時に2つの概念をもっており，「地球」という言葉が出てくると「丸い」と答える段階である．上から2番目，3番目の図は，地球の丸さと平らさを何とか統合しようとしている段階だが，その統合はうわべで終わっている．つまり3番目のものは，人が立っているのは空洞の中の平面であり，2番目のものは，地球の丸さと大地の平坦さを何とか統合しようと，球が少しつぶれて立っているところが平面になった地球概念を表している．このように，子どもたちが口では「地球は丸い」と科学的に正しい回答をしても，実際に子どもたちがもっている概念は科学的なものとは限らないのである．

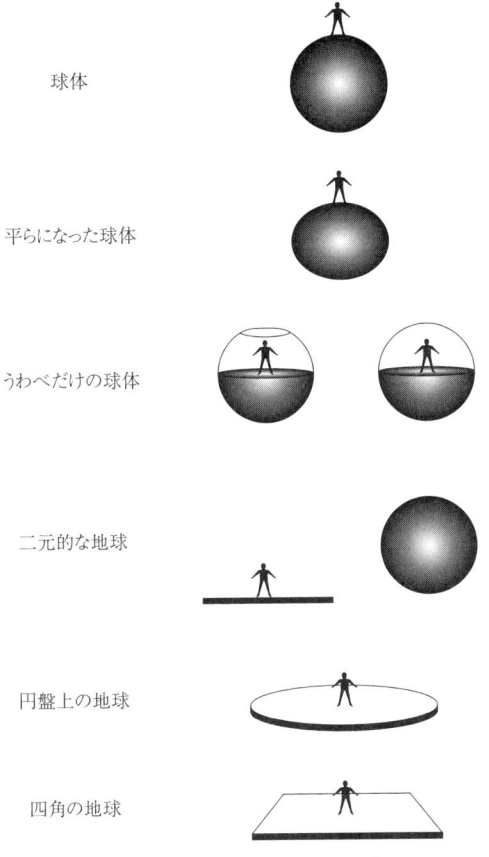

球体

平らになった球体

うわべだけの球体

二元的な地球

円盤上の地球

四角の地球

図19-1　地球についての子どもの素朴理論(Vosniadou & Brewer, 1992)

3) Vosniadou, S. & Brewer, W. F. 1992 Mental models of the earth's: A study of conceptual change in childhood. *Cognitive Psychology*, 24, 535-585.

誤概念の形成

素朴理論に基づいて考えることは，その発想が日常体験に

基づいているがゆえに，場合によってはかえって根強い誤概念を形成してしまうことも知られている．

たとえば小学校4年生の「太陽と月の動き」の授業で，教師が生徒たちに月を観察する宿題を出した[4]．ところが，子どもたちの観察結果はてんでんバラバラであった．しかし子どもたちの理論によれば「違うのは当たり前」なのである．なぜなら，月を見ている場所が違うから．だから日本で見える月と外国で見える月は違っていると主張する．そこでインターネットを使って，外国の情報を取り寄せた．すると，アメリカのサンディエゴでも，イスラエルでも，同じような月が見えることがわかった．つまり，地球上のどこでも，満月は満月に見える，という結果だった．しかしみんな異口同音にこう答えた．「そんなの絶対信じられない」．「何かの間違いに違いない」．結局，子どもたちは自分の理論を崩すことはなかった．このように知識の再体制化の前後では，対象のとらえ方が異なり，使われている概念が違った意味を持つことは多い[5]．たとえば3歳児が考えている「うそ」は単に本当でないことだが，5歳児は「故意に人をだますこと」と考えている，幼児の「生き物」の概念には，動かない「植物」は含まれないなどである．

では，どうして子どもたちは，なかなか自分の意見を変えないのであろうか．素朴理論と科学の理論は何が違うのであろうか．科学理論と素朴理論の違いは次のように説明される[6]．まず，科学理論は**一貫性**（consistency）をもっており，個々の仮説で構成され，理論のかけらもまた理論である．しかし，日常の素朴理論のほうは，仮説で構成されているのでなく，経験的な特殊な個別例を発展させたものだから科学理論ほど一貫性がない．このため，たとえ経験を積むことで個々の個別領域でものの見方考え方が変わったとしても，そのことから理論全体の枠組みが変わることはきわめてまれである．これに反し，科学理論のほうは，理論のかけらも理論で，全体が一貫している．そのため，1つ変化すると，その全体が変化することになる．

科学的な理論は論理の一貫性があるので1つが変われば全

4) 戸塚滝登　1995　コンピュータ教育の銀河　晩成書房

5) Carey, S. 1985 *Conceptual change in childhood*. MIT Press.〔小島康次・小林好和（訳）1994　子どもは小さな科学者か　ミネルヴァ書房〕

6) Wellman, H. M. 1990 *Children's Theory of Mind*. The MIT Press.

体が変わる．それに対して日常経験的な知識はなかなか変化しない．上記の月の例はこのことを示している．概念の再体制化は，自分の知識を今までとは別な観点で眺めなおしたとき，または自分の知識間のズレに気づいたときに生まれるものなのかもしれない．

社会現象に関する素朴理論

他方，社会現象に関する素朴理論は自然科学とは異なる特徴をもっている．その特徴とは自然科学のように観察可能な実態を示す概念ではなく，頭の中で関係を想定しなくてはならないこと，学習する側も学習される側も人間であり，社会的認識とは常に自分との関わりが関係すること，地理や歴史のように地域や歳月などの時間軸，空間軸が重要な切り口となることなどである．また，生物や物理などの知識は，状況を越えて真実であり，実験で再現し，自分の考え方の正しさを検証することができる．しかし社会的な認識の場合は，このようなことは不可能である．社会的認識を支えるのは，多くの資料を調べたり，他者と話し合ったりしながら，自分の考えの妥当性を学ぶことが重要となる．

お金や地域社会について子どもに質問した素朴経済学の研究によると，社会的事象の理解には，社会についての理論的枠組みの欠如，初歩的な理解，部分的な理解，全体的な理解，という段階があり，7～10歳頃がその過渡期であると報告されている[7]．また，銀行や商店の役割，預金の利子，銀行のもうけの仕組みなどについては，大学生で店のもうけの仕組みは理解できていても，銀行については十分理解できていないことが明らかになっている[8]．社会的な制度や構造の理解は，素朴生物学や素朴物理学と違って，直接経験する機会が限られる．学校でも生物学や物理学のように体系的に学ぶ機会が少ないため，断片的にしか理解できていない場合が多い[9]．

〔青木多寿子〕

7) Furth, H. G. 1980 *The world of grown-ups*. Holland.〔加藤泰彦・北川歳昭（編訳）1988 ピアジェ理論と子どもの世界：子どもが理解する大人の社会 北大路書房〕

8) Takahashi, K. & Hatano, G. 1989 Conception of the bank: A developmental study. 日本認知科学会テクニカルレポート, No.11.

9) 秋田喜代美 1996 科学的認識・社会的認識の学習と教育 大村彰道（編）教育心理学Ⅰ：発達と学習指導の心理学 東京大学出版会

【参考文献】

青木多寿子 1998 科学概念の獲得と教育 無藤隆・市川伸一（編）学校教育の心理学 学文社

波多野誼余夫・稲垣佳世子（編著）2005 発達と教育の心理学的基盤 放送大学教育振興会

II-20 受容学習と発見学習

reception learning and discovery learning

受容学習と発見学習

受容学習とは教師が学習すべき材料をすべて提示し，説明によってその内容の理解を求めるような学習タイプをいい，**発見学習**とは教師が学習者を途中の段階まで導き，学習者に問いや課題を与え，学習者自身に答えやしくみを考えさせる学習をいう．

有意味受容学習

行動主義者は，あらゆる学習は**刺激**（stimulus）と**反応**（response）の**連合**（association）という要素に還元することができると考えた．この考えと反対の立場をとるのが**ゲシュタルト心理学**（Gestalt psychology）である．ゲシュタルト心理学の学習観は，一般に**認知理論**と呼ばれている．つまり，学習は刺激と反応の連合のような単純な要素の集合ではなく，問題の全体的な構造の把握，理解といった学習者の能動的な認知活動で成立すると考える．認知理論では，「できること」よりも「わかること」を重視する．そのような認知理論に基づいて提唱された学習指導法の1つが**オーズベル**（Ausubel, D. P.: 1918-2008）が提唱する**有意味受容学習**（meaningful reception learning）である[1,2]．

オーズベルの時代，学校教育で行われている教師が学習内容を提示し，説明するという伝統的な言語教授法には大きな批判があった．生徒に教師の説明を受け身で聞き，機械的に暗記することを求める教育だという批判などである．しかしオーズベルは，言語教授法は一般的に言われるほど受動的な学習ではないと考えた．新しい知識の受容は，学習者がすでにもっている認知構造（**スキーマ**）に新しい知識を照合，理

[1] Ausubel, D. P. 1960 The use of advance organizer in the learning and retention of meaningful verbal material. *Journal of Educational Psychology*, 51, 267-272.

[2] Ausubel, D. P. 1961 Learning by discovery: Rational and mystique. *Bulletin of the National Association of Secondary School Principals*, 45, 18-58.

解した上で受容が可能になる．だから，これは能動的な認知過程だと考えたのである．確かに学習者の**レディネス**（readiness）を無視して言語教授法に頼れば，学習者は内容を理解できず，機械的な学習に追い込まれる危険性がある．しかし学習が能動的になる諸条件を無視して，ただ言語教授法を乱用することで生じた弊害をとりあげ，言語的教授法すべてを否定するのは明らかに行き過ぎだとオーズベルは考えた．

発見学習

有意味受容学習が生まれたもう1つの背景に，**発見学習**（learning by discovery）の効用を強調した**ブルーナー**（Bruner, J. S.; 1915- ）の主張が当時の教育界に大きな影響を及ぼしていたことがあげられる．ブルーナーは，認識能力の成長に関する研究に基づき，学習を子どもの認識や思考のしかたに合わせること，つまり，動作的，映像的，象徴的の3つの**表象**（representation）作用や概念形成の**方略**（strategy）を使って学習させることを主張した．ここでは生徒が問題の所在を知り，自分で問題の解決法を発見する教育を行う．このような教授法では，教師の役割は，説明するというより生徒が疑問をもつようにアドバイスし，ヒントを与えることである．発見学習では，教師は生徒に自分の力で問題を分析し，深く考えさせるようにする．問題解決では，生徒は「あっ，そうか」といった突然の主観的なひらめきによって問題は解決する．当時発見学習に対する過大評価が，相対的に言語教授法の評価を低くしていたのである．

ところでブルーナーは，自分自身で行う発見を通して学習してゆくとき，どんな利益がもたらされるかについて次のような利点をあげている．それは，① 知的潜在能力の増大，② 外在的な賞から内在的な賞への移行，③ 発見的方法の学習，④ 記憶の保存や転移の容易さ，である[3]．発見を促そうとする教授過程では，直観的思考が重視され，事実の観察から直観的思考を働かせ，仮説を考え，概念へと高めることで基本的な構造を把握させるような教授を行う．その過程では，学習を評価するよりも，進んで探求したり，発見したりするように励まされる．このようなことから知識を有効に生

3) Bruner, J. S. 1961 *The act of discovery.* Harvard University Press.

かす能力は学習者自らが発見的に学習するのでなければ身に付かないという過大な発見学習信仰が世界中に浸透した．

仮説実験授業

日本では，発見学習の1つの例として**仮説実験授業**（hypothesis-experiment method）があげられよう．これは科学の最も基本的な概念と原理的な法則を教えるために**板倉聖宣**によって提唱された学習法である[4]．ここでは教材と発問を周到に用意し，科学者の発見の歴史をたどる授業を行う．その際，人が対象に対して目的意識的に働きかけるとき予想や予測が伴うことから，それを仮説と定義し，仮説に基づきその予想を実物に当たって調べることを実験と定義する．そして予想 → 討論 → 実験という科学的な方略を適用して自然科学の最も基礎的・一般的で適用範囲の広い法則・概念を認識させようとする．また，授業書という教材を用いることも特徴的で，その内容は教えた法則・概念を使えば考えることができる問題を順序よく配列して，科学的・論理的思考力を育てる形式になっている教育である．

学習者のもつ認知構造

ところでオーズベルは，学習者の認知構造の中に，新しい学習内容を包摂するような適切な概念があると受容する学習がより有効になる，と考えた．つまり「機械的な記憶学習」では教材相互の干渉，妨害が起こりやすいのに対して，有意味受容学習では既存の認知構造への記憶が容易化されやすいと主張した．オーズベルは，有意味受容学習が成立するには次の条件が必要だと考えた．① 学習教材が潜在的に有意味であること，つまり既存の認知構造に関連づけられる可能性があること．② 学習者の認知構造の中に，学習教材を関連づける関連概念があること，③ 学習者が既存の認知構造に関連づけようとする構えをもつこと，である．

上記のことから，学習者の既存の認知構造とはかけ離れた，高度の内容を学習させようとしても，認知構造に関連づけられないので効果が上がらないことになる．また，学習者に関連づけの構えが弱いと，潜在的には有意味な教材でも機械的に学習されてしまうことになる．

4）『たのしい授業』1995 年 11 月臨時増刊号　仮説社

先行オーガナイザー

　有意味受容学習の条件を整える有力な工夫の1つとして**先行オーガナイザー**（advance organizer）を用いることが考えられる．「先行オーガナイザー」とは，有意味学習が容易に成立するように，学習材料の提示より前に示す準備的な学習材料のことである．それは一般に，後続の学習材料よりも抽象的・一般的で，適度の包括水準をもつ包括概念で構成されている．このとき，学習者にとって未知の学習材料を学ぶ場合，新材料の概略を示す準備材料（提示オーガナイザー）を用いる．またすでに類似の内容を学習済みの場合は，新旧材料を比較してその異同を明示するという形の物（比較オーガナイザー）を用意する．どちらの場合でも，学習者の認知構造を前もって把握し，提示する新しい学習材料を関連づけやすくなる工夫が重要となる．概念形成でも，先行経験を包摂概念として使えば，発見学習のように，独自で発見してゆく方法よりもずっと有効であるという．

　講義を聴いても，ただそれを受容的に記憶してゆくような学習よりも，積極的に使うような学習，意味的に受容してゆく学習のほうが実りの多いことは言うまでもない．発見学習と有意味受容学習とは，理論的には対立しているが，いずれも認知構造を重視している点で認知論的立場に立っていると言える．またこのような導かれた発見や受容学習は，**ピアジェ**の言う具体的操作期から以後において有効になると考えられる．

　加えてオーズベルらは，先行オーガナイザーの効果が，比較的言語能力が劣り，言語材料を自発的に構造化することが苦手な学習者の場合に，特に顕著となることを見出している[5]．

〔青木多寿子〕

5) Ausubel, D. P. & Fitzgerald, D. 1962 Organizer, general background, and antecedent learning variables in sequential verbal learning. *Journal of Educational Psychology*, 53, 243-249.

【参考文献】

森正義彦（編著）2005　理論からの心理学入門　培風館
森正義彦　1993　学習指導法の心理学：理論的アプローチ　有斐閣
宮原英種・宮原和子　1996　教育心理学を愉しむ　ナカニシヤ出版

II-21

文章理解

text comprehension

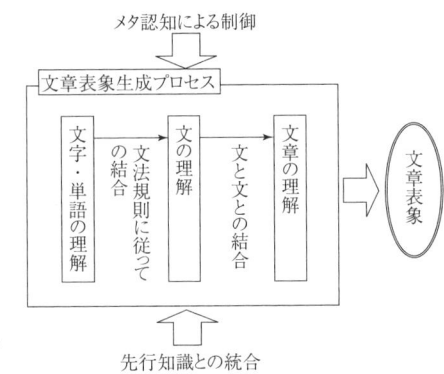

図21-1 文章表象の生成プロセス

文章を理解することは，読んだ文章の内容を頭の中に写し取って保存することだと言い換えることができる．この文章の「写し」を心理学では**文章表象**（text representation）と呼ぶ．たとえば昨日読んだ小説について人に話すことができるのは，その小説の文章表象が頭の中にあるからである．

図21-1に文章表象をつくるプロセスを示した．文章を読みながら文章表象をつくる作業の基本は，情報を結合していくことである．紙の上に書かれている文字と単語を理解し，それを文法規則に従って文として理解し，さらに文と文を結合することで文章全体を理解する．ただしこの際，次の2つに注意が必要である．

1つは，文章表象というのは文章のコピーではなく，読者が文章を解釈した結果だということである．文章全体を読んだにもかかわらず，その一部分が理解できなかったり忘れてしまったりということは，よくあることである．さらに重要なことは，文章表象というのは，文章中に書かれてある情報と読者の**先行知識**（prior knowledge）[1]が結合してつくられるということである．そのため同じ文章を読んでも，その文章に書かれていることがらに関連することを多く知っている人と知らない人では，生成される文章表象は異なる．

2つ目は，文章表象をつくるために文章の情報を結合していく作業は，実際には相当に複雑な作業であるために，途中で混乱したり失敗したりしないように，**メタ認知**（metacognition）[2]による制御が必要ということである．

読解力は学校のどの教科の学習でも，ほぼ必須の能力と言

[1) 文章を読む以前から読者がもっている知識のこと．

2) 文章理解においては，文章を読みながら「わからなくなってきた」ということに気づくこと（理解のモニタリング）や，下線を引きながら読む，メモをとりながら読むといった方略（strategy）を使いながら読むことなどがメタ認知である．

ってよいだろう．一般的に子どもは小学校の入学前後から文字の読み書きを始め，その能力はほぼ生涯にわたって発達していく．読解力の発達を理解する上で重要なことは，文章表象をつくるための**処理資源**（cognitive resource）[3]の大きさと，文字で書かれている情報を処理する効率性（「流暢さ（fluency）」とも言う）の2点と，それに加えて上述のメタ認知能力と先行知識である．

　文章を読む場合でも，何かを考える場合でも，われわれが一度に情報を処理できる量には限界がある．この量を処理資源と言い，処理資源が大きいほど読解もスムーズに行いやすくなる．子どもの処理資源は年齢とともに発達するので，読解力もそれに従って発達する．

　その一方で，文字で書かれている情報をより効率的に処理できるようになれば，読解時に使用する処理資源を節約できる．文字を読み始めたばかりの子どもは文字を追うだけが精一杯で，長い文章全体を理解するのは難しい．だが児童期半ばには，文字の処理は処理資源をほとんど使わなくてもできるようになるので，長い文章を読むことも可能になる[4]．

　長い文章を読むようになると，上述のメタ認知能力の発達や先行知識の増加が読解力の発達に大きく影響するようになる．長くて複雑な文章を読むときには，何らかの読解方略を利用しなければ，正しく読解することは難しい．読解方略の獲得については，**パリンサー**（Palincsar, A. S.）と**ブラウン**（Brown, A. L.）が実施した**相互教授法**（reciprocal teaching）という取り組みが有名である[5]．これは中学校2年生の読解力の低い生徒たちを対象としたもので，生徒同士でペアを組んで，相互に教師役になって読解方略を教えあい，互いに模倣しあうというものであった．パリンサーたちの研究に参加した生徒たちは，国語の教師になったつもりで文章についてのテスト問題をつくる質問づくり方略や，要約作成方略の練習を相互教授法に従って行った．どちらの方略も文章の要点をつかむための読解方略であり，また，質問や要約をつくれないということは，理解ができていないということなので，理解モニタリングの練習にもなっていた．その結果，パリン

---

[3] 文章理解を扱う心理学ではワーキングメモリ（working memory）の容量として表現されることが多い．ここではワーキングメモリについての説明は「Ⅱ-19 意識と記憶」を参照のこと．また，次の文献を参照．
苧阪満里子　2002　ワーキングメモリ：脳のメモ帳　新曜社

[4] 日本の児童を対象とした研究として，次の論文を参照．
高橋登　2001　学童期における読解能力の発達過程：1・5年生の縦断的な分析　教育心理学研究, 49, 1-10.

[5] Palincsar, A. S. & Brown, A. L. 1984 Reciprocal teaching in comprehension-fostering and comprehension-monitoring activities. *Cognition and Instruction*, 1, 117-175.

サーたちの研究に参加した生徒たちは，参加直後の読解成績が高かっただけではなく，その効果が半年以上持続しており，さらには彼らの理科や社会科の成績も向上したということで，非常に画期的な研究成果であった．

先行知識の増大も，読解力の発達の主要な要因である．ただしどのような領域の知識をどれくらいもっているかということは，同じ年齢の子どもたちでも非常に個人差が大きいものである．そしてこのことは，領域別の読解力の違いにつながる．つまり，普段から慣れ親しんでいる領域に関する文章を読解する力と，そうではない領域の文章の読解では，文章内容の理解度などは大きく異なる．

だがその一方で，文章読解というのは知識を獲得する手段でもある．にもかかわらず，知識をもっている人のほうが文章を理解しやすいということは，知識をもっている人はますます知識を増やし，もたない人はいつまでも知識が増えないということになる．厳しい話だがこれは事実であり，教育を考える上ではこの事実に向かい合わなければならない．

だが，この現実は超えることが不可能なものではないだろう．たとえばいきなり経済新聞の記事を読解することは難しくても，テレビでニュースを見て情報をある程度事前にもっていれば，記事を理解して知識を増やすこともできる．また，自分とは異なる得意分野をもっている他者と，教えあうこともできるだろう．読解力の発達は，読解という行為のみを通じて達成されるものではなく，他のメディアの利用や他者との学びあいも通じて，発達するものである．

さらに，読解力の発達は長くて複雑な文章を正確に読めるようになればそれで終わりではない．読んだことについて批判的に考えたり，複数の文章を読んで総合的に考えたりすることも重要である．このような読解は実際のところ非常に難しく，大学生でもうまくいかないこともある[6]．また，玉石混交の多くの情報があふれる現代社会においては，必要な情報を探し出すことも，読解の重要なステップである．

特に知的発達に遅れはないにもかかわらず，読み書き能力に著しい困難を示す障害を**ディスレクシア**（dyslexia）と呼

6）平山るみ・楠見孝 2004 批判的思考態度が結論導出プロセスに及ぼす影響：証拠評価と結論生成課題を用いての検討 教育心理学研究, 52, 186-198.

ぶ．上野は[7]「LD はディスレクシアに始まりディスレクシアに終わる」と述べているが，学習障害とディスレクシアには相当に密接な関係がある．

ディスレクシアの人は，脳の機能に何らかの障害（一般的多数の人との違い）があり，文字をうまく認識できない．あるディスレクシアの大学生は，文字が「白いキャンバスに黒ゴマや黒大豆がばらまかれたように見える」という[8]．その結果，文章を手早く効率的に読解できず，間違って理解したり，少し読むだけで疲れてしまったりするのである．

英語圏ではディスレクシアが古くから問題になっていたこともあり，ディスレクシアの子どもたちのためのさまざまな訓練プログラムがあり，成果をあげている[9]．だがその一方で，ディスレクシアの症状の出方は子どもによって多様であるため，訓練プログラムが適合せず，状況を改善しないこともあるようである[10]．

ディスレクシアの人の中には，子どもの頃の学校生活は何とか乗り切ったものの，青年期に入ってから問題が表面化する人もいる．そのような人々は，文章を読むこと自体は自分なりのやり方で何とか読めるようになっているが，大学で専門的な勉強をする際に，テクニカルタームがどうしても覚えられなかったり，外国語の学習でつまずいたりすることがある．また，大学で多くの文献を読まなければならなくなって，学業に困難をきたすこともある．ディスレクシアへの支援が日本よりも古くから問題になっているアメリカの大学では，ディスレクシアの学生のために，試験時間の延長や別室受験，外国語履修要件の緩和といった支援措置もとられている．

〔西垣順子〕

7) 上野一彦 2006 LD（学習障害）とディスレクシア（読み書き障害）：子どもたちの「学び」と「個性」 講談社＋α新書

8) 国立特殊教育研究所 2005 発達障害のある学生支援ガイドブック：確かな学びと充実した生活をめざして ジアース教育新社

9) Hornsby, B. 1984 *Overcoming dyslexia: A straightforward guide for families and teachers.* London: Martin Dunitz.〔苧阪直行・苧阪満里子・藤原久子（訳）1995 読み書き障害の克服：ディスレクシア入門 協同医書出版社〕

10) 玉永公子 2005 ディスレクシアの素顔：LD 状態は改善できる 論創社

【参考文献】
大村彰道（監修）秋田喜代美・久野雅樹（編著）2001 文章理解の心理学：認知，発達，教育の広がりの中で 北大路書房
サリー・シェイウィッツ 藤田あきよ（訳）2006 読み書き障害「ディスレクシア」のすべて PHP研究所
窪島務 2005 読み書きの苦手を克服する子どもたち：「学習障害」概念の再構築 文理閣

II-22 読書

book reading

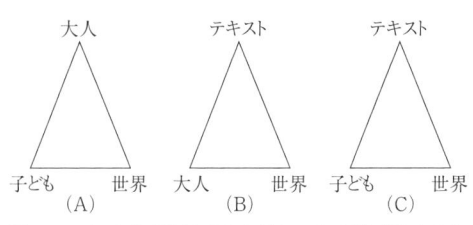

図22-1 初心者が熟達者から読むことを学び始めるときに存在する，協応することになるシステム。(A) 子どもは，大人を介して世界との相互作用を媒介することができる。(B) 大人は，テキストを介して世界との相互作用を媒介することができる。(C) 子ども-テキスト-世界の関係が教育指導の目標である。
（コール／天野訳，2002）[2]

文化的活動としての読書

人類の歴史から見れば，**読書**は16世紀の活版印刷術の発明に始まり，この400年間にメディアや印刷技術の変化によって広く普及してきた文化的活動である[1]．読み書きのできる一部のインテリ層が多くの大衆に読んで聞かせた集団による**音読**から，個人で本に向かう**黙読**へと空間や読み方も変化し，現在では図書館や書店から電子図書館，インターネット書店へと図書選択の場も変わり，いわゆる書棚から手にとって見る本から携帯へ発信される電子読書までメディアのあり方も大きく変化してきている．しかし時代や空間を超えて，読書という活動が先達の考えや知識，技術というアーティファクツを伝え学ぶ重要な文化継承，文化伝達の活動であるという機能には変わりはない[2]．また本を著すことで著者となり，文化創出の手段ともなる．読書は読み手が能動的に読むことにより初めて成立する活動であり，読もうとする意欲と**テキスト**を読み続けるための高次な知識や技能の習得と推理や理解を必要とする，歴史文化的に支えられた活動だと言えるだろう．したがって，文化的活動の熟達者である大人に導かれてその共同体に参加し，一人前になっていくことが必要となる．

読書の発達過程

現在の日本では乳幼児向けの**絵本**が数多くつくられるようになったことで，0, 1歳から子どもたちは読む行為へと保護者や保育者に誘なわれて参加するようになってきている．しかし，本を読む過程の質から言えば，質的変容が発達に伴って起こる．乳児期における絵本は，描かれた事物や表現さ

---

1) ヨーロッパの読書の文化史は次に詳しい．
シャルチエ, R. 福井憲彦（訳）1992 読書の文化史：テキスト・書物・読解 新曜社

2) コール, M. 天野清（訳）2002 文化心理学 新曜社 に，読み書きにおいて大人と子どもを導く過程が図示されている（図22-1）．

れた特定の語の響きを介して養育者と子どもがコミュニケーションを行うことがやりとりの中心になっており，必ずしも絵本の内容や筋を理解し語り合うことが中心ではない．

指差しやめくりなど本をめぐる身体的なやりとりへの参加や，注意が途切れやすいなどの特徴も見られる．そしてまたこのような絵本における定型的な形での**フォーマット**[3]をもったやりとりは，日常生活での発話よりも長く複雑であり，語彙爆発と呼ばれる語彙習得時期の乳幼児の単語習得に見あった形のものになっているとも言える．また家庭によって子どもによって，どのような本をいかに読むかに関しても安定した形を作り上げていくことになる．

2, 3歳以後幼児期においては，絵本の筋の理解ができるようになり，繰り返しのあるお話や起承転結の物語を楽しめるようになり，予想を立ててみたり聴いたりでき，絵本の絵と文との関係をとらえながら聴くことができるようになってくる．物語世界の表象を心的に構成し理解できるようになってくる．これは物語の展開に関する知識である**物語スキーマ**[4]や物語に書かれたさまざまな内容に関する既有知識の増大によって，推論が能動的にできるようになることにより可能となる．そして自らも絵本の読み手になろうと，文字は読めないが読むふりをして覚えた話をするなどの，**初期読み書き行動**（emergent literacy）[5]も現れるようになる．絵本を読んでもらったりやりとりしたりする中で，絵本は現実世界とは異なる世界を表象していることや，最後まで順に文字を読みながらめくっていくことで1つの物語が展開していくことなどの読む作法を子どもは学んでいる．そこから，この読むふり（pretend reading）が現れる．

日本の幼児の多くは4, 5歳でかな文字清音の読みを習得していくので，絵本の中で知っている文字を指さして拾い読みをするなどの行為がしだいに生じる．ただし個人差はあるが，文章全体の意味をとりながら絵本を自ら読んで楽しめるようになるのは小学校低学年頃であり，多くの家庭では子どもが自分で文字が読めるようになることとともに，読んであげるという足場をはずし，養育者が**読みきかせ**をしなくなっ

3) ブルーナーは絵本において親子の間の決まった会話形式が行われる状況を指摘し，「フォーマット」と言う語で呼んでいる．ブルーナー, J. S. 寺田晃・本郷一夫（訳）1988 乳幼児の話しことば：コミュニケーションの学習 新曜社

4) ラメルハート（Rumelhart, D. E.）によって「物語スキーマ」と名づけられた．お話の順序を入れ替えて提示しても再生時には順序を正しく再生できることから，このような知識枠組みを利用して理解していることが示されている．

5) Teale, W. & Sulzby, E. 1986 *Emergent literacy: Writing and reading*. Ablex Publishing. 以来，萌芽的読み書きという概念が，前読み書き時期において使用されるようになった．

ていく傾向がある．

　低学年から中学年の時期に，活字を主とする本へと移行する場合が多いが，1人で集中して本を読み通す経験は個人差が大きく，読む層と読まない層の二分化傾向は高学年以後高校まで大きく開いていく．読書量の多寡は量の問題だけではない．本を読むことは，読書が好きという感情に支えられ，またそれは本を読むと大人に褒められる，成績が良くなるなど，ある目的の手段としてとらえる意義（**外生的意義**）ではなく，読書の過程自体のおもしろさや機能に意義を見出す（**内生的意義**）[6]ことによって支えられている[7]．

　また読書においては，自らの目的にあった本の選書やそのためのリファレンスの使い方，本の目次や索引，帯，あとがき等の有効活用など，本の構成や図書館等の取り扱い方の知識も必要であり，これらもまた読書をすることを通して読書活動固有の知識として習得していく．

読書環境としての家庭環境と学校・地域環境

　本を読む行動には，子どもを取り巻く読書環境のあり方が大きく関与している．児童期までは本が物理的に家庭にあることではなく，読みきかせをしたり，書店や図書館に連れていくなどの，親からの本に関わる直接的な働きかけが行われることが子どもの読書量に影響を及ぼすが，その影響は加齢とともに減少していく[8]．その代わりに，学校や地域において読書に関わる環境が大きな影響を与えていく（図22-1）．

　図22-2は全国学校読書調査における不読者の比率である．2001年頃から小中高校生ともにしだいにその比率が減ってきていることがわかるであろう．2004年には小学生7.0％，中学生18.8％と低く，高校生も42.6％と5割を切るようになってきている．これは2000年の子ども読書年以来，**読書活動推進法**が制定され，各都道府県が力を入れてきたことや「みんなでやる」「毎日やる」「好きな本でよい」「ただ読むだけ」の4原則で行う朝の10分間読書[9]をはじめとする読書活動に学校全体が取り組むようになってきたという環境の充実がある．

　しかし朝の読書は重要な契機であるが，それだけで生徒の

6) Kruglanski, A. 1975 The endogenous-exogenous partition in attribution theory. *Psychological Review*, 82, 387-406.

7) 秋田喜代美・無藤隆　1993　読書に対する概念の発達的検討：意義・評価・感情と行動の関連性　教育心理学研究, 41, 462-469.

8) 秋田喜代美　1992　小中学生の読書行動に家庭環境が及ぼす影響　発達心理学研究, 3, 90-99.

9) 朝の10分間読書は1988年に船橋学園高校の社会科教師であった林公が自らの実践をもとに紹介したことで全国的に広まった運動であり，現在2万校を超える学校が取り組んでいる．読書感想文等を求めず，10分間だけ好きな本を読むという取り組みやすさから，小中高校いずれにおいても取り組まれている．

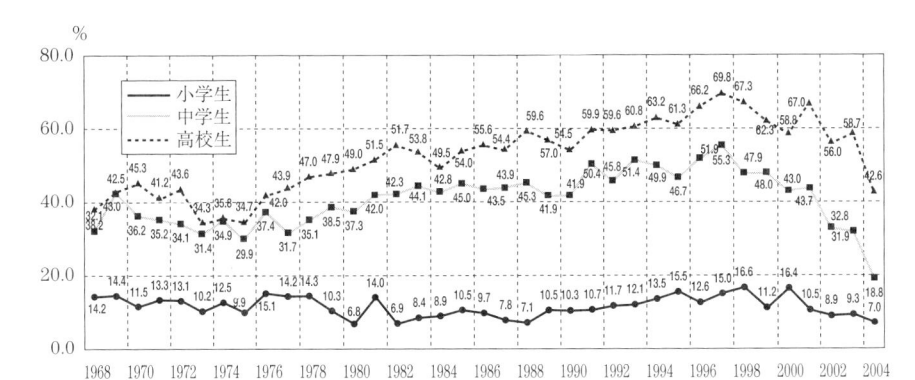

図22-2　過去37回分の不読者（0冊回答者）の推移（第50回読書調査，全国学校図書館協議会-毎日新聞社）

読書の質が高まっていくわけではない．多様な本との出会いを生徒の読書経験に応じて準備することが必要である．そこで，教師側からのブックトークや読みきかせをはじめとするさまざまな読書紹介や集団読書，著者を招いて対話するオーサービジット等の取り組みもまた行われてきている．国語のみではなく，さまざまな教科においてその内容に関連した読書を行うことが，理解を深めるとともに読解力を育てていく．また読書の読み方を指導していくことも必要であり，そのためにモンセラ・サルトによって唱えられた読書のアニマシオン[10]等の方法も，指導法の1つとして広がっている．

日本では学校において学校図書館の設置が義務づけられており，教師だけではなく，本の専門家としての学校司書の役割は大きく，教師と司書教諭との連携も求められてきている．OECDのPISA調査（2000, 2003）において読解力得点の最も高かったフィンランドは，1ヵ月に公立図書館から本を借りる生徒の比率も最も高い国となっている．学校図書館と公立図書館の連携等，読書の場をいかに子どもの読書意欲を喚起するものにしていくかが，IT時代の変化と共に求められる時期にきている．　　　　　　　　　　〔秋田喜代美〕

10) 読書のアニマシオンは，スペインにおいてモンセラ・サルトが子ども一人ひとりの魂（アニマ）が生き生きするように，アニメーターによって本を読む力をすべての子どもにつけていくために考えた方法．75の作戦と呼ばれる方法によって読書の方法を習得できる力を育てていくものである．IBBY（国際児童図書評議会；International Board on Books for Young People）でモンセラ・サルトが表彰され世界的に有名となり，日本でも訳書が出されたことで多くの実践が行われてきている．
サルト, M. M.　宇野和美（訳）2001　読書へのアニマシオン：75の作戦　柏書房

【参考文献】
秋田喜代美　1998　読書の発達心理学：子どもの発達と読書環境　国土社
秋田喜代美・庄司一幸（編）2005　本を通して世界と出会う：中高生からの読書コミュニティづくり　北大路書房

III 教育評価・統計

III-23
教育のエビデンス

research evidence in education

　ある先生が新しい教授法を考案して小学校3年生に授業を実施し，授業終了後に前年度と同一の問題で試験を行ったとする．このとき，前年度よりも試験の平均点が高ければ，この教授法の教育効果が従来の教授法（以下，従来法）よりも優れていると言えるのであろうか．残念ながら，この研究では，新教授法が従来法よりも優れていると断定することは難しい．その理由を順に見ていく．

　はじめに母集団と標本の違いを抑えておく．心理学の研究では母集団を2つに分けることがある[1]．1つは**目標母集団**（target population）と言い，研究結果を一般化したい母集団である．この研究ではわが国の小学校3年生が目標母集団である．多くの実験・調査研究では，その目標母集団から無作為に実験参加者を選択することは難しいので，それとは別の集団から参加者となる標本を選択する．この研究では，新教授法を考案した先生の小学校に在籍する3年生がその集団である．このように，実験・調査研究において標本選択の対象として限定された集団を**達成母集団**（achieved population）と言う．これが2つ目の母集団である．通常，研究結果を目標母集団へ一般化したいが，一般化の範囲を容易に決めることはできないので，達成母集団を一般化の範囲としておくほうが無難である．

　さて，新教授法を受けた3年生の試験の平均点が従来法を受けた標本の平均点よりも高くても，平均差は標本誤差が原因かもしれない．したがって，**統計的仮説検定**（statistical hypothesis testing）[2]を行って，標本で見られた平均差の原因が標本誤差によるものなのかどうかを検証しておく必要が

1) 南風原朝和・市川伸一・下山晴彦（編著）2003　心理学研究法　放送大学教育振興会

2) 統計的仮説検定は母集団の統計量(平均，平均差，比率，比率の差，相関係数など)が何らかの値に等しいと言えるかどうかを，1つのデータに基づいて判断する手続きである．たとえば，

　H_0：新教授法を受ける母集団の平均 ＝ 従来法を受ける母集団の平均

　H_1：新教授法を受ける母集団の平均 ≠ 従来法を受ける母集団の平均

という仮説を立てる．H_0は統計量がある値に等しいという仮説で**帰無仮説**，H_1はそれを否定した仮説で**対立仮説**と言う．そして，研究者は1つの実験・調査データを利用してどちらか一方の仮説を採択する．もちろん，2つとも母集団に関する仮説なので，どちらかの仮説が正しいかは

ある．統計的仮説検定によって「統計的に有意差がある（differ significantly）」という結果になれば，2つの母集団の平均が等しいとは言えないと判断できる．実験・調査研究では，標本の特徴を記述するだけではなく，母集団の統計量についても推測しておくことが必要である[3]．

しかし，何らかの理由によって，新教授法を受ける達成母集団が従来法を受けた達成母集団よりも能力の高い母集団であったかもしれない．その場合，統計的仮説検定によって母集団の平均差が異なると言えても，新教授法の効果が従来の方法よりも高いと断定することはできない．実際，今年度の3年生の能力が高ければ，従来法でも前年度の3年生よりも良い成績を残したかもしれない．逆に，新教授法を受ける達成母集団の能力が低ければ，たとえ新教授法の効果が従来法よりも高くても，母平均に有意差がないかもしれない．したがって，2つの母集団に何らかの処遇を施し，その効果を比較する場合，母集団の等質性をあらかじめ確認しておく必要がある．

それでは，従来法と新教授法を受ける2つの達成母集団が等質，つまり，達成母集団の基本的な能力分布が等しいと言えたとき，新教授法を受ける達成母集団の平均が従来法の平均よりも有意に高ければ，新教授法の教育効果が従来法よりも高いと言えるのであろうか．やはり，この場合も教育効果のエビデンスが得られたと断定することは危険である．なぜなら，新教授法を考案した先生が昨年度以上に熱心に教育活動を行った結果，**教師期待効果**（teacher expectancy effect）が生じて新教授法とは無関係の要因が試験の成績を上げた可能性を否定できないからである．この教師期待効果は，**実験者期待効果**，**ピグマリオン**（Pygmalion）**効果**，**ローゼンソール**（Rosenthal, R.）**効果**[4]としても知られている．

以上をまとめると，教育的な処遇の効果を検証するためには，可能な限り複数の等質集団を用意して，研究目的や作業仮説を知らない先生が処遇を施すことが望ましいと言える[5]．そして，処遇の効果を共分散分析や分散分析等を用いて統計的に比較検証する．

わからない．そのため，帰無仮説が真のときに帰無仮説を棄却する誤りがあり，それを**第一種の誤り**と言う．また，帰無仮説が偽のときに帰無仮説を採択する誤りもあり，それを**第二種の誤り**と言う．通常，第一種の誤りを犯す確率をあらかじめいくらかの値に設定しておき（一般に0.05），**有意水準**と呼ぶ．さらに，偽の帰無仮説を正しく棄却する確率を**検定力**と言う．検定力の大きい統計的仮説検定が望ましい．帰無仮説を単純に否定した対立仮説のままでは検定力を計算できないが，何らかの値に設定することにより計算できる．
南風原朝和　2002　心理統計学の基礎：統合的理解のために（有斐閣アルマ）有斐閣

3) 母集団の統計量を1つの値で推定する方法を点推定，大きく見積もった値と小さく見積もった値を用いて推定する方法を区間推定と言う．

4) ローゼンソール（Rosenthal, R.）が1963年に発表した実験がある．この実験では5匹の同一種のラットを12名の大学生に手渡し，6名の学生には迷路学習に優れたかしこいラットであると告げ，他の6名には迷

ところで，新教授法と従来法の教育効果が真に異なり，実験用に2つの等質集団を確保でき，さらに，研究目的を知らない先生がどちらか一方の教授法に肩入れせずに授業を行ったとする．前述の内容と矛盾するようであるが，この場合でも，2つの教授法の差を統計的仮説検定によって検出できるとは限らない．

母平均に差があるとき，統計的仮説検定によって「有意差あり」と判断できる確率は**検定力**（**検出力**；power）と呼ばれ，有意水準，母平均の差，標本の大きさによって決まる[6]．母平均の差が小さければ検定力は小さく，母平均の差が大きくても，標本が小さければ検定力は小さい．小さな検定力しか確保できない状況で統計的仮説検定を行っても，「有意差あり」という結論が得られる可能性は小さい．したがって，もし教授法の効果に真に差があり，その差を見落としたくないなら，予備実験によって平均差の大きさに当たりをつけ，0.8 あるいは 0.9 という大きさの検定力を保証する標本を確保すべきである．

問題状況を簡略化して，図 23-1 に標本の大きさの関数として平均差を検定する t 検定の検定力を示した．偏差値に換算して母平均に5点の差があるという状況である．この図から，2群の標本の大きさが30名では検定力が0.5未満と小さく，0.8 という大きな検定力を確保するためには，2群とも65名程度の標本を必要とすることが読み取れる．さらに，それぞれ100名の標本を確保できれば検定力は0.9を越える

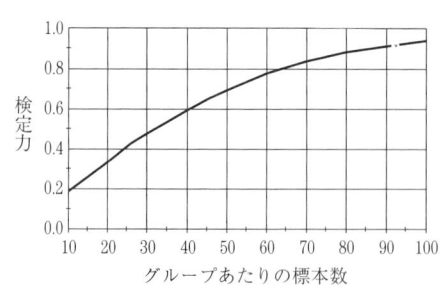

図 23-1 標本の大きさの関数として平均差を検定する t 検定の検定力

路学習が苦手なラットであると告げた．そして，12名の学生がラットに同一の迷路学習を課したところ，迷路学習に優れていると告げられたラットは苦手と告げられたラットよりも迷路学習が統計的に有意に優れていた．後の実験によれば，ラットの扱いが2群の大学生の間で異なっていたという．つまり，実験者である大学生の期待がラットに対する態度や扱いにあらわれ，実験操作にバイアスが掛かっていたのである．

5）医薬学の世界では有効性が期待できる薬品と，それとは区別がつかない偽薬（プラセボ）を用意して薬効の有無を検証する．医師も患者も投与される薬が新薬なのか偽薬なのかわからないので，実験結果にバイアスが掛からない．この種の実験法は**二重盲検試験**（double blind test），**二重盲検法**などと呼ばれる．二重盲検試験は教育効果を検証する実験を行う上でも参考となる実験法と言える．

6）有意水準，効果量（平均差や比率の差など），標本の大きさと検定力は一意の関係があるので，いずれか3つの値を固定すれば残る1つの値も決まる．一般これを**検定力分析**

ので，ほぼ間違いなく「有意差あり」となることが予想される．仮に，2群でそれぞれ100名以上の標本を確保しても有意差がなければ，5点以上の差が母集団にはないと強く判断できる．

現実問題としては，大きな標本を確保することは容易ではなく，処遇の効果に真に差があっても，検出することが難しいほどの小さな差であるかもしれない．このようなとき，新教授法を用いて多数の研究者が個別に実験を行っても，それぞれの実験では「有意差なし」という結論を得ることが予想される．この場合，やはり新教授法と従来法の効果に差はないと考えるべきであろうか．

2つの教授法の効果に差がなければ，標本誤差によって新教授法と従来法の平均差は正誤の値を不規則にとることが予想されるのであるから，有意差がなくても，一貫して新教授法の平均が大きい傾向にあるなら，むしろ2つの教授法の効果に差があると考えるべきではないだろうか．こうした状況に有効な解析法が**メタ分析**（meta-analysis）である．メタ分析は，独立して過去に行われた複数の研究結果を統合して1つの検証データとみなし，研究結果を統計的に解析する．メタ分析は客観的でかつ正確に獲得されたエビデンスを整理・統合できるとされる[7]．

メタ分析は検定力の小さい複数の研究結果を統合するのに有効であり，従来から医薬学の分野においては多数の臨床実験の結果を統合するために利用されてきた．今日では複数のメタ分析の技法が開発され，計算に必要なソフトウェアも公開されている．今後，教育の分野においても利用されることが期待される．

たとえば，課題遂行に対するフィードバックの影響に関するメタ分析[8]，テレビ視聴率量とパーソナリティの知的側面との相関関係に関するメタ分析[9]などがある．

〔服部　環〕

と言う．検定力分析に関する書籍として以下がある．
永田靖　2003　サンプルサイズの決め方（統計ライブラリー）朝倉書店

また，検定力を計算するフリーソフトの1つとしてG*Powerがあり，以下から入手できる．
http://www.psycho.uni-duesseldorf.de/aap/projects/gpower/

7) 丹後俊郎　2002　メタ・アナリシス入門：エビデンスの統合をめざす統計手法（医学統計学シリーズ）朝倉書店

8) Kluger, A. N., & Denisi, A. 1996 The effects of feedback interventions on performance : A historical review, a meta-analysis, and a preliminary feedback intervention theory. *Psychological Bulletin*, 199, 254-284.

9) 近江玲・坂元章　2008　番組ジャンル別のテレビ視聴量とパーソナリティの知的側面との相関関係：メタ分析による統合　パーソナリティ研究, 16, 426-434.

【参考文献】
高野陽太郎・岡隆（編集）2004　心理学研究法：心を見つめる科学のまなざし（有斐閣アルマ）　有斐閣

III-24
テスト理論

test theory

テスト理論という名称は誤解を生みやすい．英語の test theory の忠実な和訳なのだろうが，学力テストの理論と受け取られてしまう．確かに，学力テストもテスト理論の対象である．しかし，テスト理論の射程はそれには止まらない．テスト理論が心理学的測定一般に関わる重要な基礎理論であることを知ってほしい．教育心理学を学ぶ多くの人にとり，自作や既成の尺度を用いて，何らかの心理学的構成概念を測定する技術は欠かすことができない．テスト理論はそういった心理学的測定に大切な基礎理論であるにもかかわらず，自分の研究とは関係のない特殊な分野だと思われるのは，まさに「テスト理論」というネーミングの印象のためかもしれない．

テスト理論には，大別して**古典的テスト理論**（classical test theory）と**項目応答理論**（item response theory; IRT）[1]がある．この2つは同じテスト理論という名称で呼ばれるものであるが，基礎となる測定モデルが全く異なっている．項目応答理論もさまざまな分野で幅広く使われるようになってきたが，より多くの研究に関係するのは古典的テスト理論だと思われる．ここでは，主として古典的テスト理論を念頭に置いて話を進める．

古典的テスト理論は測定値 x の尺度に関する数理モデルだが，先に x の前提条件に触れておく．それは，**尺度の水準**（level of scale）に基づくものである．最も下位の水準は**名義尺度**（nominal scale）と呼ばれる．たとえば男性に「1」女性に「2」など，同じものに同じ数値，異なるものに異なる数値が振られ，区別できればよい．次は**順序尺度**（ordi-

[1] 項目反応理論とも言う．ほぼ同じくらいの頻度で目にするが，全く同じ意味である．なお，80年代くらいまでは，潜在特性理論（latent trait theory）という名称も使われていた．

nal scale）である．数値の順序が意味をもつ．数値の大小関係が測定する特性の強弱関係に対応していれば，どのような値であってもかまわない．以上は**質的変数**（qualitative variable）と呼ばれる．その上位の水準が**間隔尺度**（interval scale）である．数値の順序だけではなく，差に意味がある．たとえば，摂氏（℃）を単位とする温度で，20℃と15℃の違いと100℃と95℃の違いは同じ5℃である．このような性質を保持した尺度が間隔尺度である．さらに上位の水準は原点（0）に意味がある**比尺度**（ratio scale）であり，この2つは**量的変数**（quantitative variable）と呼ばれる[2]．古典的テスト理論では，測定値xが構成する尺度の水準が，変数の**線形変換**（linear transformation）[3]が可能な間隔尺度であることが前提となる．

さて，古典的テスト理論の基礎モデルは以下の（1）式のように表される．

$$x = T + e \tag{1}$$

等号の左側は観測可能な測定値xであり，右側は直接観測不能な構成概念である．Tは測定しようとする特性値を表し，真値と呼ばれる．eは誤差を表す．つまり，観測された測定値xは，測定したい特性値とたまたま紛れ込んだ誤差の和で生じたと考える．誤差eの期待値は0だが，個々の測定値に対してはプラスに働く場合もマイナスに働く場合もある．

古典的テスト理論において，大切な柱となる概念は**妥当性**（validity）と**信頼性**（reliability）である．

妥当性とは，一言で言えば，「テストが何を測っているのか」を表す．言い換えれば，測定値が何を示すのかという，測定の意義を問う概念である．かつて，妥当性概念は細かく分類されていた．1960年代には，尺度の内容が測定する構成概念とどの程度対応しているかを表す**内容的妥当性**（content validity），測定値の大小が構成概念の強弱と対応しているかどうかを表す**構成概念妥当性**（construct validity），同じ構成概念を測定する他の尺度とどの程度一致した結果を示すかを表す**基準関連妥当性**（criterion-related validity）とい

---

[2] Stevens, S. S. 1946 On the theory of scales of measurement, *Science*, 103, 677-680. わかりやすい解説は，たとえば，以下の文献を参照のこと．
渡部洋（編著）2002 心理統計の技法 福村出版

[3] 変数x_1, x_2があるとき，定数c_1, c_2, dを用いて，
$y = c_1x_1 + c_2x_2 + d$
として変数yを得るような変数変換の手続きである．

う3つに整理され，さらにその下位概念としていくつかの妥当性が定義されていた．

妥当性の概念は90年代に見直され，内容的妥当性や基準関連妥当性も，かつての構成概念妥当性と同じ意味を表すものと考えられている．ただし，妥当性の証拠を示す手段にはさまざまな方法があるとされる．構成概念に含まれる要素を明確に規定し，測定値がそれらを過不足なく含んでいることが示されれば，それは内容的側面からの証拠である．また，同じ構成概念を測定する尺度と一致した結果を示し，異なる構成概念を測定する尺度とは異なる結果を示すのであれば，外的側面からの証拠とされる．妥当性はさまざまな側面から実証的に確認されることが望ましい．アプローチの相違は妥当性の異なる側面に焦点を当てており，妥当性概念自体が異なるわけではない，というのが現在の考え方である[4]．

測定の意義を表す妥当性に対し，信頼性は測定の精度を表す概念である．すなわち，無限の繰り返し測定が可能であるという想定の下で，どの程度安定した測定値が得られるかを表す指標である．信頼性の程度は**信頼性係数**（reliability coefficient）で表される．真値と誤差の相関を0と考えると，測定値の分散は真値の分散と誤差の分散の和になり，信頼性係数は（2）式で表される．

$$\rho_x = \frac{\sigma_T^2}{\sigma_x^2} = 1 - \frac{\sigma_e^2}{\sigma_x^2} \quad (2)$$

すなわち，信頼性係数とは測定値 x の分散 σ_x^2 に占める真値 T の分散 σ_T^2 の割合ということになり，必然的に

$$0 \leq \rho_x \leq 1 \quad (3)$$

が導かれる．すなわち，信頼性係数は0と1の間の値をとり，1に近いほど，信頼性は高い．誤差分散が同じならば，真値の個人差が大きい測定のほうが信頼性は高くなる．

さらに，誤差同士の相関，ある尺度の真値と別な尺度の誤

[4] 妥当性に関しては，たとえば，次などを参照のこと．
平井洋子 2006 測定の妥当性から見た尺度構成：得点の解釈を保証できますか 吉田寿夫（編著）心理学研究法の新しいかたち 誠信書房

差との相関も0とする．同じ特性が同じ真値に対応し，誤差分散が等しい尺度[5]から得られた測定値x_1とx_2の相関係数は信頼性係数と一致することが知られている．さらに，すべてが相互に平行測定の関係にあるm個の変数$x_1, x_2, \cdots, x_m$の和をyとすると，

$$\rho_y = \frac{m\rho_x}{1+(m-1)\rho_x} \quad (4)$$

となる．(3)式より(4)式の分母は1以上m以下なので，ρ_yはρ_xを下回らない．(4)式は**スピアマン＝ブラウンの公式**（Spearman-Brown formula）と呼ばれている．以上から，測定の信頼性を高めるには，条件付き[6]ではない細目積み上げ方式[7]で多数の項目を集めて加算すればよいことがわかる．

　ここまでの話はあくまでもモデル上の話である．無限の繰り返し測定は不可能だし，平行測定も難しい．信頼性係数の値は実際にはわからない．そこで，得られた測定値を用いて信頼性係数を推定することになる．よく用いられるクロンバックの**α係数**（coefficient alpha）は，信頼性係数の下限を与える推定値である．すべての変数が平行測定ならば$α$係数は信頼性係数と一致するが，その前提が満たされない場合には信頼性係数を下回る．誤差に関わる相関が0であるという前提条件が守られている限りでは過大推定にならないので，よく使われている．ただし，類似の項目ばかり集めると$α$係数は高まるが，その分，構成概念全体をカバーすることが困難となり，妥当性が犠牲になることに注意しなければならない．信頼性が高くとも妥当性が低い測定はあるが，妥当性が高くて信頼性が低い測定はあり得ないことも知られている．

　テスト理論を理解することによって，どのような分野であっても，望ましい測定のあり方を知ることができるのである．

〔倉元直樹〕

5）この2つの尺度の関係を平行測定と言う．(2)式から，2つの尺度の信頼性係数は等しいことがわかる．なお，x_1とx_2の添え字は注3）と同様に変数の区別を示す．

6）ここでは，ある項目の回答結果によって次に回答する項目が異なったり，測定値が影響を受けたりすることを意味する．

7）相互に無関係の項目を多数集めて個々の項目の測定値を加算する方式．評定法の質問紙などは典型的である．

【参考文献】
池田央　1994　現代テスト理論　朝倉書店

III - 25
教育データ

education data

　教育データという言葉は2つの側面からとらえることができる．1つは教育に関わる大規模調査データに関わる問題である．もう1つは生徒の指導や評価，選抜などを目的として作成される，成績などの数値データに関わる問題である．ここでは，前者に焦点を絞って説明を行う．

　たとえば，文部科学省が毎年実施している**学校基本調査**(school basic survey)は，大規模な教育データの一例である．単純な統計数値であっても，そこから読み取ることのできる情報は豊富である．

　2006年現在，わが国には約719万人の小学生，約360万人の中学生，約349万人の高校生，約312万人の大学生（高専の生徒，短大・専門学校・大学院の学生等を含む）が学んでおり，それぞれ約42万人，約25万人，約25万人，約18万人の教員が教えている[1]．学ぶ側と教える側の人数を合計すると約1,850万人となり，日本の総人口約1億2千800万人の人口のうち，1/7以上が小学校から大学までの公的教育機関の教育活動に直接関わっているという事実がわかる．この数字そのものが多くの読者にとって驚くべきものかもしれない．なお，数値の中には，学校の事務職員などの支援スタッフや，幼稚園・保育園，専門学校，予備校・塾，語学教室，各種習い事などで教えている者，学んでいる者は含まれていない．それらの人々を勘案すると，教育関連活動は日本でも有数の規模を誇る一大産業と考えるべきなのかもしれない．

　図25-1は，学校基本調査の結果を集計した文部科学統計要覧に記載されているデータを1970年からまとめ，加工して作成したものである．実線は学校段階ごとの児童・生徒・

1) 文部科学省　2007　文部科学統計要覧　平成19年度版　より．

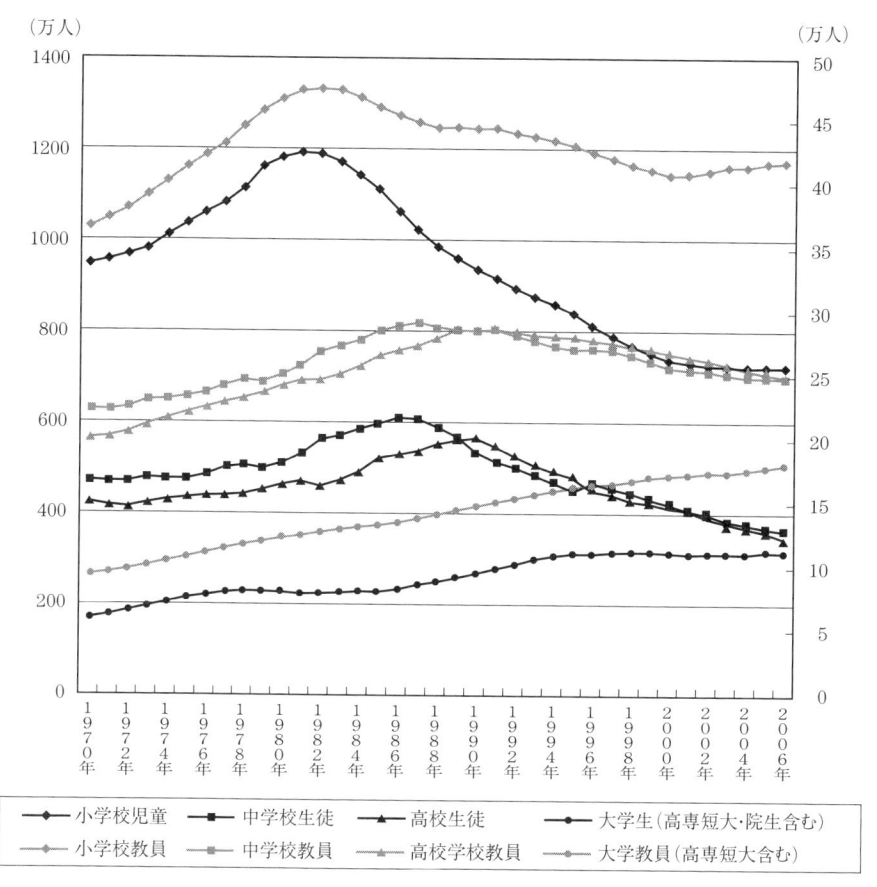

図 25-1 児童・生徒・学生数および教員数の変化（文部科学省，2007[1]）にもとづき作成）

学生数（目盛は左端），網線は教員数（目盛は右端）を表す．

たとえば，小学校の児童数は 1980 年代前半にピークを迎えた後に減り続け，現在ではその時期の 60％程度の人数となっている．中学校の生徒数のピークは 1980 年代半ば，高等学校の生徒数のピークは 1980 年代の後半と，当然のことながら，日本の人口動態の変化を反映した動向を示している．教員数も児童・生徒数のピークとほぼ同じ時期にピークを迎え，その後，漸減しているが，児童・生徒数の減り方ほどには激しくない．たとえば，現在の小学校教員数はピーク時の 88％程度であり，2000 年頃からは，むしろ少々増加傾向に

ある．つまり，時代とともに教員1人当たりの児童数が少なくなっており，全体としては，一人ひとりの児童に教員の目が行き届きやすくなっていると言えるのかもしれない．

それに対して，大学関係者に関する数値は全く違った動向を示している．大学で学ぶ者の人数は，人口そのものの現象とは無関係に1990年代半ばまで一貫して増え続けてきた．それ以降は現在までほぼ定常状態が続いている．大学教員は今なお増え続けており，1999年から2006年の7年間で約1万人増加している．これらの数値からは，大学進学率の上昇とそれに伴う教育の構造変化，質的変化を読み取ることができる．すなわち，かつては一部の選ばれた者が学ぶ場所であった日本の大学が，いまや，どのような人がそこで学んでも不思議ではないという，**ユニバーサルアクセス**（universal access）の段階[2]に突入しつつあることを物語っている．以上のような人口統計学的データからマクロな教育状況に関する豊富な情報を読み取ることができる．

一方，教育の成果とも言うべき**学力**に関してマクロ的，経年的にその実態を把握することは非常に難しい課題である．たとえば，1979年度から1989年度までの共通第1次学力試験，1990年度から現在まで続く**大学入試センター試験**（NCUEE examination）[3]は毎年32～60万人が受験しており，その成績が集積されている．しかし，それらの成績データは大学進学志願者のみのものであり，先述したような大学進学率の変化や大学入試制度の変更[4]などを考慮すれば，単純に年度を越えて比較を行うことはできない．さらに，問題の難易度をコントロールして得点が算出されているわけではないので，テストの基本設計上，年度を越えた得点の比較が可能なテストとはなっていないのである．得点の比較のためには適切な尺度化が必要となる[5]．

さらに，昨今の学力低下に関わる懸念を受け，多くの自治体で独自の学力調査が行われるようになってきた．2007年度からは，小学6年生と中学3年生を対象にした**全国学力調査**がスタートした．しかし，全国学力調査もまた，年度を越えて結果を比較できる設計とはなっていない．米国で1969

2）日本では「ユニバーサル化」という言い方が一般的．高等教育のユニバーサル化は，かなり以前から世界規模で予測されていた．たとえば，次を参照のこと．
トロウ，M. 天野郁夫・喜多村和之（訳）1976 高学歴社会の大学：エリートからマスへ 東京大学出版会

3）大学入試センター試験の英訳については「Ⅰ-10 アーティキュレーション」の注5）を参照のこと．

4）詳細は「Ⅰ-10 アーティキュレーション」を参照のこと．

5）尺度化によって比較可能な得点を導くための技術的な問題は，「Ⅲ-24 テスト理論」に関係する事項だが，触れられていない．具体的には，たとえば，本項の参考文献を参照のこと．

年からスタートした**全米学力調査**（NAEP: National Assessment of Educational Progress）では，当初から長期的な学力動向をとらえる設計がなされていたのとは対照的である[6]．

近年では，日本国内の学力状況を評価する尺度として，**国際教育到達度評価学会**（IEA: International Association for the Evaluation of Educational Achievement）が実施している **TIMSS**（Trends in International Mathematics and Science Study）や経済協力開発機構（OECD）が実施している **PISA**（The Programme for International Student Assessment）の国際比較調査のデータが取り沙汰されることが多くなっている．こういった国際比較の試み自体は，その結果に対する評価はともかく，一方的に賞賛され，良いものとして取り上げられる傾向が強い．しかしながら，そこで課されているテストが日本の文化や学校教育の実情をどの程度適切に反映した内容のものであるか，テストの目的や内容を十分吟味した上で，結果を受容する必要がある．国別順位などの数値だけを鵜呑みにする傾向は望ましくないと言える．

わが国の全国学力調査の場合，結果の公表を巡って混乱が生じた．テスト目的と基本設計，採点等を含む実施方法に一貫性がないことが原因だろう．一人ひとりの子どもの指導に生かすには，結果を迅速にフィードバックしなければならない．数ヶ月も後に採点結果が返却されるようでは遅い．逆に，個人や学校の成績を公表することを目的としないならば，得点自体の比較が無意味なように設計の工夫が必要だろうし，結果のフィードバックも不要だ．実施された試験問題をすべて公表すべきか否かも検討すべき課題である．莫大な費用と手間を掛けるのであれば，それに見合う成果が求められる．

教育の成果を示すデータの産出を目的としたテストには，目的に沿った設計と適切な実施，結果の積極的な公開と設計範囲を逸脱しない適切な解釈のプロセスが必要である．その具体的な条件に関しては，下記の参考文献を参照していただきたい．

〔倉元直樹〕

6）NAEPと日本の全国学力調査の考え方や実施方法の相違については，次を参照のこと．
荒井克弘・倉元直樹（編）(2008) 全国学力調査：日米比較研究 金子書房

【参考文献】
日本テスト学会（編）2007 テスト・スタンダード：日本のテストの将来に向けて 金子書房

III-26
実験計画法

experimental design

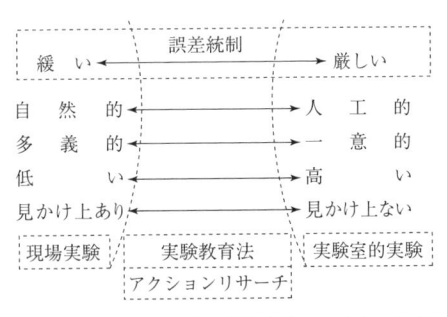

	誤差統制	
緩い ←	→	厳しい
自然的 ←	→	人工的
多義的 ←	→	一意的
低い ←	→	高い
見かけ上あり ←	→	見かけ上ない
現場実験	実験教育法 アクションリサーチ	実験室的実験

図26-1 実験室実験，現場実験，アクションリサーチの対比 （海保, 1985）[1]

　教育心理学で言う**実験**は，しばしば日常で使う言い方，つまり「試しに何かをやってみる」という意味ではない．一度きりの出来事の時間的な流れの中で，物事の原因と，原因が引き起こす結果との対応関係を，再現して実証する科学的方法のことを言う．

　それでは，なぜ教育に**因果関係**の把握が必要なのだろうか．それは，原因を操作することによって良い結果を導くこと，つまりは今よりも教育指導を改善できるヒントが得られるからである．

　そもそも，学校現場で働く教員は，因果関係の論理的な推論を日常的に非公式に行っている．A君に呼びかけても返事がなければその理由を考える．A君が遅刻すれば，その理由を推測する．A君に解答を求めても正解が戻ってこなければその原因を推し量る．教員は，ときに自らの過去経験をもとに，ときに他者の教育実践を参考に，いつも試行錯誤をしているが，その試行錯誤は単なる思いつきではなく，たとえ無意識であるにせよ間違いなく何らかの因果関係の推論から得られたプランに基づいて実践することが多い．このような，試行 → 結果の原因帰属 → 再試行というサイクルは，実は，冒頭で述べた〈試しに何かをやってみる〉という意味と近いように見えるかもしれないが，根本的な点が大きく違う．教育心理学で言う実験法は，個人の体験的な実感を超えた，むしろ他の教員や児童生徒にも通用するような，より一般的な因果関係の実証をめざす科学的な方法なのである．

　この実証から得られた因果関係は，良くない結果を導く原因を取り除き，良い結果をもたらす原因を教育場面に導入す

1) 海保博之　1985　実験を計画する　海保博之（編）心理・教育データの解析法10講　福村出版　pp.110-118.

るために利用される．実験法が教育に貢献できるかどうかは，この点にかかっている．

　たとえばA君の成績が低下したことの原因を考えてみよう．成績下降という結果が発生するには，何かの原因，理由があるとみなす．それはゲームで遊ぶ時間が増えたからかもしれない．授業を欠席したからかもしれない．新しい部活に没頭したからかもしれない．もしも原因があるなら，それを排除すれば事態は改善されるので，因果関係の特定は教育的に見て重要になるのである．それではあることが原因であると実証するためにはどうすればよいだろうか．一番単純な方法は次の2群を比較することである．

　　X_1群の得点測定→原因操作あり→2回目の得点測定
　　X_2群の得点測定→原因操作なし→2回目の得点測定

最初にX_1群とX_2群の差の見られない2群をつくる．X_1群には原因となる操作を行う（例：ゲームで遊ぶ時間を増やす）．X_2群には原因となる操作はしない．そして，それぞれ2回目の測定をして，X_1群のほうがX_2群よりも得点が低かったら，その原因は操作の有無としか考えられないから，それを原因とみなすのである．

　実験法では，原因側の候補リストを**独立変数**（x）と言う．結果側の変数を**従属変数**（y）と言う．原因は1つではなく，原因1（x_1），原因2（x_2），原因3（x_3）のように複数の可能性があるが，いずれにせよ，何かの原因（独立変数）が成績低下という結果（従属変数の値の変化）を引き起こし，他の原因が引き起こした可能性が著しく低いとき，この因果関係は実証できる．

　候補である原因1（x_1）が実際に原因であるならば，それを実験法によって実証するにはその他の原因2，原因3ほかが結果に影響する可能性を極力排除する必要がある．このときの，その他の原因側の候補を**剰余変数**と呼ぶ．実験法では，剰余変数がもたらす系統誤差（systematic error）の排除はもちろんのこと，測定時に生じる偶然誤差（random error）もできるだけ小さくして，厳密に因果関係が特定できるように人工的に条件を統制・制御することが必要になる．図26-

1は，他の原因が入り込みにくいが現実場面から遊離しがちになる**実験室実験**と，逆に因果関係の実証がややあいまいになりつつも日常に近づいた**現場実験**との対比を端的に図示したものである．

実験群（条件）と統制群（条件）の2群間の平均値を比較して統計的な差があるかどうかを判断するには**t検定**という統計的な検定法を使う．3群以上の場合には**F検定**が使われる．これはたとえば，学年間の英語テスト得点の平均値に差があるかどうかとか，自転車通学とバス・電車通学との通学手段の違いが生徒の学習意欲に影響するかどうかを知りたいときには有効かもしれない．

しかしながら現実場面では複雑な原因が絡まっているので，多くの独立変数（原因側の候補）を配置した実験計画法を用いることになる．因果関係が実証できるように独立変数と従属変数を適切に組み合わせて実験を行う方法を**実験計画法**と言う．実験計画法は狭義には**分散分析**（analysis of variance）と呼ぶ統計技法を指し，この方法を使って分析することがある．

図26-2[2]は，学習者のテスト不安と，教員のテスト採点方法が，テスト得点に影響するかどうかを検討したものである（架空データ）[3]．テスト不安を調べて実験参加者を高・中・低の3群に割り付ける．テスト不安は独立変数（これを要因と言う），そしてこの要因を分割するカテゴリーを，ここでは3群（あるいは3条件）あるが，これを水準と言う．もう1つの要因はテストの採点方法であり，この要因は回収，未回収，自己採点，採点返却の4水準からなっている．実験参加者は水準ごとに別の学習者となっている．この要因配置は，テスト不安要因（3水準），採点方法要因（4水準）の2要因計画になっている．図には，テスト不安低条件であり採点方法が採点返却条件の群，テスト不安中条件であり採点方法が自己採点条件の群のような，3×4水準の組合せからなる12群のテスト得点が描かれている．

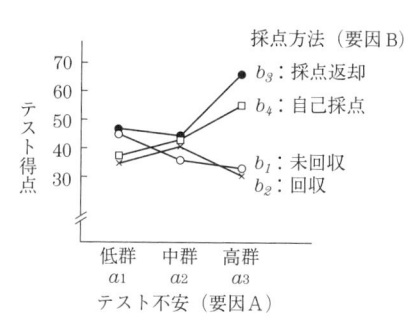

図26-2 2要因計画による実験事例（服部，2000）[2]

2）服部環 2000 被験者間2要因計画 後藤宗理・大野木裕明・中澤潤（編）心理学マニュアル要因計画法 第5章 北大路書房 pp.54-80. より．

3）独立変数が従属変数へ影響することを効果と言う．

それではなぜ分散分析が使われるのか．いまテスト不安要因を無視して採点方法の要因だけに着目すると，一貫して差や効果をもっていることがわかる．このように要因単独での効果を**主効果**（main effect）と言う．図 26-2 の結果においては要因 B の主効果が統計的に有意となっている．交互作用も有意になっているが，**交互作用**（interaction）とは独立変数（すなわち要因 A と要因 B）を組み合わせた場合の複合効果のことである．テスト採点方法（要因 B）の影響はテスト不安（要因 A）の水準によって一様ではないということである．分散分析はある要因が一貫して効果をもつこと（主効果）および要因と要因の水準間で状態が違うこと（交互作用）を検出するのに優れている．

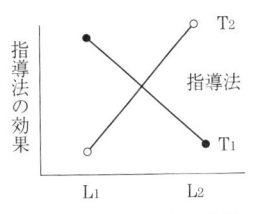

図 26-3 適性処遇交互作用

このような要因計画法を用いた実験からは，数多くの成果が得られてきた．その 1 つが **ATI**（**適性処遇交互作用**）[4] の発見である．処遇要因として，ある指導法 T_1 と別の指導法 T_2 という異なる指導法があるとする．適性要因として学習者の特性 L_1 と別の特性 L_2 があるとする．ある指導法 T_1 では学習者特性 L_1 をもつ学習者のほうが指導法の効果があるとしよう．ところが別の指導法 T_2 を用いると，逆に学習者特性 L_2 の学習者のほうが指導法の効果が上がる．このようなことはあり得ることである．分散分析によれば，処遇の主効果，適性の主効果，そして適性と処遇の交互作用が見られるかどうかを実証することができる．

[4] Aptitude-Treatment Interaction,「Ⅰ-8 個性と個人差」参照．

とはいえ，実験計画法による実証を進めるには多くの実現不可能な現実的な諸問題が横たわる．剰余変数の排除の困難さ，倫理的な問題，人工的・人為的な実験結果を教育現象に当てはめて考察するときの過剰一般化の問題など，慎重な考察と制限の見極めが要求される． 〔大野木裕明〕

【参考文献】
森敏昭・吉田寿夫（編）1990 心理学のためのデータ解析テクニカルブック 北大路書房
吉田寿夫 1998 本当にわかりやすいすごく大切なことが書いてあるごく初歩の統計の本 北大路書房

III-27 多変量解析

multivariate analysis

多変量解析[1]は複数の**観測変数**(observed variable)と**潜在変数**(latent variable)の相関関係,因果関係,類似性を分析するデータ解析技法の総称である.観測変数とは質問紙に対する回答,学力検査の得点など,文字通り観測値のことである.潜在変数とは,人の行動を解釈・説明するために研究者が仮定する構成概念である.性格,学力,知能などはすべて潜在変数であり,こうした潜在変数の強さを直接測定することはできない.ここでは,外的基準(external criterion)の有無から諸技法を整理する.外的基準とは,確かな根拠に基づいて確定した個人属性の強さもしくはカテゴリーである.

外的基準のある技法は,個人の外的基準の強さやカテゴリーを他の諸変数から予測して,変数間の因果関係を探る.その最も基本的となる技法が**重回帰分析**(multiple linear regression analysis)である.重回帰分析は個人 i の量的な外的基準の値 y_i を次式によって予測する.

$$y_i = b_0 + b_1 x_{i1} + b_2 x_{i2} + \ldots + b_k x_{ik} + \ldots + b_p x_{ip}$$

外的基準を目的変数,予測に使う変数を説明変数と言う. b_0 は定数, b_k は説明変数 k の偏回帰係数であり,最小二乗法によって求める.このとき,目的変数とその予測値との相関係数は最大値をとり,重相関係数と呼ばれる.重相関係数の2乗は**決定係数**もしくは**説明率**と呼ばれ,予測の精度を表す.名義尺度をなす説明変数はダミー変数へ変換する[2].説明変数がすべて名義尺度をなす変数のときの重回帰分析をわが国では**数量化I類**と言う.また,複数の目的変数を共通の説明変数を用いて一度に予測する重回帰分析は,**多変量回帰分析**

---

[1] 柳井晴夫 1994 多変量データ解析法:理論と応用 朝倉書店
足立浩平 2006 多変量データ解析法:心理・教育・社会系のための入門 ナカニシヤ出版

[2] たとえば,カテゴリーを3つもつ説明変数には,それぞれのカテゴリーを表す3つのダミー変数 d_1, d_2, d_3 を用意する.そして,個人の回答がカテゴリー1のとき, $d_1=1$, $d_2=0$, $d_3=0$,カテゴリー2のとき, $d_1=0$, $d_2=1$, $d_3=0$,カテゴリー3のとき $d_1=0$, $d_2=0$, $d_3=1$ とする.ダミー変数は線形従属の関係にあるので,計算の際にはどれか1つのダミー変数を除く.計算から除かれたカテゴリーの偏回帰係数は0へ固定される.なお,数量化I類を実行するプログラムでは,説明変数ごとに偏回帰係数(数量化I類では重み,ウェイトと言う)の加重平均が0となるように調整されている.

（multivariate regression）と呼ばれる．

一方，外的基準が名義尺度をなすときは**多重ロジスティック・モデル**や**多項ロジスティック・モデル**を利用する．説明変数は質的変数でもよいし，量的変数でもよい．同一タイプのデータに適用する技法として**判別分析**がある[3]．説明変数が名義尺度をなすときは，説明変数をダミー変数へ変換する．わが国では，このときの判別分析を**数量化Ⅱ類**と呼んでいる．

因子分析（factor analysis）は目的変数が観測変数で，説明変数がすべて量的な潜在変数である多変量回帰分析に相当する．つまり，個人 i の観測変数 j の値 x_{ij} を次式のように分解する．

$$x_{ij}=a_1 f_{i1}+a_2 f_{i2}+\ldots+a_k f_{ik}+\ldots+a_m f_{im}+u_{ij}$$

ここで f_{ik} は観測値を説明する k 番目の潜在変数で，共通因子と呼ばれる．a_m は m 番目の共通因子の値が増加したとき，j 番目の観測変数に期待される増分を示し，因子パターンもしくは因子負荷量と呼ばれる．重回帰分析の決定係数に相当する値を共通性と言う．u_{ij} は予測の誤差に相当するが，独自因子と測定誤差に分解することもある．

利用者は共通因子の数を決めた上で，最尤推定法，重み付最小二乗法，最小二乗法などを用いて因子パターンを求める．このときの解を初期解と言う．初期解のままでは因子の解釈が難しいので，解釈しやすいように因子パターンを単純構造へ変換する．これが因子軸の回転であり，因子間相関を0へ固定したまま因子軸を回転したときの解が直交解，因子間相関を仮定して回転したときの解が斜交解である[4]．因子数を統計的に判断することもでき，多くの指標が提案されている[5]．

因子分析モデルの理念は少数個の共通因子を用いて多数の観測変数を予測するところにあるが，実際には，観測変数の分類に利用されることが多い[6]．たとえば，数百項目からなる質問紙の回答を因子分析して，因子ごとに因子パターンが大きい項目を1つの尺度としてまとめる．そして，その尺度によって個人の因子の強さ，つまり因子得点を推測する．

観測変数が順序尺度をなす変数の因子分析を**カテゴリカル因子分析**と言う．これは各観測変数の背後に心理学的連続体

3) 観測変数の合成得点の相関比を最大化する正準判別分析（重判別分析）と，観測変数のマハラノビスの汎距離を最小化するフィッシャーの判別分析がある．

4) 直交回転の方法としてバリマックス回転，エカマックス回転，斜交回転の方法としてプロマックス回転などがある．探索的因子分析の場合，直交解と斜交解が再生する観測変数の相関係数は一致するので，直交解と斜交解の適否を統計的に判断することはできない．したがって，分析者の判断で回転方法を決める．一般には斜交解を選択すればよい．

5) 服部環 2003 共通因子数の決定とそれを援助するためのコンピュータ・プログラムの開発 応用心理学研究, 28, 2, 135-144.

このプログラムは最尤推定法もしくは最小2乗法を用いて，1因子から指定した因子数までの因子分析を1回のジョブで実行し，因子数を決めるための指標を出力する．ただし，すべての指標が同一の因子数を示唆するとは限らないので，実際には諸指標を参考にして分析者が因子数を決める．堀啓造 2005 因子数決定法について：平行分析を中心にして 香

を仮定して，その因子分析を行う．

　前述の重回帰分析は観測変数同士の因果関係を探り，探索的因子分析は共通因子の相関を探る．したがって，この2つの技法を用いても因子間の因果関係の強さを探ることはできない．これに対し，**構造方程式モデリング**（structural equation modeling）は因子間の因果関係の強さを探ることができる．さらに，因子を用いたパス解析を行うこともできる．

　探索的因子分析モデルでは共通因子がすべての観測変数の変動を説明すると仮定しているが，構造方程式モデリングは分析者が特定の因子パターンを0へ固定したり，複数の因子パターンを等値と仮定して，その仮定の妥当性を確認することができる．そのため，構造方程式モデリングで表現した因子分析を**確認的因子分析**と言う．

　構造方程式モデリングでは，分析者が観測変数と因子の関係，観測変数同士の関係，因子同士の関係に何らかの仮説を置き，その妥当性を評価する．この評価は観測データの平均・分散共分散と，モデルによって再生される平均・分散共分散との一致度に基づく．この一致度を**モデルとデータの適合性**と言い，多数の適合性の指標が提案されている[7]．適合性の低いモデルは棄却され，場合によっては修正される．ただし，モデルが棄却されない場合でも，仮説検定の論理に従い，そのモデルが正しいということは主張できない．また，現実を比較的旨く説明するモデルであっても，検定力が大きいときはモデルが棄却されるので，この点にも注意すべきである．

　ところで，児童・生徒を個人とする調査では，特定の地域の中に学校があり，学校の中に学級があり，学級の中に児童・生徒がいる．これを，地域が学校をネストしている（nest；入れ子にしているとも言う），学校が学級をネストしている，学級が児童・生徒をネストしていると言う．ネストされている成員は相互に相関関係をもつ可能性が高いので，その点を考慮した分析技法が開発されている．それが**マルチレベル・モデリング**（multilevel modeling）である[8]．重回帰分析を例にとるなら，偏回帰係数の大きさに地域差や

川大学経済論叢，77, 4, 35-70.
　数値実験を通して各指標の特徴について詳述している．

6）Carroll, J. B. 1993 *Human cognitive abilities: A survey of factor-analytic studies*. New York: Cambridge University Press.
　過去50年間に行われた知能構造に関する研究を概観し，調査対象とした研究の中から461件のデータセットを因子分析して知能の3階層（three-stratum theory）モデルを提案した．このモデルは第Ⅰ階層（最下層）に下位検査の共通因子である限定（narrow）能力の因子，第Ⅱ階層に限定能力の共通因子である広範（broad）能力の因子，最上位の第Ⅲ階層に広範能力を束ねるg能力（一般知能）の因子を置く階層的因子分析モデルである．
村上宣寛・村上千恵子 1999　性格は五次元だった　培風館
　性格のビッグ・ファイブ理論は因子分析を駆使することによって構築された．本書にはビッグ・ファイブ理論が概観されている．

7）多数の適合性指標が提案されているが，決め手となる指標はない．論文にはカイ二乗統計量（自由度）とp

学校差を認め，その差を別の変数から説明するモデルと言える．重回帰分析だけではなく，因子分析でも，階層構造を考慮したモデルが提案されている．一般に地域差，学校差，学級差があって当然であるから，マルチレベル・モデリングは大規模調査には欠かすことのできない技法である．

　外的基準がないときに適用する技法として**主成分分析**がある．これは，観測変数がもつ主要な情報を，相互に無相関の主成分得点によって表現する．たとえば，国語，社会，数学，理科，英語の学力テストの得点は，個人の総合学力や文系・理系科目の得手不得手を示すと考えられるが，主成分得点が総合学力や文系・理系科目の得手不得手を表現する．主成分得点によって表現された観測変数の情報の大きさを寄与と言う．寄与は主成分得点の分散として定義される．主成分分析は質的変数からも情報を抽出することができる．その技法を**カテゴリカル主成分分析**と言う．

　対応分析（correspondence analysis；コレスポンデンス分析）は，名義尺度をなす観測変数がもつカテゴリーの類似度を数量化する．同様の技法として**数量化Ⅲ類**，**双対尺度法**（dual scaling），**等質性分析**（homogeneity analysis）がある[9]．

　一方，属性が類似している個人や観測変数を分類する技法として**クラスター分析**がある．クラスター分析には，個人もしくは観測変数を順に結合して最終的に1つの群にまとめる階層的手法と，あらかじめ群の数を固定しておいて，類似した属性をもつ個人をいずれかの群に配当していく手法がある．前者には群間類似度の定義のしかたに応じて最近隣法，最遠隣法，重心法，ウォード法などがある．また，後者はk-means法（k平均法）として知られるが，アルゴリズムの違いによって同一の結果が得られないことがある．いずれにしても，各群の特徴は，分類に用いた観測変数や他の観測変数の平均値を用いて解釈する[10]．

〔服部　環〕

値，GFI，AGFI，CFI，RMSEAなどを記載したい．複数のモデルの適否を比較するときは，AICやBICなどの情報量基準を用いる．

8）階層線形モデル（hierarchical linear model），混合効果モデル（mixed effect model）とも呼ばれる．
Kreft, I. & de Leeuw, J. 1998 *Introducing multilevel modeling.* London: SAGE. 〔小野寺孝義（編訳）菱村豊・村山航・岩田昇・長谷川孝治（訳）2006 基礎から学ぶマルチレベルモデル：入り組んだ文脈から新たな理論を創出するための統計手法　ナカニシヤ出版〕

9）西里静彦　1982 質的データの数量化：双対尺度法とその応用　朝倉書店
Nishisato, S. 2006 *Multidimensional non-linear descriptive analysis.* Boca Raton: Chapman & Hall/CRC.

10）岡田努　2007 大学生における友人関係の類型と，適応及び自己の諸側面の発達の関連について　パーソナリティ研究, 15, 135-148.
　クラスター分析や因子分析を利用した研究である．

【参考文献】
繁桝算男・森敏昭・柳井晴夫（編著）2008　Q＆Aで知る統計データ解析［第2版］サイエンス社

III-28
心理教育的アセスメント
psychoeducational assessment

心理教育的アセスメントとは

私たちは日々さまざまな問題について意思決定を迫られている．情報に基づいた意思決定（informed decision）を行いたいものである．これは，車を買うときも，進路を決めるときもそうである．**アセスメント**はある問題について，問題に関連する情報を収集し，分析し，意味づけし，統合して，意思決定のための資料を提供するプロセスである．心理教育的援助サービス[1]に関する意思決定の基盤となるアセスメントを，**心理教育的アセスメント**と呼ぶ．つまり，心理教育的アセスメントとは，子どもが学習面，心理・社会面，進路面，健康面など学校生活で出会う問題についての情報の収集と意味づけを通して，心理教育的援助サービスの方針や計画を立てるための資料を提供するプロセスである．

アセスメントと似た用語に，**診断**（diagnosis）と**教育評価**（educational evaluation）がある．診断は主として医療で用いられる用語であり，疾病という「一定の症状，経過，予後，治療法をも内包した1つの独立した単位」に患者の症状を同定させることを指す[2]．心理教育的援助サービスにおいては子どものもつ疾病や障害を同定することは，必ずしも援助サービスの方針や計画の決定にはならない．援助サービスが対象としているのは，学校生活に関する問題で苦戦する子どもの状況全体であるからである．しかし子どもの障害や疾病に関する医師の診断は，心理教育的サービスを計画する上で大変参考になる．つまり，診断は心理教育的アセスメントのプロセスで，必要に応じて行われる行為と言える．

また「教育評価」は，教育活動に関連する諸事象について

1) 心理教育的援助サービス：子どもが学習面，心理・社会面，進路面，健康面など学校生活で出会う問題状況の解決を援助し，子どもの成長を促進する教育活動と定義される．心理教育的援助サービスは，生徒指導・教育相談，特別支援教育，学校保健，個に応じた学習指導など，子どもの学校生活における問題を援助する教育活動を統合する概念と言える．心理教育的援助サービスの理論と実践の体系が，学校心理学である．文末の参考文献を参照．

2) 日本心理臨床学会教育・研修委員会 1997 専門用語の検討について 心理臨床学研究 15, 322-333.

の価値判断であり，特に教師による子どもの学習，行動，態度などについての評価を指す[3]．教育評価は子どもの状況についての情報収集とそれに基づく判断により，教育活動の改善をめざす点で，心理教育的アセスメントと共通するところが多い．しかし教育評価は，絶対的評価であれ相対的評価[4]であれ，教育目標や集団の基準に拠る判断である．その結果，「達成している」とか「遅れている」という価値判断を伴う．心理教育的アセスメントは援助サービスという教育活動の基盤となる目的や方向性はあるが，価値判断する基準は設けてはいないので，この点が教育評価と異なる．心理教育的アセスメントにおいては，教育評価をどのように活用するかがポイントになる．

心理教育的アセスメントの対象と焦点

心理教育的アセスメントの対象は，子ども（個人），環境，子どもと環境の関係であり，それにアセスメントを行う援助者の「自分自身」が加わる．子どもについては，学習面，心理・社会面，進路面，健康面など学校生活の諸側面からアセスメントを行う．不登校など子どもが苦戦しているときは，心理・社会面の情報が過大評価されがちであるが，学習面などの情報も子どもの援助を考える上できわめて重要である．次に環境面では，子どもの学級・学校，家庭について情報を集める．子どもの成長において環境の果たす役割は大きい．そして子どもと環境の関係では，子どもの学習スタイルと教授スタイル，子どもの行動スタイルと要請行動のマッチング[5]，および子どもと場の折り合い[6]に関する情報を集める．

子どもの援助者が自分自身のアセスメントを行うのは，①援助者の価値観，考え方，そして感情が，子どものアセスメントのプロセスに影響を与えるからであり，②援助者は子どもの環境の構成要素であるからである．

次にアセスメントの焦点は，第一に「問題解決や子どもの成長を促進する資源」である．それには，子ども自身のもつ強さ，学習スタイルやストレス対処スタイル，楽しめること（自助資源）および子どもの環境である援助者，場所，行事などの機会（援助資源）が含まれる．第二に「子どもが苦戦

3) 櫻井茂男　1994　教育評価　高野清純・國分康孝・西君子（編）学校教育相談カウンセリング事典　教育出版　pp.425-426.

4) 絶対的評価は個人の成績を教育目標（criterion）に基づいて評価するものであり，相対的評価は個人の成績を平均値，標準偏差を用いて標準化した偏差値，パーセンタイル順位，5段階評点などの集団基準（norm）に基づいて評価するものである．集団式学力検査には，絶対評価を行う目標準拠テストと相対評価を行う集団基準拠テストがある．次の文献を参照．
学校心理士資格認定委員会（編）2007　学校心理学ガイドブック（第2版）風間書房

5) 近藤邦夫　1994　教師と子どもの関係づくり：学校の臨床心理学　東京大学出版会

6) 田上不二夫　1999　実践スクール・カウンセリング：学級担任ができる不登校児童・生徒への援助　金子書房

しているところ，援助が必要なところ」である．第三に，「今まで行った援助とその成果」である．たとえば，「石隈・田村式援助チームシート」は，子どもの学習面，心理・社会面，進路面，健康面について，この3つに焦点を当てた情報をまとめ，さらに援助方針と援助案を書き込むものである[7]．

心理教育的アセスメントの方法

心理教育的アセスメントにおける情報収集の方法には，「観察」，「面接」，「心理検査」「子どもの保護者や教師などとの面接」「子どもの記録書類の検討」などがある．ここでは観察，面接，心理検査について説明する．

第一に子どもの課題への取り組みの状況や子どもを取り巻く環境についての情報収集は，すべて広義の**観察**（observation）—— ありのままの姿を注意して見ること —— に当てはまる．子どもの観察には，子どもの行動を直接的に観察する場合と，子どもの作品などを通して間接的に観察する場合がある．観察を行うには着眼点を決め（例：子どもの得意な学習スタイル），場面（例：子どもの得意な授業）を選択して行うことが多い[8]．観察したことをありのままに記述し，いくつかの観察結果から子どもの特徴を解釈する．観察の結果を書くときは，「事実（観察したこと）」と「推論（解釈したこと）」を分けるようにしたい．

第二に**面接**とは，目的をもって相手と直接会話することであり，教師やカウンセラーと子どもとの相互の関わりとして成立し展開していく．面接は英語で interview であり，相互に（inter）観る（view）関係である．面接は援助サービスであるとともに，援助者にとってアセスメントの機能をもつ．援助者は子どもと関わりながら，子どもについて知りたいこと（例：子どもの学校生活の状況，苦戦していることについての子どもの考えや気持ち）を聞いていくと同時に，子どもの態度，表情，服装，話し方，感情などを直接観察できる．

第三に，**心理検査の実施**（psychological testing）は，検査の質問や課題を用いて子どもを構造的に観察し，子どもの個人差（個人間差および個人内差）を測定する，アセスメントの1つの方法である．そして心理検査（psychological test）

7）石隈利紀・田村節子 2003 石隈・田村式援助シートによるチーム援助入門：学校心理学・実践編 図書文化社

8）学校心理士資格認定委員会（編）2007 学校心理学ガイドブック（第2版）風間書房

は，アセスメントの道具である．心理検査には，集団式と個別式があり，測定される領域としては，知能，学力，適応行動，人格などがある．特に個別式の**知能検査**（例：WISC-Ⅲ，K-ABC）[9]は，LD（学習障害）などで特別の教育ニーズをもつ子どもの知的発達のレベルと特徴を把握し，個別の指導計画作成のために有用である．また人格の無意識の側面をとらえて，人格の広い側面を理解することをめざす方法として**投映法**検査がある[10]．なおどの心理検査も測定の内容には限界があるので，複数の検査を「テストバッテリー」として活用し，多方面からの情報を得ることが大切である．

かしこいアセスメント（intelligent testing）

アメリカにおいて知能検査（intelligence test）の活用の是非について議論がある中で，知能検査の開発と活用の研究において世界的に影響力をもつ学校心理学者**カウフマン**（Kaufman, Alan S.）は検査の活用こそが問われるべきだと主張し，「かしこいアセスメント（intelligent testing）」というパラダイムを提唱した[11]．そのパラダイムの主な点をあげる．

① アセスメントは，子どもの援助のために行われる．
② 子どもとの信頼関係を基盤に行われる．
③ アセスメントでは，「臨床的な情報」（行動観察や面接の結果，援助者の経験からくる勘など）と「数理統計的な情報」（検査結果など）が統合されなければならない．
④ アセスメントの結果は，学校心理学，教育心理学，特別支援教育などの最新の研究成果によって解釈される．

カウフマンは，「知能検査は，子どもの学力を予想し，安楽椅子に座ってその予想（例：子どもの失敗）が当たるのを待つために実施するではない．アセスメントで得られた情報（例：得意な学習スタイル，望ましい環境）を子どもの援助に活かすことで，検査の予測を翻す（kill the prediction）ためにある」と言う．ここにアセスメントの意義が凝縮されている．　　　　　　　　　　　　　〔石隈利紀〕

9) WISC は Wechsler Intelligence Scale for Children の略．5歳から15歳までを対象としたウェクスラー式知能検査のこと．Ⅲは第3級のことである．K-ABC は，Kaufman Assessment Battery for Children の略．

10) この方法には，「ロールシャッハ・テスト」，「絵画統覚検査（TAT: Thematic Apperception Test）」，「文章完成法」，「動的家族描画法」などがある．

11) Kaufman, A. S. 1994 *Intelligent testing with the WISC-III.* New York; Wiley.

【参考文献】
石隈利紀　1999　学校心理学：教師・スクールカウンセラー・保護者のチームによる心理教育的援助サービス　誠信書房

III-29 ノンパラメトリック検定

nonparametric test

統計的仮説検定は**パラメトリック検定**（parametric test）と**ノンパラメトリック検定**に大別される．パラメトリック検定は母集団分布として正規分布に代表される特定の分布型や等分散性等を仮定して仮説検定を行い，ノンパラメトリック検定は母集団分布にそうした仮定を置かずに仮説検定を行う．そのため，ノンパラメトリック検定は**分布によらない検定**（distribution-free test）とも呼ばれる[1]．

ノンパラメトリック検定の多くは測定値を順位に置き換えて検定のための統計量を求めるので，順位として与えられた測定値をそのまま用いて検定することもできる．また，名義尺度をなす変数のノンパラメトリック検定もある．さらに，観測値にランダム化の手続きを導入して仮説検定を行う**フィッシャー**（Fisher, R. A.）の**ランダマイゼーション検定**[2]（randomization test；橘, 1997）も，ノンパラメトリック検定である．このように，ノンパラメトリック検定とされる検定は多種多様であり，ノンパラメトリック検定を厳密に定義することは難しい．ここでは，青木，南風原，芝など[1]を参考にして，主なノンパラメトリック検定を表29-1にまとめてみた．表では標本の数を2標本と3標本以上に分けているが，3標本以上に適用できる検定は2標本にも適用できる．

検定仮説とその代表的な検定方法を紹介する．

分布の適合性・同一性　1標本の場合，コルモゴロフ・スミルノフの検定とクラメール・フォンミーゼスの検定は，母集団分布が特定の分布型に等しいという帰無仮説を検定する．特に母集団分布として**正規分布**を仮定したいときは，リ

1) 南風原朝和　1989　ノンパラメトリック検定法　池田央（編集）統計ガイドブック　新曜社　pp.144-145.
芝祐順　1984　ノンパラメトリック検定　芝祐順・渡部洋・石塚智一（編）1984　統計用語辞典　新曜社　p.200.
岩原信九郎　1964　新しい教育・心理統計：ノンパラメトリック法（新版）日本文化科学社
青木繁伸　2007　パラメトリックな手法とノンパラメトリックな手法
http://aoki2.si.gunma-u.ac.jp/lecture/Kentei/nonpara.html
このホームページでは仮説検定を行うプログラムが公開されている．

2) 確率化テストとも言う（橘, 1997）．観測値にランダム化の手続きを導入して仮説を検定する．標本サイズが大きい場合は膨大な計算量となるので，コンピュータ・プログラムを必要とする．

表29-1 主なノンパラメトリック検定

仮説と標本	変数のなす尺度	
	名義尺度	順序尺度以上
分布の適合性 1標本	χ^2検定	コルモゴロフ・スミルノフの検定 クラメール・フォンミーゼスの検定 リリフォースの検定 シャピロ・ウィルクの検定 χ^2検定
分布の同一性 独立な2標本		コルモゴロフ・スミルノフの検定 クラメール・フォンミーゼスの検定
分布の同一性 独立な3標本以上		バーンバウム・ホールの検定 χ^2検定
独立性・ 無相関性	フィッシャーの直接検定 χ^2検定	フィッシャーの直接検定 順位相関係数に基づく無相関検定 コーナー検定 ［オルムステッド・テューキーの検定］ χ^2検定
比較の差	フィッシャーの直接検定 マクネマーの検定 コクランの検定 χ^2検定	フィッシャーの直接検定 マクネマーの検定 コクランの検定 χ^2検定
母比率	二項検定	二項検定
代表値の差 独立な2標本		マン・ホイットニーの検定 符合検定 コルモゴロフ・スミルノフの検定 中央値（メディアン）検定 ウィルコクソンの順位和検定
代表値の差 独立な3標本以上		クラスカル・ウォリスの検定 中央値（メディアン）検定 ファン・デル・ワーデン検定 ヨンクヒール・タプストラの検定 ［ヨンキール・タプストラの検定］ ベル・ドクサムの検定
代表値の差 対応のある2標本		符号検定 ウィルコクソンの符号付順位和検定 ウォルシュの検定
代表値の差 対応のある3標本以上		フリードマンの検定 クェードの検定 ベル・ドクサムの検定 ヨンクヒール・タプストラの検定
ランダム性 1標本	ラン検定	コックス・スチュアートの検定

リフォースの検定やシャピロ・ウィルクの検定を利用する．独立な2標本の場合は，その2つの母集団分布が等しいという帰無仮説を立て，コルモゴロフ・スミルノフの検定やクラメール・フォンミーゼスの検定を適用する．バーンバウム・ホールの検定は3標本以上の母集団分布の同一性を検定することができる．

独立性・無相関性 2変数の独立性もしくは無相関を帰無仮説とする．χ^2検定が頻繁に利用されるが，標本が小さいときはフィッシャーの直接検定（正確検定とも呼ばれる）を利用する．コーナー検定（オルムステッド・テューキーの検定とも呼ばれる）は順序尺度以上をなす2変数の独立性を検定する．

母比率の差 対応のある2標本のとき，たとえば同一標本で反復測定を行ったときは，2つの比率に差がないという帰無仮説を立て，マクネマーの検定を適用する．対応のある3標本以上の場合はコクランの検定を利用する．

代表値の差 独立な2標本の場合，マン・ホイットニーの検定とコルモゴロフ・スミルノフの検定は，2つの母集団分布が等しいという帰無仮説を検定する．ウィルコクソンの順位和検定は，母平均が異なるという対立仮説を立てて検定する．符号検定は中央値が等しいか否かを検定する．

3標本以上の場合，クラスカル・ウォリスの検定は母平均が等しいという帰無仮説，中央値（メディアン）検定は中央値が等しいという帰無仮説を検定する．ヨンクヒール・タプストラの検定とベル・ドクサムの検定は独立標本にも対応のある標本にも適用でき，分布の同一性を検定する．傾向のある対立仮説を立てて帰無仮説を検定するときは，ヨンクヒール・タプストラの検定を使う．

対応のある2標本の場合，符号検定とウォルシュの検定とウィルコクソンの符号付順位和検定は，中央値が等しいか否かを検定する．

対応のある3標本以上のとき，フリードマンの検定とクェードの検定は母集団分布の同一性を検定する．また，ベル・ドクサムの検定とヨンクヒール・タプストラの検定も対応の

たとえば，独立な2群にそれぞれ5名が配当され，その測定値が以下のようであったとする．ここで，片側対立仮説を立て「帰無仮説は2群の平均が等しい，対立仮説は群1の平均が群2の平均よりも大きい」としてみる．

群1：81, 88, 74, 55, 46
群2：13, 32, 38, 59, 29

群1の平均値は68.8であるが，10名から5名を選ぶすべての組合せ（252通り）において，その平均点が68.8以上になる組合せは3通りである．ランダマイゼーション検定は3/252=0.0119をp値とする．したがって，5％水準で群1の平均が群2の平均よりも大きいと言える．

また，両側仮説の場合は2群の平均差の絶対値（34.6）を基準として，252通りの組合せの中で平均差の絶対値が34.6以上になる組合せの数に基づいてp値を求める．その組合せは6通りであるから，p値は6/252=0.0238である．やはり，有意水準5％で有意である．

ある3標本以上に適用できる．

ランダム性 ラン検定は2値データをとる変数において，2値の並びがランダムと言えるか否かを検定する．また，コックス・スチュアートの検定は数系列が大きくなる傾向にあるか，もしくは小さくなる傾向にあるかを検定する．

パラメトリック検定は母集団分布として特定の分布型を仮定したり，等分散性を仮定するが，こうした条件が満たされているデータでも，ノンパラメトリック検定を適用することはできる．しかし，同一のデータに2つの検定を適用した場合，ノンパラメトリック検定は**検定力**（power of test；検出力とも言う）がパラメトリック検定よりも小さい（岩原，1964）．検定力とは，帰無仮説が正しくないときに帰無仮説を棄却できる確率であり，検定力が大きい検定ほど良い検定である．したがって，パラメトリック検定の前提が満たされているときは，パラメトリック検定を用いることが望ましい．

測定値の数が小さいときにも適用できる点が，ノンパラメトリック検定の長所である．しかし，測定値の数が小さすぎると，標本が最も極端な傾向を示しても有意にならない．つまり，標本のサイズが小さすぎると，5％の有意水準よりも小さい**p値**をとる標本が出現しない．したがって，ノンパラメトリック検定を適用する際にも，標本が小さくなりすぎないことに留意すべきである．

順序尺度あるいは名義尺度をなす測定値はノンパラメトリック検定の対象となる．たとえば，作文・小論文・作品のできばえを順序づけした観測値，つまり順位はノンパラメトリック検定の対象となる．また，間隔尺度あるいは比率（比例）尺度をなすテスト得点や反応時間であっても，正規分布のような母集団分布を仮定できないときは，ノンパラメトリック検定の対象となる． 〔服部　環〕

【参考文献】
岩原信九郎　1964　新しい教育・心理統計：ノンパラメトリック法（新版）　日本文化科学社
岩崎学　2006　統計的データ解析入門：ノンパラメトリック法　東京図書
橘敏明　1997　確率化テストの方法：誤用しない統計的検定　日本文化科学社

III-30 統計パッケージ

statistical package

大規模データの統計解析にはコンピュータ・プログラムが必須である．しかし，誰でも必要なコンピュータ・プログラムを作成できるというわけではない．そのため，わが国でも1970年前後から統計解析を行うためのコンピュータ・プログラムのソース・コード[1]が公開されてきた．たとえば，池田[2]は調査データの解析に有用な**Fortran**ソース・コードを公開した．また，芝[3]は，セントロイド法による因子分析，偏相関法，（グループ）主軸法，バリマックス法，イメージ法，重相関法，正準相関法，主成分分析などの基本的な多変量解析法を実行するFortranソース・コードを著書に掲載した．また，松浦[3]と芝[4]は因子分析法の最新技法を実行するFortranソース・コードを公開した．当時の読者は，こうしたソース・コードを各自が利用するコンピュータに打ち込んで統計解析を行った．

一方，米国では1968年に**SPSS**（Statistical Package for the Social Sciences）が公開された．名前の通り，元々は社会科学のための統計パッケージであった．これは，利用者が基本的なコマンド（実行命令文）をキーボードから入力するか，パンチ・カードに打ち込んでコンピュータに読み込ませるだけで，データ入力から統計解析までを実行してくれる画期的なプログラムであった．たとえば，因子分析法の場合，分析に用いる変数名，因子数，因子負荷量の推定方法，因子軸の回転方法などを指定するだけで因子分析を実行できた．また，目的変数と従属変数名を指定すれば重回帰分析を利用できた．このように，多数の統計解析技法を実行するプログラムを1つのコンピュータ・プログラムに梱包したものを**統**

1) ソース・コードとは，コンピュータのプログラミング言語の文法仕様に従って書かれた命令文である．Fortran言語で書いた平均と標準偏差を計算するためのソース・コードを下に示す．

```
OPEN (05,FILE='RAW.DAT')
OPEN (06,FILE='MEAN.OUT')
  NS=0
  XMEAN=0.0
  SUMX2=0.0
99 READ (05,*,END=999) X
  NS=NS+1
  XMEAN=XMEAN+X
  SUMX2=SUMX2+X**2
  GO TO 99
999 XMEAN=XMEAN/FLOAT (NS)
  SD=SQRT (SUMX2/FLOAT
         (NS) -XMEAN**2)
  WRITE (06,*) NS,XMEAN,SD
  STOP
  END
```

2) 池田央 1971 統計調査のコンピュータ解析 東洋経済新報社

3) 松浦義行 1972 行動科学における因子分析法 不昧堂出版

4) 芝祐順 1967 行

計パッケージと言う．1980年代には日本製の大型コンピュータでも，SPSS を始めとして，**BMDP**（Biomedical Computer Program）や **SAS**（Statistical Analysis System）などの統計パッケージを利用できるようになった．

以下では，パーソナル・コンピュータ用に開発され，記述統計，仮説検定，分散分析，多変量解析（構造方程式モデリングを含む）など，多数の統計解析法を備えた統計パッケージを紹介する．

（1）**BMDP**（http://www.scs.co.jp/product/gaiyo/bmdp.html）

米国の UCLA で 1961 年に開発された BIMED を起源とする統計パッケージである．記述統計はもちろんのこと，ノンパラメトリック検定，対応分析，生存時間分析，因子分析，正準相関分析，判別分析，クラスター分析，主成分回帰，非線形回帰，ロジスティック回帰，一般混合モデル解析，多変量分散分析など，多数の統計解析法を利用できる．残念ながら，構造方程式モデリングを利用できない．

（2）**JMP**（http://www.jmp.com/japan/）

基本的検定，ノンパラメトリック検定，（共）分散分析，多変量分散分析，多変量・重回帰分析，分割実験を含む実験計画，判別分析，変量効果のあるモデルに対する REML 推定，一般化線形モデル，時系列分析，主成分分析，PLS，クラスター分析，生存時間分析，ニューラルネット，項目分析などを実行できる．JMP スクリプト言語により，数量化 I・II・III 類，対応分析等も実行できる．

（3）**NCSS**（http://www.statsol.ie/html/ncss/ncss_home.html）

1981 年に開発され，現在でも改訂が行われている．ノンパラメトリック検定，生物学的等価性検定，ロジスティック回帰，分散分析，時系列分析，対応分析，因子分析，生存時間分析，縦断的混合モデル，多変量分散分析，メタ分析，検定力の計算，主成分分析，因子分析，項目反応分析などを利用できる．総計 227 の統計解析法を備えているが，他のパッケージと比べて安価である．

（4）**SAS**（http://www.sas.com/offices/asiapacific/japan/）

基本的統計処理は Base SAS によって実行できるが，アン

動科学における相関分析法　東京大学出版会
芝祐順　1975　行動科学における相関分析法　第2版　東京大学出版会
芝祐順　1972　因子分析法　東京大学出版会
芝祐順　1979　因子分析法　第2版　東京大学出版会

バランスデータの分散分析，共分散分析，多変量分散分析，反復測定分散分析，線形混合モデル，多変量解析，構造方程式モデリング等を実行するためには SAS/STAT が必要である．数理統計学の最新の研究成果をいち早く取り入れている統計パッケージの1つであり，利用できる統計解析法の種類も多い．利用者は年間使用料を SAS 社へ支払う．

(5) **S-PLUS**（http://www.msi.co.jp/splus/）

米国ベル研究所において開発されたデータ解析言語「S」をベースにして商品化されたプログラムである．4,000を超える解析機能を標準で備えているという．メニュー画面から処理命令を送ることもできるし，コマンドラインを用いて処理命令文（S言語）を記述することもできる．他の利用者が作成した関数により，統計解析法を追加することができる．行列演算を行う関数も豊富である．

(6) **SPSS**（http://www.spss.co.jp/index.html）

SPSS Base を購入した上で，必要に応じてオプションを追加する．たとえば，線形混合モデルや一般線形モデルを実行するためには Advanced Models，二項ロジスティック回帰や多項ロジスティック回帰を利用するためには Regression Models を必要とする．構造方程式モデリングを利用するためには，Amos を購入する必要がある（単体でも利用できる）．堀（2007）には多数のマクロとスクリプトが公開されている[5]．

(7) **STATISTICA**（http://www.statsoft.co.jp/）

1993年に米国で開発され，日本語化された統計パッケージである．基本的な統計処理や多変量解析を実行できるが，各種の統計解析技法が分割販売されている．クラスター分析，因子分析，主成分分析，対応分析，多次元尺度構成法，判別分析，項目分析を実行するには Standard でよいが，一般線形・非線形モデルや構造方程式モデリングを利用するには Advanced を必要とする．グラフィックス機能が充実している．

(8) **SYSTAT**（http://www.hulinks.co.jp/software/systat/）

記述統計，基本的・ノンパラメトリック検定，多変量分散

[5] 堀啓造 2007 SPSS macros and scripts presented by K. Hori （http://www.ec.kagawa-u.ac.jp/~hori/spss/spss.html）

[6] http://www.okada.jp.org/RWiki/　岡田昌史氏が管理されている RjpWiki である．R 言語に関する膨大な情報がある．
http://cat.zero.ad.jp/~zak52549/R.html　奥村泰之氏のホームページである．氏が作成した多数の関数が公開されている．
http://aoki2.si.gunma-u.ac.jp/R/　青木繁伸氏が執筆した「R によるデータ解析」や氏が開発した膨大な関数が公開されている．
http://cwoweb2.bai.ne.jp/%7Ejgb11101/index.html　舟尾暢男氏のホームページである．マクマスター大学のフォックス氏（John Fox）が開発した GUI 版 R（R Commander パッケージ[Rcmdr]）の説明書もある．
http://web.sfc.keio.ac.jp/~watanabe/rfunction.htm 「渡辺利夫 2005 フレッシュマンから大学院生までのデータ解析・R 言語　ナカニシヤ出版」で公開された関数である．仮説検定，3元配置までの分散分析と多重比較，重回帰分析，主成分分析，因子分析，多次元尺度

分析，一般線形モデル，因子分析，ロジスティック回帰，対数線形モデル，多次元尺度構成法，対応分析，スケイログラム分析，知覚的マッピング，検出力分析，信号検出分析，空間統計，生存分析，時系列解析，構造方程式モデリング，ブートストラップなどを利用できる．コマンド言語を利用して一連の処理を効率化することができる．

（9） **EXCEL 統計解析**（http://www.esumi.co.jp/software/）

EXCEL アドインソフトである．「予測，統計，多変量解析，数量化理論，品質管理，コンジョイント分析/AHP，共分散構造分析」に分割されて販売されている．基礎統計，管理図／グラフ，基本的検定，ノンパラメトリック検定，（共）分散分析，各種の多重比較，直交配列表実験，生存時間分析，行列計算などは，EXCEL 統計に含まれている．数量化Ⅳ類は EXCEL 多変量解析でも利用できる．

（10） **エクセル統計 2006**（http://www.ssri.com/）

これも EXCEL アドインソフトである．基本統計量，基本的検定，ノンパラメトリック検定，クロス集計表の解析，多元配置の分散分析と多重比較，生存分析，時系列分析，重回帰分析，多重ロジスティック回帰分析，判別分析，主成分分析，因子分析（主因子法），数量化Ⅰ・Ⅱ・Ⅲ類，対応分析，双対尺度法，クラスター分析，項目分析（クロンバックのα係数）などを実行できる．

（11） **R**（http://www.r-project.org/）

R は統計解析とグラフィックスのために開発された言語である．R は GNU プロジェクトであるから，誰でも無償で利用できる[6]．言語体系は米国ベル研究所で開発された S 言語に類似しているので，S 言語のために開発された多くのコードを利用できる．パッケージをインストールすれば，構造方程式モデリング[7]や項目反応モデルなども利用できる．Comprehensive R Archive Network では，連日，バージョンアップされたパッケージが公開されている． 〔服部　環〕

構成法，クラスター分析，判別分析，数量化Ⅰ～Ⅳ類などを実行する関数がある．この関数を用いれば，分散分析における単純主効果の検定と多重比較を容易に実行できる．

7） フォックス氏（John Fox）が開発した sem パッケージを用いた構造方程式モデリングのスクリプトである．sem パッケージのヘルプから引用して一部を書き換えた．

```
# 潜在成長曲線モデル
M.McA <-
read.moments（names
 =c（'WISC1','WISC2',
  'WISC3','WISC4',
  'UNIT'））
［データを省略］

mod.McA <-
 specify.model（）
C -> WISC1,NA,6.07
C -> WISC2,B2,NA
C -> WISC3,B3,NA
C -> WISC4,B4,NA
UNIT -> C, Mc,NA
C <-> C,  Vc,NA,
WISC1<->WISC1,Vd,NA
WISC2<->WISC2,Vd,NA
WISC3<->WISC3,Vd,NA
WISC4<->WISC4,Vd,NA

sem.McA<-sem（mod.McA,
 M.McA,204,
 fixed.x="UNIT",raw=T）
summary（sem.McA）
```

【参考文献】

渡部　洋（編著）2002　心理統計の技法　福村出版

III - 31
質的データ

qualitative data

　心理学はかつて，科学的な学問として存在するためには，**量的分析**によって検証されることが必須であると言われてきた．筆者が大学生の頃，指導教官である臨床心理学の教授と，教育心理学の教授が「臨床心理学は科学たり得るか」について議論していた．おそらく，事例研究や心理アセスメントのひとつである投映法の理解において重視される個性記述的な方法をめぐることと思われた．臨床心理学では，その問題の代表的と考えられる事例から，普遍的な心理的援助の理論を導き出す研究が行われる．しかしそうした方法がいかにして客観的なものでありうるかについて，議論が行われてきた．そうした歴史を経て現代では，心理学の幅広い分野で**質的データ**が活用されており，またそこから重要な成果が得られている．

　マクレオッド（McLeod, J.）[1]によれば，「**質的研究**は，世界がどのように構成されているのかについての理解を深めることを第1の目的としている」という．そして，主に**心理療法**を素材としながら，質的研究の知について，「他者についての知」，「現象についての知」，そして「省察的な知」の3つをあげている．心理療法の流れやその効果について分析を重ね，有効性の検討をしていく上では，質的データが主流になる．他方で，伝統的な心理学の分析法を基盤とした発達心理学や，教育現場等の実践的な心理学などにおいても，量的データ収集を第1研究として全体の傾向を把握し，さらに第2研究として質的データで，その原因やより深層部分の様相を探求するという研究法が多用されてきているのも現代の特徴であろう．

1) McLeod, J. 2000 *Qualitative research in counselling and psychotherapy*. London: Sage Publicaiotns.〔下山晴彦（監修）谷口明子・原田杏子（訳）2007　臨床実践のための質的研究法入門　金剛出版〕

質的データの代表としては，まず**面接法**によるデータがあげられる[2]．面接法は伝統的な心理学研究法の1つであり，先に述べた心理療法で用いられる意味での**臨床的面接法**と，調査研究として用いられる**調査的面接法**に分けられる（以下，面接法は調査的面接法を指す）．調査的面接法は，質問紙調査法では得られなかったより深いレベルの情報や，歴史的な流れ，思考や心のあり方についてのプロセスなどを把握することができる．さらにその面接には，自由な内容で語ってもらう**非構造化面接**，質問内容が明確な**構造化面接**，両者を総合的に導入する**半構造化面接**などがある．そして一般的に質問紙調査法は大量のデータを一度に収集でき，目的となる資料の概観を把握することができる一方で，質問項目における作成者の意図，質問項目の設定の目的などが対象者にとっては，「時と場合」によって意識が異なるなど，収集したデータにおける誤差が生じることも避けられない．そのような短所を補う意味でも，面接法は有効とされる．調査者の質問の意図を丁寧に伝え，対象者の理解とズレがある場合はそれを訂正することも可能である．しかしながら，質問紙調査法の最大の長所である「一度に大量のデータの収集」とは反対に，長い時間と労力をかけて少しずつデータ収集をしていくことになる．

また面接とは「目的をもった対話」ともいわれ，面接者と対象者との間に「語られたこと」や対象者のノンバーバル（非言語的）な行動も分析の対象となる．先述のように教育心理学において，これらの面接法の特徴から，質問紙調査法を第1研究で行った上で，さらに対象者を募って面接を行い，研究目的の全体傾向を把握した上で，次に詳細な理由や経緯などを把握する研究手法をとることが多くなってきている．特に臨床心理学の基礎的研究や青年心理学などの領域で利用されるのは，研究手法としても伝統があり，思考やプロセスの把握などに多用されている．また，このところ特に学生の研究指導などで心がけているところは，面接が対象者にとって心が落ち着くもの，新たな自己発見につながるような工夫を施すことである．特に臨床心理学の基礎研究において，ネ

[2] 伊藤美奈子　2006　面接法　二宮克美・子安増生（編）キーワードコレクション・パーソナリティ心理学　新曜社，および本項参考文献の「青年心理学事典」中の「面接法」も併せて参照．

ガティブな体験からどのように立ち直ったのかというプロセスを尋ねたり，子育て中での虐待傾向について把握したりする際には，子育てのストレスや，虐待行動についての質問が必要となる．しかし，そのことをそのまま尋ねることは，対象者にとって苦痛なものであり，思い出したくないものである．従来は，こうしたネガティブなことがらを尋ねる際には，心の緩衝作用を施すため，終了前に快感情が喚起されるような質問をすることが試みられてきた．しかし，質問紙調査法に利用されているような逆転項目の発想を生かして，「辛い体験から立ち直るきっかけとなったサポート」をどのようにして受けたか，自分が助けられた体験を語ってもらうといった形で置き換えることが可能である．また，子育ても同様に，「子どもに対して，イライラした感情が落ち着くきっかけになったのはどのようなことがらか」といった質問から入ることで，対象者自身にとっても，ポジティブな体験を思い起こし，確認することができる．

このように面接法では，質問したい内容を直接尋ねる形をとるのであるが，もっと間接的に，そして心の深い部分の動きをも把握する手法としては，**心理検査法**の中にある**投映法**の利用がある．たとえば美山[3]，坂本・髙橋[4] で用いた心理的距離を実線上に○やシールなどで表してもらう手法や，導入語を工夫した**文章完成法**を応用した手法がある．また，**P-F study** のように略画が描かれ，人物の語りを記述するような空白の吹き出しが書かれたものに，回答者がその絵の人物としての意見等を書き込むやり方[5,6] などである．これらは心理検査として開発されたものではなく，基礎的研究に応用される投映法的手段として考案されたものである．

このような「語り」による分析を強調したものとして，**ナラティブアプローチ**（narrative approach あるいは，evidence based approach に対応させて，narrative based approach）がある．これは近年特に注目されてきている手法と言える．先にあげたマクレオッドは，**ナラティブ分析**において重要な考え方は「人々は，主にストーリーという形式で自らの体験を理解し，それを他者に伝えている」ということであると述べる．

3) 美山理香　2003　大学生の友人との心理的距離に関する基礎的研究　九州大学心理学研究 4, 27-35.

4) 坂本安・髙橋靖恵　2006　疎外感と友人関係に関する研究：心理的距離の視点から　日本青年心理学会第 14 回大会発表論文集, 48-49.

5) 國吉裕加・髙橋靖恵　2004　青年期の子どもをもつ母親の子離れに関する研究：夫婦関係認知という視点から　日本青年心理学会第 12 回大会発表抄録集, 24-25.

6) 羽江未里・髙橋靖恵　2006　青年期における罪悪感が精神的健康に与える影響：対人場面におけるとらわれと不合理さを中心として　日本青年心理学会第 14 回大会発表論文集, 32-33.

そして，この分析には2つのアプローチの発展があり，1つは，ライフ・ストーリーの分析によるアプローチであり，面接法での語りはもちろんのこと，心理検査法を用いた研究においても利用されている．もう1つは心理療法におけるクライエントの物語プロセスの理解が行われる．特に**家族療法**においては，クライエントの新しいナラティブの生成を行い，現状を変化させる手法などを含めて発展してきている．

これまで述べてきた近年注目されている質的データは，面接室及び，研究場面などで収集されるものであるが，同時に実践現場においてデータの収集を行う**フィールドワーク**も，教育現場，心理臨床の現場などで発展してきている．なおその際，研究者及び実践者がフィールドの中に入り込んでその様相を観察したり（**参与観察**），直接インタビューをしたりして収集する形をとる場合には，対象者（個人あるいは集団）と観察者，研究者，セラピストなどの間に相互作用があり，その要因も含めて分析，検討をする必要がある．

また，當眞[7]は，「現場の人とは異なる役割を担いながら，現場の人々とともに実践を形成していく過程の中に研究を織り込むことにより，従来の基礎と応用という二分法的枠組みを超えた研究と実践の関係を構築する方法として」「形成的フィールドワーク」を提案している．そして，児童養護施設での活動を実践例として，新しい試みについて論じている．

このように，現代において質的データは，さまざまな手法によって取り入れられており，幅広く利用されてきている．かつてエビデンス・ベイスド・アプローチ（evidence based approach）による「変数の理解」が科学たる所以と言われていたが，人の発達や，活動様式，活動現場での様相における個別性の理解，臨床心理学的な心の深層部分の理解などから普遍的な人間のあり方の理解をすすめる上で，収集すべき必須のデータと言えよう．　　　　　　　　　〔高橋靖恵〕

7）當眞千賀子　2004　問いに導かれて方法が生まれるとき：形成的フィールドワークという方法　臨床心理学，4 (6)，771-781.

【参考文献】
久世敏雄・齋藤耕二（監修）2000　青年心理学事典　福村出版
津川律子・遠藤裕乃　2004　初心者のための臨床心理学研究実践マニュアル　金剛出版
高橋順一・渡辺文夫・大渕憲一（編）1998　人間科学研究法ハンドブック　ナカニシヤ出版

III-32
世代とコーホート

generation and cohort

　世代 (generation) もコーホート (cohort) も一般的には「同じ時期に生まれた集団＝同時期出生集団」を指す概念だが，世間一般や世代論では世代が使われるのに対して，学術用語としては一般にコーホートが使われる．例えば，明治生まれ，1940年代生まれ（世代），昭和一桁世代のようにも言われるが，〇〇世代と言う場合，例えば，1930年代後半に生まれた焼け跡世代，戦後40年代後半に生まれた全共闘世代や第一次ベビーブーム世代・団塊の世代，50年代生まれのしらけ世代，60年代後半生まれのバブル世代，70年代生まれの（就職）氷河期世代，80年代末から90年代生まれのゆとり世代のように，当該世代の人口学的特徴や当該世代が過ごした青少年期の時代特徴を冠して表現することが多い[1]．

　焼け跡世代は，野坂昭如の用いた「焼け跡派」に由来し，狭義には第二次世界大戦中に小学校（当時は国民学校）に入学した世代，広義には戦中生まれ（戦中生まれ世代）で戦後に小学校に入学した世代を指すが，いずれにしても，幼少年期・思春期に戦禍による焼け跡や疎開・食糧難などを経験していることから言われたものである．**全共闘世代**は，1960年〜70年の安保闘争と同期間後半の**大学紛争**の時期に青年期（青春期）・学生時代を過ごした世代で，約15％が関わったとも言われる学生運動が多様なセクトを越えて全共闘に結集したことから言われるようになった[2]．他方，**第一次ベビーブーム世代・団塊の世代**は，全共闘世代と重なるが，年間出生者数260万人超（ピークは1949年の270万人弱）という人口規模の大きさゆえに言われてきたものだが，小学校入学から大学卒業，そして就職から定年退職後に至るまで，

1) いずれにしても，世代やコーホートの概念・視点が重視されるのは，同時期に出生した人たちは生涯を通じて，ライフサイクル（人生周期）の各段階において，その時々の出来事やその時代の政治・経済・文化・社会・教育などの諸特徴を程度の差はあれ共通に経験し，その影響を受けることになるからであり，したがって，各世代・コーホートが心性・価値観・規範意識・行動様式・生活態度・嗜好・政治意識や身体能力・健康状態や生活機会・雇用機会などの諸側面でどのような特徴を持っているかを把握・理解するうえでも，また，その総体としての社会（広義：政治・経済・文化・教育や医療・年金・福祉や財政・税制なども含む）のありようがどのように変化してきたか／変化していくかを考える上でも重要だからである．

2) 安保闘争世代とも

この世代の通過は教育・経済・社会のありように大きな影響を持つことになった[3]．それに対して**氷河期世代**（**就職氷河期世代**）は，**バブル経済崩壊**後の厳しい就職難の時期（有効求人倍率は1993年0.76，最悪の1999年0.48, 2003年0.64）に就職することになった世代である[4]．**ゆとり世代**は，1992年の**学校週5日制**導入以降の「ゆとり教育」（80年実施の学習指導要領の時から始まった）を受けた世代で，**ゆとり教育世代**とも言われる[5]．以上のほかにも，例えば**ビートルズ世代**のように有名人の名前を冠して言われることもある．（なお，世代は，人間集団だけでなく，例えば第1世代，第2世代や，次世代ネットワーク・システム，第3世代携帯電話——国際電話通信連合ITUの規格に準拠したデジタル方式の携帯電話——のように，他の生物や各種のシステム・機械・器具などにも用いられる．）

以上のように，出生時期は同時期に生まれた人たちの人生（の重要な時期）に特有の影響を及ぼし，その影響がその後も持続する傾向にあるがゆえに，世代（出生コーホート）の概念・視点が重視されるのである．しかし，以上のような世代論概要からも示唆されるように，世代名称もその特徴も出生時期ではなく，特定の経験を共有した時期（時代）の特徴と影響によって付与され論じられる傾向があるだけに，曖昧さがある．その曖昧さを回避するためもあって用いられるようになったのがコーホートである．

コーホートは，古くは古代ローマの軍団（一団の兵士・歩兵）を指して使われていたが，1940年代以降，人口統計学・衛生学・生物学・発達心理学・社会学・政治学の分野で導入され，**コーホート研究**（cohort studies），**コーホート分析**（cohort analysis）が行われるようになって以来，世代に代わる学術用語として広く使われるようになった．基本的には（特に特記しない場合は）**出生コーホート**（同時期出生集団）を指すが，例えば結婚や出産の年齢は人によって多様で，かつ，結婚式・披露宴・新婚旅行や育児の仕方（母乳かミルクかなど）はその時期の流行や医学的助言等に左右される面があり，その仕方がその後の考え方や子育ての仕方に多少な

言われ，団塊の世代と重なる．それに対して**しらけ世代**は，高度経済成長期に少年時代を過ごし1970年代に成人に達した世代だが，72年のあさま山荘事件以降，学生運動が急速に減衰し，政治運動に無関心なノンポリ（nonpolitical）学生が増加し，無力感が漂い，三無主義（無気力・無関心・無感動）の若者，個人生活優先の若者，「しらける」を連発する若者が増えたことから言われるようになった．

3) たとえば教育分野ではこの世代が入学年齢に達すると学校・大学の大規模な新増設が起こり（教育拡大の時代），進学競争・受験競争が激化することにもなり，経済分野では国内消費市場も拡大するから高度経済成長と企業・雇用市場の拡大が起こり，定年退職期になると景気が悪くなければ大量の新規採用が起こることになり，年金受給者も急増するから財政悪化や国民負担率の上昇が起こると予想される．さらに，この世代が出産期に達した1970年代前半には再び出生者数が増加し，第二次ベビーブーム世代・団塊ジュニア世代が出現することにもなった．バブル世代は，1980年代後半か

りとも影響する面もあるから,「同時期・同種経験共有集団」という意味で,結婚コーホートや第一子出産コーホートといった用法・捉え方も行われる.(なお,医学等では,数次の(臨床)実験や試薬・条件を変えての実験を行う場合,第1コーホート,第2コーホートや,試薬名・条件名を冠した〇〇コーホートといった使い方も一般化している.)

　コーホート研究・コーホート分析は,以上のような同時期出生集団(ないし同時期・同種経験共有集団)としてのコーホートの重要性を踏まえ,その要素・視点を重視した研究・分析の総称である.それに対してコーホート分析法は,コーホート研究で用いられる分析方法の一つだが,各コーホートの諸特徴を考察するに際して,時代,年齢,コーホートの3つの要素・概念を区別し,それぞれの影響(効果)を**時代効果,年齢効果(加齢効果)**,**コーホート効果**として,統計学的に識別・分析する方法である.例えば20歳～69歳の年齢層の人びとを対象にして1960年～2000年まで10年毎に行われた世論調査のデータがあるとして,その調査項目について単純集計結果を年齢層別(出生コーホート別)に示すと,その構造は表32-1のようになる.このタイプの表を標準コーホート表と言うが,表より明らかなように,この表には年齢と時代とコーホートという3つの要素が含まれている.各行は,ともすれば調査時点間の違い(経時変化＝時代効果)として見られ,各列は年齢層による違い(加齢効果)として見られがちだが,そこにはコーホートの違い(1～9の数字,コーホート効果)も混じっている.他方,左上から右下への各コーホートの経時変化には時代の変化(時代効果)と年齢による違い(加齢効果)が混在している.これら混在する3つの要素の影響を表1のような2次元データから分離・識別することは,情報量が不足しているため原理的に不可能である.この**識別問題**(identification problem)を克服し分析しようとするのがコーホート分析法であるが,その方法としては,①副次的情報(事前情報)や理論的仮説などに基づいて特定の年齢変化曲線を想定するか(従属変数が間隔尺度の場合),二つ以上のカテゴリー(年齢層,時点,コーホート)

ら90年代初めにかけてのバブル経済(bubble economy)の時期に就職した世代で,バブル期就職世代,バブル期入社世代とも言うが,就職状況は比較的よかったものの,それ以上にバブル期の消費文化やイベント系サークルが急増したキャンパス・カルチャーを担いエンジョイした点などに特徴があるとも言える.

4) 経済が約10年にわたって不況・停滞に陥ったことから言われるようになった「失われた10年 lost decade」に就職期を迎えたことから失われた世代(Lost Generation)とも言われる.企業の新規採用抑制により就職できなかっただけでなく,その後も企業の人件費節減戦略や労働者派遣法(1985年制定,86年7月施行)の96年以降の相継ぐ対象業種・職種の拡大や派遣受入期間の延長なども相俟って急増してきた低賃金・短期契約の不安定な非正規雇用を強いられることになったが,この非正規雇用の増大は,2000年代半ば以降,ニート(NEET:not in education, employment and trainingの略でイギリス発)とともに重大な社会問題・政策課題になった.

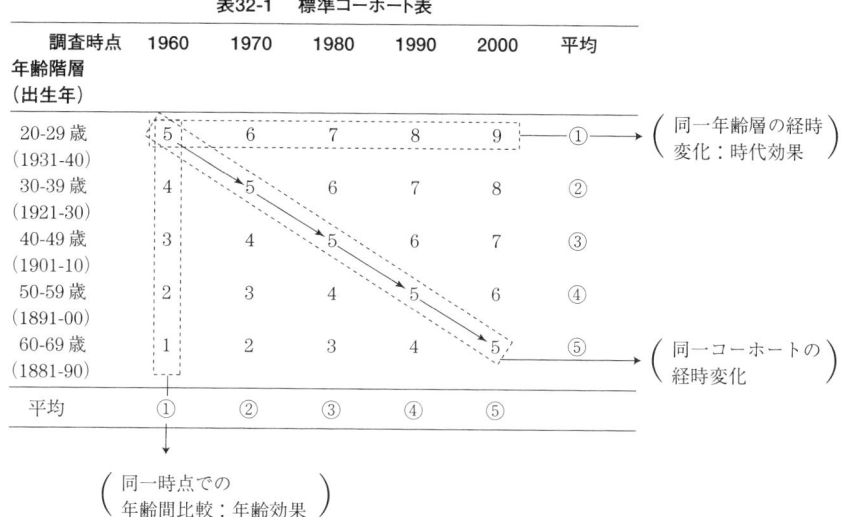

表32-1　標準コーホート表

調査時点 年齢階層 (出生年)	1960	1970	1980	1990	2000	平均
20-29歳 (1931-40)	5	6	7	8	9	①
30-39歳 (1921-30)	4	5	6	7	8	②
40-49歳 (1901-10)	3	4	5	6	7	③
50-59歳 (1891-00)	2	3	4	5	6	④
60-69歳 (1881-90)	1	2	3	4	5	⑤
平均	①	②	③	④	⑤	

①　同一年齢層の経時変化：時代効果
同一コーホートの経時変化
同一時点での年齢間比較：年齢効果

の効果が等しいという条件を付加することによって分析モデルを識別可能にする方法，② 理論的仮定に基づく何らかの統計学的規準を付加する方法（例えば中村隆が提起した方法），③ 3つの要素のそれぞれについて純粋効果があると仮定した場合との比較などを含めて副次的情報や理論的仮説も考慮しつつコーホート表を丹念に検討する方法に大別されるが，どの方法も決定的に問題を解決しているわけではない．

なお，表32-1のような複数時点の調査（**縦断的／時系列調査**）ではなく，単発の調査（**横断的調査**）に基づく場合でも年齢層（出生コーホート）を独立変数として分析することも多い（例えば年齢層別のクロス集計表の分析や年齢層をダミー変数として投入した重回帰分析など）．この場合も一般にコーホート分析と呼ばれているが，コーホート別分析と呼ぶこともある．　　　　　　　　　　　〔藤田英典〕

5)「分数のできない大学生」などと言われ，90年代後半からの「学力低下」論争と2002年からの学力重視政策への転換の引き金となり，さらには07年からの全国学力テストの実施，08年の学習指導要領改定（教育内容・授業時間の大幅増や小学校での英語活動導入を特徴とする）の背景ともなった．

【参考文献】
N.D.グレン　藤田英典（訳）1984　人間科学の統計学10　コーホート分析法　朝倉書店（及び同書「解説」）
中村隆　1982　ベイズ型コーホート・モデル：標準コーホート表への適用　統計数理研究所彙報　29 (2), pp.77-96.

Ⅲ-33
フォローアップ研究

follow-up study

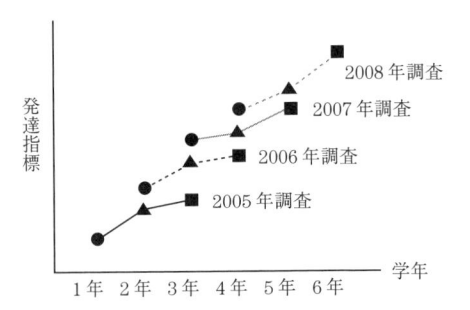

図33-1　横断的研究と縦断的研究

4本の折れ線グラフは，横断的データ．●▲■は，それぞれ実際の集団を示す縦断的データ．

フォローアップ研究とは

　フォローアップ研究の本来の意味は，特定のターゲット集団について，たとえば教育，指導，治療などの「プログラム」を実施し，その効果がプログラムの終了以後にどう変化するかを月単位，年単位で追跡し調査することを言う．広義には，特定のプログラムを前提とはせず，あるターゲット集団の発達的変化を長期間にわたって調査する研究をフォローアップ研究と言う．また，ターゲット集団の成り立ちが，ある一定の期間に出生した集団であったり，同一の社会事象を共通して経験した集団であったりする場合には，**コーホート**（cohort）[1]と呼ばれることがある．

　発達研究の方法には，年齢ごとに異なる集団を調査対象とし，その発達的特徴を明らかにして発達的変化や発達のメカニズムを明らかにしようとする**横断的研究**（cross-sectional study）と，ある個人や集団を長期にわたって追跡した実際の発達的変化を調べる**縦断的研究**（longitudinal study）がある．フォローアップ研究は，縦断的研究そのものである．

　図33-1は，3つのターゲット集団（●，▲，■）のある発達的指標の変化を4年間（2005年～2008年）にわたって調べた仮想的データの模式図である．各年の調査結果を4本の折れ線グラフで表した部分が横断的データ，同じターゲット集団（たとえば図33-1の●に着目）の発達データを4年分つなげて考えたものが縦断的データになる．フォローアップ研究は，その基本形は縦断的研究であるが，この図のように横断的研究の要素を加味したものが最も理想的な姿である．

1) この語は，1940年代以降に人口統計学などの分野で「一定の時期に人生における同一の重大な出来事を体験した人々」の意味で用いられるようになり，医学，生物学，心理学，社会学，政治学などさまざまの分野で用いられている．
「Ⅲ-32　世代とコーホート」参照．

しかし，横断的要素が加わるとその分調査費がかさむので，現実のフォローアップ研究は，単一のターゲット集団のみを追跡する縦断的研究として行われるものが多い．

因果分析モデル

心理学の分野では，**共分散構造分析**（covariance structure analysis）あるいは**構造方程式モデリング**（structural equation modeling; SEM）と呼ばれる多変量解析的統計技法を用いた研究が近年増加しているが[2]，それに基づいて描かれたパス図において注意すべきことは，矢印を用いて表されたそのような図が事象間の因果性を示しているという誤解をしないことである．同時に観察された2つの事象の間に高い相関があったとしても，一方が他方の原因であると決めつけられない場合が多い．

架空の話だが，国際学力比較調査のデータを用いて，国民のティッシュペーパーの年間平均使用量とその国の平均学力水準の間に高い相関を見出したとしても，その意味は，ティッシュペーパーをたくさん使えば学力が上がることでもなければ，学力の高い者がたくさんティッシュペーパーを使うことでもない．ティッシュペーパーの使用量は国民の経済的豊かさの指標の1つにすぎないのであって，豊かな国は高い水準の教育を用意できるから，国民の平均学力水準が向上するということである．

これに対して，時間差のある2つの事象の場合には因果関係の判断がつけやすくなる．後に起こったことが先に起こったことの原因にはなり得ないからである．フォローアップ研究は，同じ集団について時間差のある2つ以上のデータを用いて**交差遅延効果モデル**（cross-lagged effects model）などの分析が可能になることが最も重要な点である[3]．

ターマンの追跡研究

フォローアップ研究の歴史を振り返ると，アメリカの知能心理学の大家**ターマン**（Terman, L. M.:1877-1956）の研究が最も初期のものに属する．ターマンは，スタンフォード＝ビネー検査を標準化し，世界で初めて知能指数（IQ）を実用化したことで知られるが，後半生は知的優秀者の追跡研究

2)「Ⅲ-27 多変量解析」を参照．

3) 理想的には，図33-1のように，3時点以上で観測されたデータを用いて分析することが望ましいとされる．下記文献参照．
岡林秀樹 2006 発達研究における問題点と縦断データの解析方法 パーソナリティ研究, 15, 76-86.

を行った．1921年頃からターマンは，サンフランシスコ，ロサンゼルスなどの都市で，知能指数が135以上の高知能者1,528人（男性856人，女性672人；3歳〜28歳）の家族の同意を得て，フォローアップ研究を始めた．調査対象者は，やがてターマンズ・ターマイツ（Terman's termites）と呼ばれるようになった[4]．

この追跡研究の対象者は「白人，都市住民，中産階級家庭」に偏っているだけでなく，そもそもサンプリングが無作為でなく，しかもターマン自身が対象者に手紙を送ったり就職の紹介状を書いたりするなどの介入的活動を行ったので，フォローアップ研究の実施基準からはかなり逸脱している．しかし，学術的に貴重なターゲット集団であることは間違いなく，この草分け的なフォローアップ研究は，ターマンの死後現在に至るまで，スタンフォード大学心理学部で続けられている[5]．

世界のフォローアップ研究

大規模な国家予算と大勢の研究者が投入される科学の分野をビッグ・サイエンスと言う．心理学の関連分野では，脳科学（ブレイン・サイエンス）がよく知られているが，実はフォローアップ研究も世界的にはすでにビッグ・サイエンスであることは，わが国ではあまり知られていない[6]．

たとえば，カナダでは，1994年に開始された22,831人の子どもたち（1983年〜1994年生まれ，10のコーホート集団）を2年に一度調査するカナダ青少年縦断研究（National Longitudinal Study of Children and Youth），および，1998年に開始された約2,000人の子どもたちを対象とするケベック州児童発達縦断研究（Québec Longitudinal Study of Child Development）という2つのフォローアップ研究が行われている．

イギリスではミレニアム・イヤーとして祝われた2000年にスタートし，全英398か所，18,818人の子どもたちを生後9ヵ月時，3歳時，5歳時，7歳時と追跡していく英国ミレニアム・コーホート研究（UK Millennium Cohort Study）がロンドン大学教育研究所の縦断研究センターを中心に実施されている．

オーストラリアでも，2003年にオーストラリア児童縦断

4）「ターマイツ」はシロアリの意味だが，「ターマン」と頭韻を踏んでいる．

5）ターマイツの中に，たとえば心臓疾患とコレステロールの研究で知られるアンセル・キーズ（Keys, A.: 1904-2004）や『ケイン号の叛乱』などを撮った映画監督のエドワード・ドミトリク（Dmytryk, E.: 1908-1999）ら著名人がいることが後に明らかになった．詳しくは，スタンフォード大学同窓会ニュース掲載の記事参照．
http://www.stanfordalumni.org/news/magazine/2000/julaug/articles/terman.html

6）2006年7月にオーストラリア・メルボルンで開催された国際行動発達研究学会（ISSBD）のプレカンファレンスにおいて，英・米・加・豪など世界の主要なフォローアップ研究グループが集い，研究成果の報告を行った．この項の記述は，その資料に基づく．

研究 (Longitudinal Study of Australian Children) のためのデータ収集が開始され，約 5,000 人の 1 歳以下の子どもと，もう約 5,000 人の 4〜5 歳児を 7 年間にわたって隔年に調査する研究が継続して行われている．

これらのフォローアップ研究は，家族関係，家計の経済的条件，保育などの社会的条件が子どもたちの健康と発達に及ぼす影響を調査し，新たな政策展開に必要な基礎資料を得ようとする国家プロジェクトに位置づけられている点が共通している．

"子どもに良い放送" プロジェクト

最後に，わが国のフォローアップ研究の例をあげる．NHK 放送文化研究所は，2002 年から 12 年計画で "子どもに良い放送" プロジェクトを開始した[7]．プロジェクトには，発達心理学者，小児科医，社会心理学者，文化人類学者，放送メディアの専門家などが調査メンバーとして加わっている．2002 年 2 月から 7 月までに神奈川県川崎市で誕生した乳児約 6,000 人から層化無作為抽出した約 1,600 人のうち，研究参加の同意が得られた 1,368 世帯の子どもたちがプロジェクトに登録された．調査開始時点での対象児の平均年齢は 7.5 ヵ月であった．調査は 12 年間，原則として毎年 1 月に郵送調査で行われている．

調査内容は，対象児の年齢に応じて毎年修正されるが，
① 映像メディア視聴日誌：映像メディア（テレビ・ビデオ・テレビゲーム）に対する乳児の接触時間および接触内容について 1 日 24 時間の日誌方式で養育者に記録してもらったもの，
② 家族の生活，子どもの発達，メディア接触に関する質問紙：主たる 2 人の養育者（多くは父母）が回答する項目，
③ 子どもの描画：2〜5 歳時点における対象児が描いた描画（特に人物画），

などの項目を軸に研究が実施されている． 〔子安増生〕

7) 本項目の執筆者も調査メンバーとして参加している．NHK 放送文化研究所 "子どもに良い放送" プロジェクトのホームページは下記にあり，年次報告書が公開されている．
http://www.nhk.or.jp/bunken/research/bangumi/kodomo/list_kodomo1.html

【参考文献】
岡林秀樹　2006　発達研究における問題点と縦断データの解析方法　パーソナリティ研究, 15, 76-86.

IV 教育相談・生徒指導

IV-34
学校生活での苦戦

difficulties in school life

学校生活で苦戦する子どもたち

　子どもは,「勉強できるようになりたい」「友達とうまくやりたい」「将来何になりたいのか考えたい」「毎日自分なりに元気に過ごしたい」と願っている.しかし,その願いはいつも叶うわけではなく,学校生活で苦戦することが多い.多くの子どもが,学校生活の学習面,心理・社会面,進路面,健康面などにおいて,苦戦しているようだ.子どもの苦戦の著しい状態は,学力不振,いじめ・いじめられ,非行などとして現れ,不登校の子どもも減少していない.そして学校生活の苦戦の要因として,**LD**(学習障害)[1],**ADHD**(注意欠陥多動性障害)[2],高機能自閉症等の発達障害や家庭での葛藤が注目されている.そして教育相談・生徒指導,特別支援教育,学校保健,個に応じた学習指導などの**心理教育的援助サービス**は,子どもの学校生活における問題状況の解決を援助し,子どもの成長を促進することをめざす.

　これまで子どもの学校生活での問題については,**不適応**という用語がよく使われてきた.「適応」は,個人と環境の相互作用が個人の生活や人生にとって促進的に機能している状況を指す.そして「不適応」は,個人と環境の相互作用のうまくいっていない状況を指す.しかし現実には「不適応児童生徒」という用語が示すように,環境に適応するかどうかは子どもの問題であり,不適応を起こす児童生徒は学校教育にとって「困った存在」であるというとらえ方がある.その結果,子どもの問題を把握し,子どもを変えることに焦点が当たり,本来適応が意味する子どもと環境の相互作用が見落とされるのである.そこで,子どもと環境の相互作用を示す用

---

[1] LD(学習障害): 「学習障害とは,基本的には,全般的な知的発達の遅れはないが,聞く,話す,読む,書く,計算する又は推論する能力のうち特定のものの習得と使用に著しい困難を示す様々な症状を指すもの」と定義されている(学習障害及びこれに類似する学習上の困難を有する児童生徒の指導方法に関する調査研究協力者会議,1999).LDのある子どもは学習活動で苦戦することが多く,不登校の1つの要因にもなっている.

[2] ADHD(注意欠陥多動性障害):年齢あるいは発達に不釣り合いな注意力,及び/又は衝動性,多動性を特徴とする行動の障害で,社会的な活動や学業の機能に支障をきたすもの」と定義されている(特別支援教育のあり方に関する調査研究協力者会議,2003)

語として，**適合**という用語を用いることがある．また，子どもが学校生活で援助を必要としているという考え方で，不登校や非行などの問題にきちんと対応するために，学校心理学では**子どもの苦戦**という用語が提唱されている．また特別支援教育では，**児童生徒の困り感や困難**ととらえられている．

学校生活での苦戦を理解する視点

学校生活での苦戦を理解する視点として，田上不二夫の折り合い論[3]と近藤邦夫のマッチング論[4]が大変参考になる．

田上は行動論の立場から「折り合い」という概念を提供している．田上は子どもと場の折り合いのポイントとして，子どもが ① 楽しい時間を過ごしているか，② 人間関係をもっているか，③ 自分にとって意味のある行動ができているかに焦点を当てる．子どもが学校生活で折り合えるよう，学校生活において緊張感が高すぎないような「居心地のよい学級集団」づくりや子どもの活動の意味づけの援助（例：キャリア教育）などが求められる．そして不登校の子どもの援助において，子どもの学級での折り合い，学級以外の学校施設での折り合い，学校外の施設での折り合い，家庭での折り合いに注目し，援助案を考える．

また近藤は，子どもの学習スタイルと教師の教授スタイル，子どもの行動スタイルと学級や学校での要請行動の「マッチング」という概念を提供している．学習スタイルの例としては，① 言語型（言葉のやりとりで学習）－操作型（物を操作して学習），② 聴覚型－視覚型，③継次処理－同時処理[5]などがある[6]．行動スタイルには，友達とのつき合い方，休み時間の過ごし方，ストレス対処の方法，援助を求める方法などがある．子どもの学習スタイル・行動スタイルと環境が求める行動のマッチングがよいか，マッチングのズレが少ないときは，子どもの発達を促進するが，ズレが大きすぎるときは発達を妨害する．

不登校，いじめ，非行

子どもの学校生活の苦戦のあらわれとして，不登校，いじめ，非行などがある．不登校，いじめ，非行について述べるとともに，三段階の心理教育的援助サービス[7]の視点から

3) 田上不二夫　1999　実践スクール・カウンセリング：学級担任ができる不登校児童・生徒への援助　金子書房

4) 近藤邦夫　1994　教師と子どもの関係づくり：学校の臨床心理学　東京大学出版会

5) 継次処理は，情報を1つずつ順番に処理すること．同時処理は，情報を全体的にまとめて処理すること．

6) 石隈利紀・田村節子　2003　石隈・田村式援助シートによるチーム援助入門：学校心理学・実践編　図書文化社

7) 三段階の心理教育的援助サービス：学校心理学における心理教育的援助サービスのモデル．子どもへの心理教育的援助サービスを，すべての子どもへの一次的援助サービス，苦戦している子どもへの二次的援助サービス，特別な教育ニーズの大きい子どもへの三次的援助サービスの三段階で整理している．

子どもの苦戦への援助について紹介する．

不登校とは，学校に行けない，あるいは行かない状況を指す．子どもと学校の折り合いが悪い状況と言える．文部科学省では，「病気や経済的などの特別の理由がなく年間30日以上学校を休んでいる児童生徒」を「不登校児童生徒」と呼んでいる．不登校の要因は，「友人関係の問題」「教師との関係の問題」「新しい環境への移行の問題」「学習生活や規則に合わせる困難」「学校でのトラブル」「登校に意味がない」「がんばりすぎて燃え尽き」など多様である[3]．すべての子どもを対象とする一次的援助サービスとしては，わかりやすい授業づくり，居心地のよい学級づくりなどがある．登校しぶりに対する二次的援助サービスとしては，学校で苦戦している要因の理解，学級や学校への折り合いでの援助，学校でのストレスの軽減などがある．また長期の不登校などに対する三次的援助サービスとしては，生活そのものの充実や成長に焦点を当て，生活リズムつくり，楽しい時間の拡大，そして保護者へのサポートなどがある．学校生活の大部分を保健室で過ごす「保健室登校」は，三次的援助サービスを含む．子どもの学校生活についての個別の指導計画を立て，学校全体で援助を行うことが重要である．その中で，長期（1年間）短期（学期ごと）の教育目標を立て，保健室でできること，学級担任の役割，他の教師の役割などを明確にする．「別室登校」についても，「保健室登校」と同様なことが言える．

いじめとは，「優位に立つ一方が，意識的に，あるいは集合的に，他方に対して精神的・身体的苦痛をあたえること」と定義される[8]．いじめの問題の背景に，子どもの人間関係の希薄さやソーシャルスキルの低下が指摘されている．また現代のいじめの特徴として，① いじめ集団という形態でなされ，② 一過性でなく長期に執拗に続く，③ インターネットやメールが使われるなどがあげられる．いじめられた子どもが自殺にまで追いやられるような重大な問題になることもある．いじめが起きたときは，いじめの被害者の気持ちを理解しいじめ被害から守る，いじめの「加害者」の指導・援助をタイムリーに行うという三次的援助サービスが必要とな

8）森田洋司・清水賢二　1994　新訂版いじめ：教室の病い　金子書房

る．そして同時に，いじめの抑止と，助長する周りの子ども（「観衆」と「傍観者」）への対応が重要である[8]．そして「いじめは人間として許されない行為である」という認識に基づいたいじめ対策が鍵となる．具体的には，子ども同士が支えあう力を高めるピア・サポートプログラム，「対等な関係」をもてるような学級経営などの一次的援助サービス，そして人間関係で劣位になりやすい子ども（例：アスペルガー症候群の子ども）や劣位になっている子どもへのいじめを予防する積極的な二次的援助サービスが求められる．

非行とは，社会規範から逸脱する行為のことである．少年法上の「非行」には，14歳以上20歳未満の少年による犯罪行為，14歳未満の少年による触法行為，そして20歳未満の少年による虞犯行為（犯罪や触法にいたるおそれの高い行為状態）の3種類がある．重大少年事件に関する調査（家庭裁判所）では，重大な事件の背景には，家庭での問題（例：児童虐待），学校での問題，社会での問題が重なっていることが指摘されている[9]．つまり，家庭でも，学校でも，社会でも受け止められなかった，子どもの怒りや不満が増幅して事件としてあらわれている可能性がある．一方，非行の基盤には「外罰的で内省に乏しい少年に対して，学校でも家庭でもうまくいかない理由は自分にもあると気づかせ，悩みを抱えさせるまでに成長をはかる」ことが重要だという指摘がある[10]．いずれにせよ非行に関する教育の果たす役割は大きい．**國分・押切**[11]は，非行への対応として，すべての子どもを対象とする一次的対応としての非行予防教育（例：ホームルーム・道徳・総合学習などでの構成的グループ・エンカウンター），気になる子どもへの二次的対応（粗野な行動や生活時間の乱れ，不良グループへの接近など非行化のサインへの対応），そして非行を繰り返す子どもへの三次的対応をあげている[12]．

不登校，いじめ，非行など，それぞれに対策をするのではなく，子どもの学校生活における問題状況の解決と子どもの成長をめざす三段階の援助サービスが必要である．〔石隈利紀〕

9) 家庭裁判所調査官研修所（監修）2001 重大少年事件の実証的研究 司法協会

10) 生島浩 1993 非行少年への対応と援助：非行臨床実践ガイド 金剛出版

11) 國分康孝（監修）押切久遠 2001 クラスでできる非行予防エクササイズ 図書文化社

12) **発達障害**が，非行の要因になっていることがある．子どもの学習面や行動面での特徴に合わせた援助が求められている．

【参考文献】
石隈利紀 2007 学校カウンセリング 2007年度版最新教育基本用語 小学館 pp.338-353.

Ⅳ-35 学校心理士

certified school psychologist

「学校心理士」とは何か

学校心理士は，**心理教育的援助サービス**の専門家であることを認定する資格である．具体的には，学校心理士資格を持つ者は，生徒指導・教育相談担当の教師，特別支援教育担当の教師，養護教諭，スクールカウンセラーなどとして活動している．

学校心理士は，心理教育的援助サービスの専門家である．心理教育的援助サービスとは，次のように定義される[1]．

「心理教育的援助サービスとは，一人ひとりの子どもが学習面，心理・社会面，進路面，健康面などにおける課題への取り組みの過程で出会う問題状況の解決を援助し，子どもが成長することを促進する教育活動である．心理教育的援助サービスは，教師，スクールカウンセラー，保護者らが連携して行われ，すべての子どもを対象とする活動から，特別な援助ニーズをもつ子どもを対象とする活動までが含まれる．」

そして，学校心理士の主な活動は，心理教育的アセスメント，コンサルテーションおよびコーディネーション，そして子どもへの直接的な援助である．

(1) **心理教育的アセスメント** 一人ひとりの子ども，子どもを取り巻く環境，子どもと環境の折り合いに焦点を当てて，情報を収集し，意味づけることにより，子どもへの援助に関する意思決定（例：個別の指導計画作成）の基盤となる資料作成を行う．特に，援助チームによるアセスメントの計画や結果のまとめ，専門的なアセスメント（例：WISC-ⅢやK-ABCの実施）などを行う．

(2) **コンサルテーションおよびコーディネーション** 苦戦する子ども[2]を援助する学級担任や保護者に対して，子ども

1) 石隈利紀 1999 学校心理学：教師・スクールカウンセラー・保護者のチームによる心理教育的援助サービス 誠信書房

2)「Ⅳ-34 学校生活での苦戦」参照．

の理解や援助を促進するための援助（コンサルテーション）を行う．管理職に対して，学校組織が子どもを援助するよう，より促進的に機能するよう，コンサルテーションを行うこともある．また子どもを援助する援助者がチームとなって，子どもに関する情報を共有し，援助方針を立て，さまざまな援助をまとめる調整・促進（コーディネーション）を行う．

(3) **子どもへの直接的な援助**　カウンセリング，保健室での相談活動，学習指導，キャリアガイダンスなど，子どもに対する直接的な援助活動である．個別に行うことも，学級など集団を対象とすることもある．

学校心理士資格をもつ教師やスクールカウンセラーは，学級担任などの教師，保護者，医療や福祉の専門家などとチームで，専門的な心理教育的援助サービスを行う．

心理教育的援助サービスと学校心理学

学校心理学は心理教育的援助サービスの理論と実践の体系であり，学校心理士の活動の基盤となる．学校心理学は，従来「生徒指導・教育相談」，「特別支援教育」，「学校保健」，「学習支援」と呼ばれている活動の共通の枠組みを提供する．子どもの苦戦に応じる援助サービスを検討し，学校生活の質の向上をめざす．

学校心理学の学問体系は，① 子どもの学習，発達，および行動や人格に関する心理学・行動科学の理論と方法（例：，教授・学習心理学，発達心理学，臨床心理学），② 子ども，教師，保護者，学校組織に対する心理教育的援助サービスの理論と技法（例：心理教育的アセスメント，コンサルテーション，コーディネーション，カウンセリング），③ 学校教育に関する理論と方法（例：生徒指導，キャリア教育，特別支援教育，学校・学級経営）の3つの柱が中心となっている．学校心理学は，心理学と学校教育の双方の知見を融合しようとするものである．

学校心理学は，援助活動と関連する教育心理学，臨床心理学，カウンセリング心理学と共通するところが多い．この3つの領域との主な違いについて簡単に述べる[3]．

① 教育心理学は教育活動全般を扱うが，学校心理学は教

3）石隈利紀　2004　学校心理学とその動向：心理教育的援助サービスの実践と理論の体系をめざして　心理学評論, 47, 332-347.

育活動の援助的側面に焦点を当てる．
② 臨床心理学は個人の内的世界に主な焦点を当てるが，学校心理学は学校生活という現実世界に焦点を当てる．
③ カウンセリング心理学ではカウンセラーによるクライエントへの面接を中核的な活動とするが，学校心理学では子どもを援助する者のチームの活動を重視する．

学校心理学が提供する心理教育的援助サービスのモデルの1つに，三段階の心理教育的援助サービスがある．心理教育的援助サービスは，子どもの援助ニーズの程度により，一次的援助サービス，二次的援助サービス，三次的援助サービスの3段階で整理される．

① 一次的援助サービス（すべての子どもに対する援助サービス）：たとえば「わかりやすい授業づくり」「居心地のよい学級づくり」（環境面）そして子どもの学習スキルや社会的スキルなどの促進（個人面）である．
② 二次的援助サービス（苦戦している子どもに対する援助サービス）：二次的援助サービスでは，子どもの苦戦のSOSに応じて，タイムリーに対応する．
③ 三次的援助サービス（特別な援助ニーズのある子どもへの援助サービス）：三次的援助サービスでは，不登校やいじめの問題，発達障害による困難に関して，個別の指導計画に基づき援助を行う．

学校心理士の資格認定と更新

学校心理士は，学会連合資格「学校心理士」認定運営機構により認定されている[4]．2009年1月現在，学校心理士・学校心理士補[5]の数は，約3700名である．学校心理士の申請条件には，5つの類型がある．

類型1：大学院での学校心理学に関する所定の領域の単位[6]を習得し，心理教育的援助サービスの専門的実務経験[7]が1年以上ある者．
類型2：幼稚園，小・中・高等学校，特別支援学校等の教諭または養護教諭として教育活動に従事するとともに，心理教育的援助サービスの専門的実務経験が5年以上あ

[4] 学会連合資格「学校心理士」認定運営機構：日本教育心理学会，日本特殊教育学会，日本発達障害学会，日本発達心理学会，日本LD学会の5つの構成学会ならびに日本学校心理学会，日本応用教育心理学会，日本生徒指導学会，日本学校カウンセリング学会の4つの連携学会が連合した組織．学校心理士の資格認定や更新および日本学校心理士会の運営を行っている．

[5] 学校心理士補：大学院で学校心理学関連の7科目を習得している等の条件を満たしているが，専門的実務経験が1年未満である者は，学校心理士補として認められる．

[6]「学校心理学」に関する7つの領域：教育心理学，発達心理学，臨床心理学，障害児の教育と心理，生徒指導・進路指導，教育評価・心理検査（実習を含む），学校カウンセリング（実習を含む）．類型1で申請するためには，それぞれの領域で2単位以上の修得が求められる．

[7] 学校心理学に関する専門的実務経験：児童生徒，あるいは幼児の学校生活や園生活における心理的・教育的問題に関して，学校心

る者．

類型3：教育委員会，教育研究所・教育センター，教育相談所，あるいは児童相談所・児童センターなどの専門機関で教育相談などの専門職として，その仕事に従事している者．大学院修士課程での修学の程度により，専門的実務経験が2年あるいは5年以上必要．

類型4：大学（短期大学を含む），大学院で，学校心理学関連の授業科目を担当または実習指導しており（専門的実務経験），かつ学校心理学に関する十分な研究業績（5編以上）がある者．専門的実務経験の必要年数は，類型3に準ずる．

類型5：外国の大学院などにおいて，学校心理学の専門教育を受け，スクールサイコロジスト，スクールカウンセラーなどの資格を有する者，またはそれと同等以上の資質と能力を有する者．

理学の視点に立った専門的な心理教育的援助活動を常勤・非常勤を問わず，学校の教員や相談員（スクールカウンセラー等）として経験すること．

学校心理士の資格審査は毎年1回実施され，申請期間は通常4月から6月である．審査は，① 類型の条件（大学院での修学，専門的実務経験）に関する書類および推薦状などについての書類の審査，② スーパービジョンを得て行った実践ケースのレポートの審査，および ③ 筆記試験で行われる．なお学校心理士は，5年ごとに更新の審査が行われる．更新の際には，5年間に，研修会への参加，スーパービジョン，研究発表等を通して，学校心理士の資質を維持向上させていることを示すよう求められる．

学校心理士資格をもつ教員は，教育相談・生徒指導担当，進路指導担当，特別支援教育コーディネーターとして，子どもの学校生活の向上に貢献している．また教育センターの相談員やスクールカウンセラーとして，学校を支援している．学校心理士は，教育関連の職業における「ゆるやかな分業化」の中で，期待される資格と言える． 〔石隈利紀〕

【参考文献】

石隈利紀 1999 学校心理学：教師・スクールカウンセラー・保護者のチームによる心理教育的援助サービス 誠信書房

学校心理士資格認定委員会（編）2006 学校心理学ガイドブック 風間書房

IV-36 スクールカウンセラー

school counselor

スクールカウンセラーとは誰か

スクールカウンセラーは，学校カウンセリングの専門家として，週に4時間から8時間学校に派遣される非常勤職員である（スクールカウンセラーの活用形態は多様である）．スクールカウンセラーは，児童生徒のカウンセリングおよび教師や保護者等への助言・援助などを行う．

文部省（現在の文部科学省）が，平成7年度，児童生徒の不登校やいじめ等の問題の対応にあたって，学校におけるカウンセリング機能の充実をはかるために，「スクールカウンセラー活用調査研究委託事業」を始めたのがきっかけとなり，都道府県や市町村でスクールカウンセラーの活用が行われるようになった．文科省の事業は，調査研究委託事業としては平成7年度から12年度まで行われ，平成13年度からは「スクールカウンセラー活用事業補助」として継続されている．平成19年度における当事業補助によるスクールカウンセラー配置校は約1万校である．

スクールカウンセラーの活用という教師以外の専門家との連携とともに，**特別支援教育コーディネーター**など学校における教師の仕事の「ゆるやかな分業化」も進んでいる．学校教育に関連する資格として，臨床心理士[1]，学校心理士[2]，教育カウンセラー[3]，臨床発達心理士[4]，特別支援教育士[5]などが注目されている．これらの用語について，職業，役割，資格の視点から整理したい．「スクールカウンセラー」は，「教諭」と同様に職業である．そして「特別支援教育コーディネーター」は学校で「教諭」「養護教諭」の中から指名される役割の名称である．また「臨床心理士」，「学校心理士」，

---

[1] 臨床心理士：財団法人日本臨床心理士資格認定協会が認定する「心の専門家」の資格である．臨床心理士養成に特化された指定大学院又は専門職大学院を修了していることが求められる．専門業務として，臨床心理査定（心の特徴や問題を把握する），臨床心理面接（心理カウンセリングの実施），臨床心理的地域援助，調査・研究活動を行う．

[2] 「IV-35 学校心理士」参照．

[3] 教育カウンセラー：日本教育カウンセラー協会が認定する，「個人および集団に対して予防・開発的援助を行うことができる専門教育者」の資格である．初級教育カウンセラー・中級教育カウンセラー・上級教育カウンセラーの3種類があり，問題を予防し，子どものもつ可能性を開発する「育てる」視点に立った援助をめざしている．

「教育カウンセラー」,「臨床発達心理士」,「特別支援教育士」は,資格である.資格とは,それをもつ者が,特定の領域において一定以上の能力をもつことを認定されているものである.現時点では,上記の資格はどれも国家資格ではない.たとえば臨床心理士は財団法人臨床心理士資格認定協会により,学校心理士は学会連合資格「学校心理士」認定運営機構により認定されている.

スクールカウンセラーの主な役割

学校におけるカウンセリングやスクールカウンセラーの活動については,臨床心理学の枠組み,学校教育相談の枠組み,学校心理学の枠組みなどから議論がある.ここではスクールカウンセラーに期待される主な役割について,心理教育的援助サービスの理論と実践の体系である学校心理学の枠組みから述べる.

① 教師や保護者への**コンサルテーション**および**コーディネーション**:スクールカウンセラーは学校カウンセリングの専門家の立場から,コンサルタントとして,学校教育の専門家である教師や「自分の子どもの専門家」である保護者(コンサルティ)が,子どもを理解し,よりよく援助するよう働きかける.保護者が心理的に混乱している場合,スクールカウンセラーは保護者が心理的に安定し,学校教育のパートナーになれるように援助する[6].また,スクールカウンセラーは,学校教育システムに対してもコンサルテーションを行うことが期待される.つまりスクールカウンセラーは,援助サービスが学校教育のシステムレベルでどのように機能しているかのアセスメントを行い,学校全体の援助サービスの向上について提案する.またスクールカウンセラーは,苦戦する子どもをめぐって,保護者や担任を援助しながら,教育相談担当や特別支援教育コーディネーターに協力して,援助サービスのコーディネーションを促進しうる.

② 子どもへの**カウンセリング**:子どもにとってカウンセラーは,教師や保護者と違って,「横の関係」をつくりやすい存在である.スクールカウンセラーは,個別または集団面接を通して,子どもの課題への取り組みや問題状況の解決,

4) 臨床発達心理士:学会連合資格「臨床発達心理士」認定運営機構が認定する「人の健やかな育ちを支援する専門家」である.機構には,日本発達心理学会,日本感情心理学会,日本教育心理学会,日本パーソナリティ学会の4学会が関与している.臨床発達心理士の仕事は,発達をめぐる問題の査定と具体的な支援であり,発達的視点をもち,子どもから大人まで生涯にわたる支援を行うことを特徴とする.

5) 特別支援教育士(Special Educational Needs Specialist):学会連携資格であり,特別支援教育士資格認定協会が認定する,LD・ADHD等のアセスメントと指導の専門資格である.特別支援教育士養成セミナーを受講し,所定のポイントを取得すると資格申請をすることができる.資格を取得して2年以上経過した人で,LD・ADHD等の援助を中心的に行っている人に,「特別支援教育スーパーバイザー」が授与されている.

6) 田村節子・石隈利紀 2007 保護者はクライアントから子どもの援助のパートナーへとどのように変容するか:母親の手記の質的

あるいは危機の回避や対処を援助する．子どもの苦戦は，学習面，心理・社会面，進路面，健康面など学校生活全般にわたるので，子どもの「心の問題」だけでなく，子どもの現実生活に着目することが求められる．

③ 子ども，学級，学校の状況に関する**心理教育的アセスメント**：スクールカウンセラーは，子どもの状況，学級や学校の状況，そして子どもと環境の関係について，情報を収集し，分析する．心理教育的アセスメントは，子どもに対するあらゆる援助サービスの計画の基盤となる．特に今日では，学級担任，保護者，必要に応じて医療機関と連携して，LD，ADHD，高機能自閉症などの発達障害のある子どもについての適切なアセスメントが，スクールカウンセラーの仕事となっている．

④ 研究：スクールカウンセラーは，学校カウンセリングに関する幅広い領域の研究成果について学ぶ．そして研究成果を参考にして，アセスメント，カウンセリング，コンサルテーションなどのサービスを行うのである．エビデンス（効果を示す証拠）に基づく実践（evidence based practices）が強調されている．またスクールカウンセラーは，研究成果を他の援助者にわかりやすく伝えることが期待される．そしてスクールカウンセラーは，学校カウンセリングに関わる問題について研究し，子どもの課題，問題，危機に関する新しい知見を提供する．そこでスクールカウンセラーの援助サービスの実践（例：教師へのコンサルテーション）は，研究のデータ収集の場になる[7]．実践の蓄積がエビデンスを生成する（practice based evidences）と言える．したがってスクールカウンセラーは，研究成果のユーザーであり，生産者であると言える．

スクールカウンセラーの活動に影響を与える要因

スクールカウンセラーの活動に影響を与える要因として，社会の要因，個人的な要因，職場（学校）の要因がある[8]．「スクールカウンセラー」の誕生期の平成7年に注目すると，第一に社会の要因として，① 不登校やいじめなど学校教育上の問題の複雑化，② 財団法人日本臨床心理士資格認定協

分析　教育心理学研究，55，438-450．

7) 下山晴彦　1997　臨床心理学研究の理論と実際：スチューデント・アパシー研究を例として　東京大学出版会

8) Fagan, T. K. & Wise, P. S. 1994 *School psychology: Past, present, and future*. White Pines, New York: Longman.

会の設立などが，スクールカウンセラーへの期待と雇用に影響を与えてきた．第二に個人的な要因として，①スクールカウンセラーの教育や経験，②専門家として実践・研究上の興味などが，スクールカウンセラーとしてのサービスの質に影響を与えている．第三に職場（学校）の要因として，①スクールカウンセラーのサービスに対する学校のニーズ，②学校における教育相談体制の状況などが，スクールカウンセラーの活動の優先順位の決定や仕事の進め方に影響を与えている．

今日社会の要因として，虐待の増加や発達障害のある子どもへの援助など学校教育に関わる課題の多様化，「モンスターペアレント」などの表現に象徴される学校と保護者の関係の困難さ，そして学校心理士，教育カウンセラーなど学校カウンセリングに関連する資格の認定が加わっている．これらの要因は，スクールカウンセラーへ期待する役割の多様化（例：特別支援教育を促進する）やスクールカウンセラーに対応する資質の検討につながっている．次にスクールカウンセラー個人の要因としては，臨床心理士資格を得るための大学院指定校など大学院修了の若いスクールカウンセラーの登場があげられる．新人のスクールカウンセラーは，臨床心理学についての基礎的な教育を受けている一方，学校教育についての経験が浅い場合もあり，スクールカウンセラーは学校教育についてもっと勉強してほしいという意見がある．一方若いカウンセラーにとって，非常勤という雇用形態は自らのキャリア構築を不安定なものとする．さらに学校の要因として，特別支援教育コーディネーターの制度化があげられる．スクールカウンセラーを活用するコーディネーターとの連携は，心理教育的援助サービスの充実の鍵となる．

スクールカウンセラーを活かして子どもの援助を充実させるために，スクールカウンセラーの資質向上とともに，学校における心理教育的援助サービスの体制の構築とスクールカウンセラーの安定した雇用が必須である． 〔石隈利紀〕

【参考文献】
石隈利紀　1999　学校心理学：教師・スクールカウンセラー・保護者のチームによる心理教育的援助サービス　誠信書房

Ⅳ-37
学生相談

student counseling

　心理臨床の実践活動の中でも**学生相談**領域には，その時代における大学生の問題が直接反映する．したがって，大学生気質とも言うべき特徴がどのような様相にあるか，そしてどのような相談ニーズがあるか，また大学という組織の中でのカウンセラーの位置づけについての理解が必要となる．

　まず大学生時代である青年期後期の発達課題として，**エリクソン**（Erikson, E. H.：1902-1994）の提唱する**アイデンティティ（自我同一性）の確立**があげられる[1]．「自分は何者か」ということについて，さまざまな不安や揺らぎを越えて確立していくプロセスである．そこには，いわゆる横の関係，つまり周りの仲間たちと比べて，自己の独自性を保持するという**斉一性**，もう1つは個人をめぐる縦の流れ，つまり自己の歴史を振り返って今を見つめるという**連続性**の二側面からとらえることが重要と言われている．また，思春期頃より，親の意見には従いたくないという形で反抗意識を芽生えさせていた青年にとって，単なる反抗ではなく，自己主張を伴って親とは違う自分を表現できるようになることとも言える．そうして，真の意味の自立──心理的離乳──ができるようになる．加えて，性同一性の確立が重要な側面ともなる．同性の親の性役割を模倣し取り入れながら，異性の親の役割を理解し，さらには同性，異性の友人たちとの関わりから自分の性役割観を育て，性同一性を確立していくことが求められる．

　これらのアイデンティティの確立には，心理的に揺さぶられ不安定になる要素も多く，その1つに**両価的**（ambivalent）**な感情**をきちんと抱え，統合していくという難しさがある．好きだけれど嫌い，受け入れたいけれど拒否的になるなどの

1) Erikson, E. H. 1963 *Childhood and society* (2nd. ed.). New York: W. W. Norton.〔仁科弥生（訳）1977　幼児期と社会　みすず書房〕
Erikson, E. H. 1968 *Identity: youth and crisis.* New York: W. W. Norton.〔岩瀬庸理（訳）1982　アイデンティティ：青年と危機　改訂版　金沢文庫〕
鑪幹八郎　1977　精神分析と発達心理学　村井潤一（編）発達の理論　ミネルヴァ書房　他より．

感情であり，他者にはさまざまな側面があることを知り，その上で総合的に理解し合えることが，自己の内なる矛盾をも受け入れることとなるのである．大学は，青年がアイデンティティの確立のために自己を振り返り，確認する場であり，同時に親子関係，友人関係に代表される対人関係が，これまでのものとは違うステップへと変化する場である．周りからの評価も気になり，将来への不安と期待を抱く時期である．

しかしながら大学での生活期間すべてが一様に課題を抱えているのではなく，そこにも**学生生活サイクル**というものが存在する．鶴田[2]は，**入学期，中間期，卒業期**，そして**大学院時代**と，学年を追うごとに課題が異なると指摘している．大学卒業の頃には，「自分はこれまで何をしてきたのか」そして「将来自分はどのような人間になるのか」ということについて，何らかのまとめが求められ，それが就職活動や大学院への進学活動に展開するのである．近年大学への進学率の増加はいうまでもなく，大学院へ進学をして，より専門的な知識及び資格の取得をめざす青年が増加してきている．さまざまな「自分の役割」を試しながら，自我同一性を確立させていくための猶予期間として，**モラトリアム**（moratorium）と言われてきた時期が延長してきている．またわが国では，一度就職したら**終身雇用**が前提であったものが，転職や脱サラをして，より自分の生き方にしっくりくるものを求めていくべきという理念が広まったことで，「大人」になってからの「学び直し」の機会を求めて大学院に入学することも少なくない．

溝上[3]は，このような現代大学生について，**居場所**，生き方，教育のあり方などを広く網羅しながらまとめている．かつて，人生の目的があって大学に進学してきていたが，「自分探し」，アイデンティティの確立のために大学に行く青年が多くなっていることを受けての問題提起である．それ故，「学費のためのアルバイト」も「社会経験」のためのものとなり，「遊ぶために」という場合もある．大学時代にいろいろなことをしておかないと，人生において「損をする」というような感覚さえ見られるという．

2）鶴田和美は，この期間を入学期，中間期，卒業期と提唱し，学生相談に携わるカウンセラーと共にシンポジウムを行っている．詳細は，本項参考文献にあげた「学生相談シンポジウム」を参照．

3）溝上慎一　2004　現代大学生論：ユニバーシティ・ブルーの風に揺れる　日本放送出版協会

このように社会文化的な影響を受けて，大学生の様相が変貌してくる現代，来談理由となる問題も変化してきている．かつて学生相談で注目されていたのは，高度な能力と意欲をもって入学をしたものの，入学後まもなくから大学の学問に対して意欲の低下を示し，無気力で留年を繰り返す青年たちの増加であった．このような青年たちは，1960年代から国立大学において顕著に見られ，当初「意欲減退学生」と名づけられていたが，欧米での研究知見をもとに**スチューデント・アパシー**（student apathy）と言われるようになった．彼らの障害をどのように理解し，どうサポートすべきかについて，長年多くの基礎研究や心理療法による事例研究が積み重ねられてきた．それらを下山[4]が丁寧にまとめている．このスチューデント・アパシーの表れ方，その背景となる問題も時代を追って変化してきている．

近年，学生相談で来談学生の訴える問題は，大きく分けて在籍する学部が自己の将来と結びついているかどうか，あるいは将来どのような道に進んでいくべきかといった**修学上の問題**を示す学生と，上述したような大学への意欲減退，親子や友人などの対人関係上の問題，対社会的な問題などから，**神経症**や**人格障害，精神病圏の問題**を抱える学生に分けられる．それぞれ個別にカウンセリングをしていくことは重要であるが，問題に応じて他職種の専門家や来談学生のキーパーソンとの**協働，連携**が重要となる．前者の学生には，**キャリア支援**や**進路指導**が中心となるカウンセリングが行われ，同時に当該学生の所属学部や大学院等の指導教員との連携，保護者との相談なども生じて来るであろう．後者の学生には，まず適切な**見立て**が必要で，きちんとした枠組みをもった定期的なカウンセリングを中心としながらも，学内外の医療機関との連携が必要となる場合があろう．そして治療の適切な時期に，保護者や所属学部等の指導教員への説明を行い，本人の問題に対する理解を得ることなど，相談室での関わりにとどまらず，ネットワークを動員した活動が求められる．

特に現代青年が抱える問題として，自傷行為などの行動化[5]を起こす人格障害も見られ，医師との連携をとりながら，適

4）下山晴彦　1996　スチューデント・アパシー研究の展望　教育心理学研究，44, 350-363．および，参考文献の下山（1997）を参照．

5）精神分析学の概念の1つ．精神療法上においては，言語を介してセラピスト・クライエント間の交流がなされ，クライエントの葛藤が処理，解消されていくことを目的とするが，その際に言語を用いる代わりに治療場面内外の行動などによって自己表現を行うことを指す．また，この行動化は，治療関係を反映して起こすものと，単なる症状行為として行うものとがあると言われている．（福井敏　行動化　2002　小此木啓吾・北山修他（編著）精神分析事典　岩崎学術出版社　p.135. 他より．）

切な時期にきちんと危機介入をしておく必要がある．また，精神病の初期症状が潜在している場合にも，早期に医療機関との連携をとり，本人や家族を含めての心理教育が必要となる．さらに，**広汎性発達障害**[6] などを抱える青年たちとの関わりも重要な検討点となってきている．さまざまな事例研究による知見が積み重ねられ，社会的なコミュニケーションの障害をどのようにサポートしていくかについて検討されてきている．この問題についても，学生の来談当初に丁寧な「見立て」をすることが重要なポイントとなる．

一方，大学の組織についても，通常の相談機関とは異なり，さまざまな状況がある．大学は教育の現場であるため，教育・研究者でありカウンセラーである者が，学生相談を担当するということがある．上述の指導教員と兼任の場合である．こうした場合には**評価的な役割**と本人の心のサポートをする**カウンセラー役割**が，カウンセラー側に同居することでの困惑が生じる．大学の組織運営上，複数名の専任カウンセラーが必ず存在するとは限らないのである．日本学生相談学会の『学生相談研究』では，1999年度から，学生相談の研究や実践活動などについての動向をまとめてきている．山中[7] は，2005年度の学生相談に関する動向を述べる中で，学生相談機関の設備，マンパワーの充実は進まない反面，学生相談に訪れる学生の問題は年々深刻化し多様化してきており，その支援の充実化が重要課題であると提唱している．

現代のように価値観が変化し続ける社会の影響を最も敏感に受ける大学生は，抱える心の問題も多様化し，それを受ける学生相談のサポートシステムには，さらに柔軟にかつ時代のニーズに応えていけるような変革が求められる．小・中・高校でのスクールカウンセリング事業と同様に，わが国での教育現場における急務である． 〔高橋靖恵〕

6) アスペルガー症候群や自閉性障害を含む発達障害の総称．特に知的障害を伴わない高機能自閉症及びアスペルガー症候群は，相互的対人関係の障害など種々のコミュニケーション障害と行動や思考の常同性等を特徴とする．

7) 山中淑江 2006 2005年度の学生相談界の動向 学生相談研究, 27, 61-70.

【参考文献】
河合隼雄・藤原勝紀（編）1998 学生相談と心理臨床 心理臨床の実際 第3巻 金子書房
下山晴彦 1997 臨床心理学研究の理論と実際：スチューデント・アパシー研究を例として 東京大学出版会
鶴田和美・齋藤憲司（編）2006 学生相談シンポジウム 培風館

Ⅳ-38 生き方指導

orientation of life-course

表38-1　成長感のカテゴリー表（大野, 1997）[10]

1. 仕事	11. 外見的特徴
2. お金	12. 命令
3. 酒・たばこ・賭事	13. 性的なこと, 対異性, 恋愛, 結婚
4. 運転	14. 生活, 自立
5. 遊び	15. パーソナリティ・心, 精神的側面
6. 学校・勉強	16. 立場・社会的責任
7. 成長・老化・死	17. 時間的拘束・忙しさ・大変さ
8. 自由さ	18. 加齢・成人式
9. 人間関係	19. その他, そう思わない
10. 能力・知識	

　古代ギリシアの哲学者ソクラテスは，大切にしなければならないのはただ生きることではなくて，よく生きることであるとし，自ら毒杯をあおって死んだとされる．

　人の**生き方**を人が指導できるのかどうか．これについてはいろいろな考え方がある．また，家庭教育，社会教育や生涯教育，学校教育といった教育の場の違いによっても，見方やとらえ方が異なる．学校教育においては，「生きる力」，「キャリア教育」，「進路指導」といった名のもとで，生き方の教育や指導の取り組みがなされている．これらの取り組みは，教科，道徳，特活，総合的な学習の時間の中で，主として**生きる力**というキーワードによって行われている．とりわけ生きる力は，総合的な学習の時間で具体的な指導がなされている．

　学習指導要領[1]における位置づけは次のようである．

　「生きる力」は，1998年（平成10年）に告示された中学校学習指導要領[2]総則において，「第1　教育課程編成の一般方針」の中で次のように示されている．

　　（前略）学校の教育活動を進めるにあたっては，各学校において，生徒に生きる力をはぐくむことをめざし，創意工夫を生かし特色ある教育活動を展開する中で，自ら学び自ら考える力の育成をはかるとともに，基礎的・基本的な内容の確実な定着をはかり，個性を生かす教育の充実に努めなければならない．（中略）

　　道徳教育を進めるにあたっては，教師と生徒及び生徒相互の人間関係を深めるとともに，生徒が人間としての生き方についての自覚を深め，家庭や地域社会との連携をはかりながら，ボランティア活動や自然体験活動などの豊かな体験を通して生徒の内面に根ざした道徳性の育成がはかられるよう配

1）学習指導要領とは，学校教育法施行規則に基づき文部科学大臣が告示した教育課程の基準である．

2）中学校学習指導要領（平成20年）高等学校学習指導要領（平成20年）についても同じである．

慮しなければならない．（後略）

　生きる力は大きな概念であり，明確に定義づけすることは簡単ではない．ただ少なくとも，生きる力が，「自ら学び，自ら考える学習」と，「基礎・基本的な内容の確実な定着」の2つに支えられて育成される力であることははっきりとしている．それでは，自ら学び，自ら考える学習とは何か．それは，学校教育においては自己教育力，自己学習力といった語で示されている活動と大きく関わる．

　たとえば，**総合的な学習の時間**は，体験的，実践的な活動の時間として位置づけられている．総合的な学習の時間に関する記述を見ると，生き方については，「学び方やものの考え方を身に付け，問題の解決や探求活動に主体的，創造的に取り組む態度を育て，自己の生き方を考えることができるようにすること」（小，中学校）[3]と記されている．さらに高等学校においては，「学び方やものの考え方を身に付け，問題の解決や探求活動に主体的，創造的に取り組む態度を育て，自己のあり方生き方を考えることができるようにすること」[4]とある．高等学校の記述では「自己の生き方」の部分が「自己のあり方生き方」となっている点が異なるだけである．学習活動の例示を見ると，「自己のあり方生き方や進路について考察する学習活動（3のウ）」[5]とされているので，総合的な学習の時間だけではなく，特別活動や道徳の時間でも生き方の教育がなされることがわかる．

　道徳においては，上の総則の記述にあるように，人間としての生き方についての自覚を深め，家庭や地域社会との連携をはかりながら，ボランティア活動や自然体験活動などの豊かな体験を行うことが謳われている．また，「自己を見つめ，自己の向上を図るとともに，個性を伸ばして充実した生き方を追求する．」[6]ともある．これについては，道徳性に関する心理学を始め，自我発達の心理学の成果が参考になる．

　特別活動では，「望ましい集団活動を通して，心身の調和のとれた発達と個性の伸長をはかり，集団や社会の一員としてよりよい生活を築こうとする自主的，実践的な態度を育てるとともに，人間としての生き方についての自覚を深め，自

3) 中学校学習指導要領（平成20年）

4) 高等学校学習指導要領（平成20年）

5) 高等学校学習指導要領（平成20年）

6) 中学校学習指導要領（平成20年）第3章　道徳の「第2　内容1　主として自分自身に関することの(5)」p.112．
「Ⅱ-13　道徳教育の基礎」参照．

己を生かす能力を養う」[7]となっている．

　これについては，**ポジティブ心理学**のアプローチがある．ポジティブ心理学[8]は，精神病理やポジティブな人間の機能を強調する心理学の取り組みである．**ウェルビーイング**（well-being）の心理学[9]もまた，良い人生や幸福についての心理学的な取り組みである．一般的に心理カウンセリングの目標もまた，来談者の生きる力を支援する試みと関わっている．人の多様なライフスタイルについて，自らが考え，生きていく態度を形成し，意欲を高めることは，学校教育だけでなく，家庭教育において最も重視される営みである．

　以上では学校教育でなされる生き方指導の根拠を確認したので，次には，生き方と関わる心理学的な知見をいくつか示す．

　そもそもわれわれは成長をどのようにとらえているのだろうか．大野[10]は，先行研究をもとにして表38-1のような成長感のカテゴリー表を作成している．これは，成長感の中身が何なのかを考える手がかりになるだろう．この研究では，「わたしが大人になったと思うのは」「わたしが子どもだと思うのは」という2つの文章完成法の回答内容を，このカテゴリー表を用いて分類している．小学校5年生から高校3年生までの年齢や性別によって，成長感の内容がどう違うのかを見ている．このような成長感を覚えるカテゴリーは学校教育だけで形成されるものではない．家庭教育や学校外の社会環境，メディアの影響も大きいのだろう．けれども，一日の大半を学校で過ごす児童生徒にとっては，学校教育が生き方指導に果たす影響は非常に大きい．

　成人女性の心理的ウェルビーイングについて，ライフスタイルとの関係を調べた研究がある．表38-2はリフ（Ryff, C. D.）[11]による心理的ウェルビーイング6次元の定義である．

7）中学校学習指導要領（平成20年）第5章　特別活動の「第1目標」p.118.

8）島井哲志（編）2006　ポジティブ心理学　ナカニシヤ出版

9）祐宗省三（編）2003　ウェルビーイングの発達学　北大路書房

10）大野和男　1997　子どもは自分の成長をどのように感じているのか：Loevingerの自我発達段階と成長感との関係　心理学研究, 68, 95-102.

11）Ryff, C. D. 1989 Happiness is everything, or is it? Explorations on the meaning of psychological well-being. Journal of Personality and Social Psychology, 57, 1069-1081.

表38-2　心理的ウェルビーイング6次元の定義（Ryff, 1989[11]／西田訳 2000）

① 人格的成長：発達と可能性の連続上にいて，新しい経験に向けて開かれている感覚
② 人生における目的：人生における目的と方向性の感覚
③ 自律性：自己決定し，独立，内的に行動を調整できるという感覚
④ 環境制御力：複雑な周囲の環境を統制できる有能さの感覚
⑤ 自己受容：自己に対する積極的な感覚
⑥ 積極的な他者関係：暖かく，信頼できる他者関係を築いているという感覚

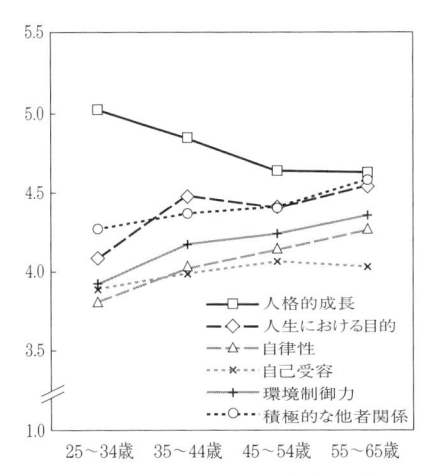

図38-1 心理的ウェルビーイングに関する年代的変化（西田, 2000）[12]

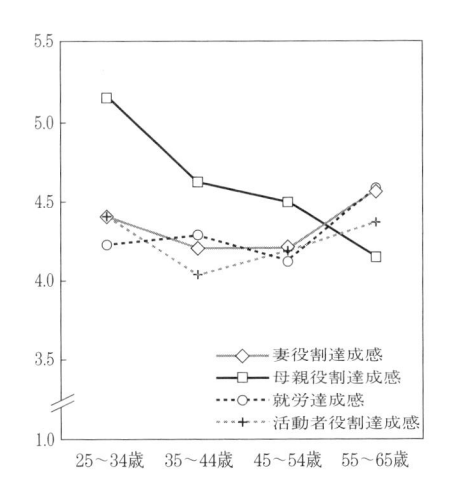

図38-2 役割達成感に関する年代的変化（西田, 2000）[12]

西田[12]は，25歳から65歳までの成人女性400余名に質問紙調査を行った．図38-1は，心理的ウェルビーイングの内容が年代とともにどう変化するかを記述したものである．25歳～34歳群では人格的成長の感覚が強く，55歳～65歳に至るまで人格的成長の感覚が弱くなっている．他方で，加齢とともに人生における目的や，自律性，環境制御力，積極的な他者関係の感覚が強くなることがみてとれる．自己受容は年齢による得点差は見られていない．図38-2は，人生において重視する役割達成感の相対的な強さを表したものである．母親役割達成感は25歳から34歳群で高く，加齢とともに下降していく．これに対して妻役割達成感，就労達成感，活動者役割達成感は25歳から34歳群ではそれほどではないが，加齢に伴う下降は見られず，55歳から65歳群にかけて上昇傾向にある．

生きる力は，人生を通じて自ら育て，また他者から育てられる長期的な力である．**自己効力感**（sence of self-efficacy），**レジリエンス**（resilience）[13]，**自尊心**（self-esteem）といった概念もまた，生きる力と関わると考えられるが，詳細は必ずしも明らかにはされていない． 〔大野木裕明〕

12) 西田裕紀子 2000 成人女性の多様なライフスタイルと心理的well-being に関する研究 教育心理学研究, 48, 433-443.

13) レジリエンスとは，人がその精神的健康を保つために環境の関わり方と自分自身の評価を調節する機能．たとえば，下記文献を参照．佐藤琢志・佐藤安子 2003 レジーリエンス 祐宗省三（編）ウェルビーイングの発達学 第3章 北大路書房 pp.16-21.

【参考文献】
祐宗省三（編）2003 ウェルビーイングの発達学 北大路書房
島井哲志（編）2006 ポジティブ心理学 ナカニシヤ出版

IV-39 認知カウンセリング

cognitive counseling

認知カウンセリングとは，「わからない」「理解できない」という悩み（英語がわからない，連立方程式が理解できない，など）を抱えるクライエント（悩みを抱えている学習者）に対して，面接による相談や指導を通じてその原因を探り，クライエントの悩みを解決するように支援する活動である．認知心理学で扱う対象である理解や問題解決を中心に扱い，人間関係や人格形成に関わる問題は扱わない．実際のところ，認知カウンセリングの対象となることがらの多くは学業上の悩みが多い．

認知カウンセリングは1980年代後半に市川伸一[1]によって構想され，実践されるようになった活動だが，その最初の実践は，大学でのコンピュータ学習が理解できない学生への支援であった．1989年には東京工業大学において，「学習相談室」として小中高校生の勉強に関する悩みの相談に応じるようになり，その後も実践と研究が積み重ねられてきた．ケース検討会などを行う「認知カウンセリング研究会」は，現在も毎月開催されており，認知カウンセリング研究は発展を続けている．なお，認知カウンセリングは原則的には，個別指導の形式で行われる．個別指導の**チューター**（tutor）[2]にあたる支援を行う人のことを**認知カウンセラー**（cognitive counselor）と呼ぶ．

認知カウンセリングは，教育心理学の研究と教育実践をつなごうという目的で，認知心理学の研究者側から提案されたものである．認知カウンセリングに来る**クライエント**（client）は，「○○がわからない」といった学業上の悩みをもってくるが，認知カウンセリングは勉強そのものを教えるのではな

---

1) 市川伸一（1953-）は，埼玉大学助教授，東京工業大学助教授を経て，現在東京大学教授．
市川伸一 1989 認知カウンセリングの構想と展開 心理学評論，第32巻, 421-437.

2)「チューター制度」や「チュートリアルシステム」と呼ばれる教育方法は，実際にはさまざまな形のものがある．大学の医師養成教育でのチュートリアルシステムは，10～15人程度の学生グループに1人のチューターがついてテーマを与え，そこから学生が課題を設定してグループで調査等を行い，プレゼンテーションやディスカッションをするというものである．また大学教育一般に見られるが，学生同士で上級生が1年生の相談に乗る学生チューター制度などもある．ただいずれの場合も，個別指導とまで行かなくても少人数であることや，チューターは「教える人」

い．クライエントが理解できない状態に陥っている原因を，認知心理学の知見から分析し，解決をはかるのである．

　学習内容が理解できない原因は，大きく分けると次の3つが考えられる．

　1つは学習内容の理解に関することで，学習内容やその内容の理解の前提となることがらについて，児童生徒が誤った理解をしている場合である．児童生徒の素朴概念が科学概念の理解を妨げていたり[3]，演算の意味や方法を誤って理解していたりする．

　2つ目は学習する方法に関するものである．たとえば英単語を覚える場合には，例文の中で覚えたり，関連する単語をまとめて理解したりといった方略を使うのが効果的なのだが，そのような工夫を一切せずに，闇雲に暗記している場合などである．

　3つ目は学習動機に関するものである．「こんなことを勉強するのは無駄だ」「自分にはできるはずがない」などのネガティブな考えをもっている場合は，学習が成功しないことが多い．

　認知カウンセリングが勉強を教えるのではなく，「わからない状態」の原因を特定して解決しようとするのは，カウンセリング終了後に児童生徒が自立した学習者になることをめざすからである．そしてその際に特に重要なことは，クライエントが自分自身のそれまでの何らかの誤った理解や不適切な学習方法を自分で認識し，今後は適切な学習を行うことを納得することである．

　認知カウンセリングの実践では**教訓帰納**（lesson induction）と呼ばれる方法が用いられる．これはクライエント自身がカウンセリングを通じて，自分がわからなかったりできなかったりした理由は何で，今後はどうしていけばよいかなどの教訓を得られるように，認知カウンセラーが発問の工夫などを行うものである．クライエントのつまずきがどこにあったのかを，認知カウンセラーが理解しているだけでは問題の解決にはならない．クライエント自身がそれを理解し，新しい学習方法や学習姿勢を納得できなければ，クライエント

というよりも指導を受ける側の学生の自発的な活動をサポートしたり促したりする役割をもっている．なお認知カウンセリングも，相談者側から発せられる「○○がわからない」という悩みを出発点にする教育であり，何かを教えようという教育目標をカウンセラー側が設定するのではない点は，その他のチューター制度と共通していると言える．

3）素朴概念については，「Ⅱ-19　素朴理論と科学理論」参照．

の学習が変化することはない．よって教訓帰納はクライエント自身によって行われなければならない．

　認知カウンセリングは，あくまでも教育実践と研究の橋渡しをめざすものであり，教育心理学の知見をカウンセリング実践に生かすとともに，実践から得られた知見をもとに研究を発展させ深化させるという目的をもっている．研究成果を教育に生かすという一方向の活動ではない．そのため，先にも触れた認知カウンセリング研究会などの場で，認知カウンセリングの実践は常に報告され，議論が重ねられている．その中で実践知が蓄積されるとともに，実践報告から教育心理学研究の発展へとつなげていく可能性も開かれている．

　認知カウンセリングに持ち込まれる悩みは，いくつもの教科の学習に及ぶが，実践を重ねるうちに大きなテーマとなってきているのが，児童生徒の学習の方法である．

　学習成果をあげるためには，児童生徒自身が頑張ることや努力することが重要と一般に考えられる．確かにそれはそのとおりなのだが，努力を強調しすぎることでかえって児童生徒の意欲を削いでしまう可能性も指摘されている[4]．期待した結果が得られない場合「努力したのにダメだったということは，自分は何をやっても無駄なのだ」と諦めてしまう可能性があるためである．それよりもむしろ，効果のある努力の方法（学習の方法）について適切な支援の必要性が強調されてきている[5]．

　適切な学習方法を用いることの重要性という観点から，日本の中学高校生を取り巻く現状として気になることは，藤澤伸介が紹介している「ごまかし勉強」である[6]．

　ごまかし勉強とは，学習する内容を理解せずに丸暗記する勉強方法のことである．生徒は参考書等を読みながらどこが大事かを自分で考えることもなく[7]，いわゆる定期テストの範囲内の必要最低限の勉強しか行わない．学習内容を理解するために考えたり，多くの資料を参照したりすることもない．このような勉強方法は，一夜漬けには役立っても知識や学力の形成に全く役に立たない．さらに問題なことは，ごまかし勉強は間違った勉強方法であると思っていない生徒が多いこ

[4] 市川伸一（編著）1998　認知カウンセリングから見た学習方法の相談と指導　ブレーン出版

[5] 適切な英単語学習方略の教授によって，高校生の学習意欲を高めることを試みた実践研究報告として，次の論文がある．
岡田いずみ　2007　学習方略の教授と学習意欲：高校生を対象にした英単語学習において　教育心理学研究，55，287-299．

[6] 藤澤伸介　2002　ごまかし勉強（上）学力低下を助長するシステム　新曜社
藤澤伸介　2002　ごまかし勉強（下）ほんものの学力を求めて　新曜社

[7]「どこが要点であるか（どこがテストに出やすいか）」を示した参考書が出回っており，その部分だけを暗記すればよいようになっている．

とである.

　この現状は大変憂慮されることであるが，このような状況の中，学習者の認知過程や学習観に働きかける認知カウンセリングの可能性として，次のようなことが考えられるだろう.

　まずは実践研究をさらに蓄積して，学習者により適切な学習観[8]や学習方法を身に付けさせるための，教育方法論を作り上げることである．すでにいくつもの研究成果が発表されてもいるが，それらを総合的に理論化することも含め，有用な方法論の構築とわかりやすい発信が期待される．

　次いで，集団指導への応用が考えられる．認知カウンセリングは基本的には個別指導であり，個別指導からこそ見えるものを重視して展開するのだと考えられるが，そこで得られた成果を教室での学習にも応用し，その結果がフィードバックされることを通じて，教育心理学研究と教育実践のより発展的な相互作用が期待される[9]．

　最後に，より発展的な学習への展開も期待される．現代は新しい知識が次々と生み出される社会である．そのような社会にあっては，学習者自身が常に自分の学習を拡張していかなければならない．現在の自分には直接関係のないことに対しても広く関心をもち，本や新聞を積極的に読んだり，他者と議論したり，深く考えたりすることが求められる．認知カウンセリングは，児童生徒の側からの「〇〇がわかるようになりたい」というニーズから出発するので，どちらかというと学校で扱うことを確実に理解するという学習が中心になりがちとも言える．それ自体は非常に重要なことなのだが，「〇〇がわからなくても（今は）困らないが，もっと学ぼう」という学習をどのように形成していくか，そのことに認知カウンセリングがどのようにアプローチするかは，今後注目されるところであろう．

〔西垣順子〕

8) 適切な学習観として唯一絶対のものがあるというよりは，状況に応じて柔軟な使い分けができるという意味も含んでいる．

9) 認知カウンセリング研究会では，研究成果を教室での指導に応用しようという試みが発表，検討されたこともある．

【参考文献】

市川伸一（編著）1995　学習と教育の心理学　現代心理学入門3　岩波書店

市川伸一（編著）1993　学習を支える認知カウンセリング：心理学と教育の新たな接点　ブレーン出版

市川伸一（編著）1998　認知カウンセリングから見た学習方法の相談と指導　ブレーン出版

V 教育の諸相

V-40

少子化と教育

declining birth rate and education

　少子化とは出生率の低下により子どもの数が減少することを言うが，一般に少子化が続くと**人口減少**と**高齢化**も同時進行し，教育を含む社会生活の諸領域・諸側面で様々な問題や課題が生じるため，**少子高齢化**とも言われ，社会問題化し，重要な政策課題となる[1]．

　そこで，まず日本の出生率の低下と少子高齢化がどのように展開してきたかを確認しておこう．表40-1[2]は，関連統計を抜粋整理したものである．表より明らかなように，総人口は2005年時点でも増えているが，それは長寿化（平均寿命の上昇）による高齢人口の増加によるものである．近年の少子高齢化は年齢階層別の推移に端的にあらわれている．平均寿命が短かったことや戦死者が多かったことと1940年代半ば以降の**第一次ベビーブーム世代**の出生により（ピークは1949年の270万人弱），年少人口の割合は1940年代にピークに達し，それ以降低下し続け，2005年には14％弱になったのに対して，高齢人口は1950年代まで5％前後の割合で推移したが，1960年代以降上昇し続け，2005年には20％を越えた[3]．

　少子高齢化に加えて，総人口の減少も急速に進む可能性がある．表40-1のように，合計特殊出生率[4]は，1947年4.54だったが，その後低下し続け，1980年には1.75，2005年には1.26となっている．国外からの人口流入のない自然増減を前提にした場合，ある時点の総人口が維持される出生率水準（**人口置き換え水準**）は2.07だが，日本の出生率は1950年代後半から70年代半ばまでは概ねその水準で推移したものの，75年以降は低下し続け，現在に至っている[5]．

　少子高齢化と総人口・人口構成の減少・変化は教育と子ど

[1] 例えば，生産年齢人口の減少や消費市場の縮小による経済活力の低下，高齢人口の増加に伴う年金・医療・介護などの社会保障費の増加とその増加費用を賄うための国民負担の増大，過疎地域の増加や学齢児童生徒の減少による学校統廃合など，様々な側面で対応すべき具体的問題が表面化することになる．教育面では，学校統廃合といった問題だけでなく，例えば小家族化に伴う家族関係の変化と家庭内コミュニケーション密度の低下や地域における子ども同士の交流の減少（家庭・地域の教育力の低下）など種々の問題・課題が指摘されている．

[2] 国立社会保障・人口問題研究所のホームページ（2008年1月28日アクセス）より．出生数と合計特殊出生率は厚生労働省『人口動態統計』，それ以外は『国勢調査』に基づく統計である（第1回

表40-1　少子高齢化関連統計の推移：総人口・年齢階層（3区分）別割合と出生数・合計特殊出生率[2]

年次	総人口 （千人）	年齢階層別割合（％）			出生数 （千人）	合計特殊 出生率
		0～14歳	15～64歳	65歳～		
1884	37,452	31.6	62.7	5.7		
1908	49,589	34.2	60.5	5.3		
1920	55,963	36.5	58.3	5.3		
1930	64,450	36.6	58.7	4.8		
1940	71,933	36.7	58.5	4.8		
1947	78,101	35.3	59.9	4.8	2,679	4.54
1950	83,200	35.4	59.7	4.9	2,338	3.65
1960	93,419	30.0	64.2	5.7	1,606	2.00
1970	103,720	23.9	69.0	7.1	1,934	2.13
1980	117,060	23.5	67.4	9.1	1,577	1.75
1990	123,611	18.2	69.7	12.1	1,222	1.54
2000	126,926	14.6	68.1	17.4	1,191	1.36
2005	127,768	13.8	66.1	20.2	1,063	1.26

もの生活・学習に種々の影響を及ぼす．その主な影響は，(1) 教育行政・学校経営などへの影響，(2) 教育機会・教育形態や学校教育の意義・機能への影響，(3) 学校・家庭・地域などにおける人間関係や子どもの生活・自己形成への影響，の3領域に大別して考えることができる．

(1) の主なものとしては，学齢人口の減少に伴う学校の統廃合や教育予算の確保と私立学校や高等教育機関の生徒確保が重要課題となる．表40-2に示したように，戦後60年，高校進学率，高等教育進学率とも上昇し続けたが，高校教育は1975年に90％を越え，**準義務化段階**に達した．高等教育（以下，大学とも表記）は1965年に進学率が15％を越え**エリート段階**から**大衆化段階**（**マス段階**）に移行し，80年には50％を越え**ユニバーサル段階**（誰もが進学可能なユニバーサル・アクセスの段階）に入り，2005年現在で76％台に達している[6]．こうした進学率の上昇と戦後の第一次ベビーブーム世代の学齢期到達が重なった1950年代半ばから70年代半ばにかけては，小・中・高校・大学はそれぞれ順を追って児童・生徒・学生数が急増することになり，学校・大学の膨大な新増設と大規模校化が進むことになった．その新増設され大規模化した学校・大学は**第二次ベビーブーム世代**の学齢期到達と進学率上昇および施設・設備の充実化政策などにより，過疎化の著しい地域（大都市中心部や山間僻地など）

国勢調査の実施は1920年で，それ以前の数値は推計値）．なお，年齢階層別構成については国際比較等でも一般に表40-1のような3区分が用いられ，それぞれ年少人口，生産年齢人口，老年人口と呼ばれるが，ここでは老年人口を高齢人口と言い換える．

3) 少子高齢化の傾向は出生数の減少と長寿化により今後も続くと予想されるが，上記研究所の推計では50年後の2055年には年少人口8.4％，生産年齢人口51.1％，高齢人口40.5％の超少子高齢社会になると予想されている．

4) 一人の女性が生涯に産む子ども数の平均＝想定出産可能年齢15歳～49歳の女性の年齢別の年間出生率を

表40-2 児童・生徒・学生数(千人)と進学率(%)の推移

年度	小学校	中学	高校	高等教育	高校進学率	高等教育進学率
1948	10,775	4,793	1,204	12	…	…
50	11,191	5,333	1,935	240	42.5	…
55	12,267	5,884	2,592	601	51.5	10.1
60	12,591	5,900	3,239	710	57.7	10.3
65	9,776	5,957	5,074	1,090	70.7	17.1
70	9,493	4,717	4,232	1,685	82.1	24.0
75	10,365	4,762	4,333	2,107	91.9	39.0
80	11,827	5,094	4,622	2,224	94.2	50.0
85	11,095	5,990	5,178	2,238	93.8	51.7
90	9,373	5,369	5,623	2,632	94.4	53.7
95	8,370	4,570	4,725	3,067	95.8	64.7
2000	7,366	4,104	4,165	3,090	95.9	70.5
05	7,197	3,626	3,605	3,109	96.5	76.2
07	7,133	3,615	3,407	3,040	96.4	76.3

【注】高等教育学生数：大学・短大・高等専門学校（第4学年以上）の在籍者数．進学率：大学・短大・高等専門学校（第4学年）・専修学校（専門課程）への進学率．

を除いて，70年代までの水準を概ね維持することができたが，90年代後半以降，在籍児童・生徒数の減少が顕著になるにつれて，公立学校の統廃合，公立高校の定員削減，教育予算の抑制などの諸施策が講じられ，他方，私立学校や大学では生徒確保のための経営改革その他の方策が講じられるようになった．

(2) 教育の機会・形態や学校教育の意義・機能への影響としては，次のような変化が重要である．上記のような学校教育の拡大，進学率の上昇に伴って，**高校教育の準義務化**が進み，特別の理由や事情がなければ高校進学しないという選択が難しくなり（**不本意進学**の増大），もう一方で**学歴主義**の拡大や**受験競争**の激化とその種々の弊害（直接・間接の影響としての受験準備教育・知識詰め込み教育・偏差値教育・内申書教育，落ちこぼれ／落ちこぼし，塾通いの増加，校内暴力・いじめ・不登校・学級崩壊など）が問題視されることになった．受験競争激化の弊害への対応とグローバル化する知識社会などの社会変化への対応として，1960年代末からの**入試改革**や80年代以降の**ゆとり教育**改革などが進められることになった．ところが，児童・生徒数の減少が顕著になった1990年代後半以降，上記（1）の学校統廃合や教育予算の

合計した値．

5) ただし，06年，07年は第二次ベビーブーム世代＝団塊ジュニア世代が出産ピーク期に達したこともあり，1.32，1.34とやや上昇．

6) エリート，マス，ユニバーサルはアメリカの教育社会学M.トロウが提起した概念．教育の量的拡大が質的変化をもたらすというテーゼを提起し，就学率約15％と約50％を境にして学生の出身階層・学力・関心，教育の形態・内容・水準，卒業後の進路などが変化・多様化すると論じた．

抑制・効率的執行への圧力と90年代後半以降の行財政改革・規制改革・地方分権改革や教育を含む公的事業の経営改革（NPM[7]）・民営化などの改革圧力が重なる中で，**学校選択制**やエリート的な**中高一貫校**・**構造改革特区校**の導入，**習熟度別指導**の拡大，2007年からの**全国学力テスト**実施，08年の**学習指導要領**の改訂（教育の時間・内容の大幅増，小学校からの英語活動など）等の改革が進められてきた．これらの改革は，義務教育段階からの学習形態の学力別編成（低学年ほど家庭の経済資本・文化資本の影響が大きく，学力差の固定化を招く傾向がある）と**学校の序列化**・格差化およびその結果としての**教育機会の差別化**や，テスト学力・受験実績の学校間・地域間の競い合いなどを促進する傾向がある．

（3）学校・家庭・地域における人間関係や子どもの生活・自己形成への影響は多様かつ複雑だが，ここでは家族生活への影響を中心に述べる．少子化の家族生活への影響は，直接的には子ども数の減少による影響，および，子ども数と祖父母等の同居者の減少に伴う**小家族化・核家族化**の影響としてあらわれるが，それに加えて，上記（2）で述べたような学歴社会・受験競争など学校教育・学校生活のありように関連する影響および**高度情報消費社会**の諸特徴や親のライフスタイル（両親共働きと**かぎっ子**の増加など）による影響も介在している．核家族化は家族の人間関係の変化をもたらし，小家族化は家庭内コミュニケーションの密度低下をもたらす傾向があり，子ども数の減少は親の子どもへの関心・干渉の増加をもたらす傾向がある．

以上に加えて，豊かな情報消費社会の影響も大きい．情報・モノの氾濫，刺激と消費欲求の増大，嗜好や生活スタイルの多様化，その一方でメディアや商品市場の流行に左右される嗜好や消費行動・価値志向の均質化・同調傾向などが強まる傾向にある．そして，その影響は，上述の小家族・核家族内の人間関係の影響や，学校・地域における交友関係などの複雑さとも連動して，現代の子ども・青少年の生活・学習や自己形成を以前にも増して（かつてとは質の異なる）難しいものにしていると言える．

〔藤田英典〕

[7] New Public Management の略で新公共経営と訳される．民間企業の経営手法を導入し，行政の効率化を図り，質の高い行政サービスの提供を目指す．①顧客志向（市民は行政サービスの顧客），②成果主義，③市場機能の活用（民営化・民間委託），④組織の簡素化と現場への権限委譲を特徴とする．1980年代のイギリス（サッチャー改革）で財政赤字解消策として導入され，90年代以降，他の欧米諸国に広まった．

V-41 保育と教育

early childhood care and education

保育所と幼稚園

日本の乳幼児保育・教育は，戦後まもなくから，児童福祉法に定められた保育所と学校教育法に定められた幼稚園の二元化制度で実施されてきた[1]．しかし，**幼保一元化**を見通して2006年10月から保育と教育の一体的運営を進める**認定こども園**制度が実施されている．認定こども園では基本4時間のコアタイムと呼ばれる教育時間とそれ以外の保育時間が設定される．こども園の中にも幼保一体型（完全な幼保連携一体施設），幼稚園型（幼稚園を基本としつつ0～2歳までの保育に欠ける子どもも受け入れる），保育所型（直接契約で保育に欠けない子どもも受け入れる），地方裁量型（各地域行政が実態に応じて許可する）等多様な形のものが含まれている[2]．少子化や働く親の増大によって地域の実情，保護者のニーズに応じた形で多様な形態が展開されてきている．

保育と教育

保育という語は保護・養育から名づけられた語である．平成21年4月より実施の新保育所保育指針においても，子どもの生命の保持および情緒の安定をはかるために保育士等が行う援助や関わりとしての**養護**と，子どもが健やかに成長し活動がより豊かになされるために**5領域**から構成される**教育**によって保育が行われることが明記されている．保育所，幼稚園，認定こども園いずれの機関でも，乳幼児期の発達にふさわしい形での教育が専門家である保育士，幼稚園教諭により施されている．法的に保育所は保育，幼稚園では教育の語を使用するが，いずれも小学校以上の教育とは異なり，子どもへの養育が根底に求められることから，幼稚園，保育所を含めて小学校

---

1) 昭和22年に最初に幼稚園設置が決められ，昭和23年につくられた国のガイドラインは「保育要領」である．幼児の生活経験の重要性を重視したもので，日本の幼児教育の根幹となったものである．しかし幼稚園が学校体系に明確に位置づけられた昭和31年に幼稚園教育要領となり，名称も「教育要領」となって今日に至っている．

2) 教育および保育を一体的に提供し，地域の子育て支援機能の実施を都道府県知事から認められたものは保育所，幼稚園ともに認定こども園の名称を付与され，そのための特例を受けることができるようになっている．

以上の教育と区別し,「保育」と呼ぶことも多い.

保育・教育と小学校以上の教育の相違

　乳幼児期の保育を小学校以上の教育と比べるならば,その特徴は乳幼児の活動の特徴である,子どもの主体的で総合的な活動である「遊び」と日々の「暮らし」を中心としている点にある[3].それを整理するならば4つの大きな特徴がある.

　第1には,教育内容が学問の系統性により教科として分類され,それに対応する教科書がつくられ,教育課程や年間指導計画が単元によって組み立てられる小学校以上とは異なり,発達に必要とされる内容領域として「領域」が設定されている.領域別に保育がなされるのではなく,子どもが偏りなくさまざまな経験を踏むことができるように計画や保育評価をするために,領域という概念が使用されている[4].

　第2には,小学校以上の教育が書き言葉や話し言葉という言語を主たる手段として教師が子どもたちに対して教育を行い,その目的のための教材を準備するのに対して,保育では教育の意図を環境の中に埋め込み,子どもが主体的に環境に関わりそこで遊びを行いながら思考や知識,技能が身に付くように**環境を通した教育**が意図的に行われる.もちろん保育者は場に応じて子どもに言葉で指導や援助も行うが,言語的説明によって指示し座学を中心として行う授業とは異なっている.そしてそこでは**適当な環境**を準備することが重視される.小学校以上では,ある目的に対して最も「適切」と一義的に教師が考える教材を準備するのに対して,保育では子どもが自ら選択して工夫し試すことができるという意味で「適当」であることを重視している.子どもにとって繰り返し関わることのできる身近な物や人,出来事はすべて「環境」としてとらえられる.したがって自然環境だけではなく,園内外の社会的,文化的な環境も重要な環境であり,保育者や仲間,地域の人々もまた重要な環境の一部であるということができる.子どもが環境に働きかけ,それに応答する環境によって学ぶという考え方である.

　そして第3には,乳幼児期の発達は個人差がきわめて大きいために,何歳児段階でどこまで習得し発達しなければなら

3) 日本の保育の特徴は「生活を生活で生活へ」という言葉で**倉橋惣三**の理論に表されているように,日常の主体的な生活経験を重視したものであった.詳しくは倉橋惣三選集(フレーベル館)を参照のこと.

4) 保育においても教育課程,保育課程のもとで,年間の指導計画が立てられる.学期とは異なり,子どもの発達に応じて「期」に分けられ,各期において月案や週日案が組まれている.ただし子どもの状況や天候に応じて柔軟に日々の保育は行われている.

5) 幼稚園においては小学校以上と同様に指導要録を作成することが義務づけられている.そこでは個人内での形成的な評価をし,

ないというような，全員が知識や技能として最低習得すべき基準や達成目標が明示された，小学校以上の**学習指導要領**とは異なっている．一人ひとりの発達の道筋に沿って教師が見通しをもって計画を立て関わっていくためのガイドラインとして**教育要領**，**保育指針**が示されている．保育所保育指針と幼稚園教育要領は3歳以上部分においてはいずれのガイドラインでも同一の5領域「健康」「人間関係」「環境」「言葉」「表現」が設定されている．そこでの，発達についての重要な考え方は**生活と発達の連続性**である．乳幼児期には保護者と保育者が密に連携を取りあって家庭生活と園生活のつながりを理解しあい検討していくことがきわめて重要であり，入所・入園前の子どもの経験も保育者が十分に理解して園への適応をはかっていく必要がある．また発達の連続性として保育所では0歳から6歳まで，幼稚園では3歳から5歳までに，断片的にあれこれ教えるのではなく，子どもの園での多様な経験が，関連しあって積み重なっていくことが重要であると考えられている[5]．

第4には，基本的に年齢別学級を中心とした集団生活ではあるが，最初から集団を前提とした教育を行う小学校以上とは違い，まず保育者との安定した情緒的きずなの形成，その安心感の中で親しい友達と関われるようになり，「**協働して遊ぶ**」経験を通じて，さらにさまざまな友達とも関係をつくれるようになるという形で，遊びや暮らしを中心としながら学級づくりがなされていく．遊びは園庭等で異年齢の間でも自然に行われていくので，保育者は園全体でチーム保育を行っていくことになる[6]．

上記のような特徴をもっているために，幼児教育は**見えない教育方法**と呼ばれることもある．

保育の質の向上

日本では，全国に保育所数は約23,000（うち私立47％），幼稚園数は約14,000（うち私立60％）と，乳幼児の保育・教育は民営に頼る割合がきわめて高い．それだけに保育・教育の質を園でどのように維持向上させていくのかが現在の重要な課題となっている．働く保護者のニーズに応じて，預か

担当した学期，学年においてその子どもの変化として特に顕著に見られた部分やその子どもの発達課題を個に応じてとらえて記録することになっており，相対的な評価はなされていない．

6) チーム保育という言葉は日本の幼児教育独自の和製語であり，小学校以上のティームティーチングのように具体的に複数の教諭で指導計画を立てて実際に指導を行う体制を指すのではない．園全体で保育者が柔軟に園児全体に目を配り，連携して動いて保育を行う体制を呼ぶ語である．

7) 自由市場化に伴って保育サービスの質の評価は世界各国で問題になっている．幼児教育に限ればOECD調査参加国の中で韓国に次いで日本は公的投資が少ない国である．OECD（2001, 2006）は21世紀の幼児教育政策課題として，①普遍的な問題として就学年齢や乳児と幼児教育の接続，幼児教育無償化，働く親への対応，特別な支援を要する子どもへの教育（低所得，特別支援教育，多文化対応），②保育の質の向上，③政策とサービスの各担当部署の連携協働と一貫性，④

り保育，長時間保育等のサービスを実施する園の比率も高まってきている．しかし，子どもの健やかな発達のためには，子どもの人権と生活を保障し最善の利益を考えていくことが求められている．**保育の質**を評価するために，園評価制度や第三者による評価や自己評価チェックリストなども準備されてきているが，それらも園のハードウェアとしての構造の質は評価されても，ソフトウェアの保育過程の質はまだ十分には検討されてきていない．保育者の専門的職能開発とともに考えるべき問題とされてきている[7]．

保幼小の連携と接続

保育所，幼稚園を卒園した子どもたちは義務教育である小学校へと入学し，新たな環境へと移行することになる．子どもにとっても保護者にとってもこの**環境移行**はストレスをもたらす．そこでこれまでの園での経験が生かされ，小学校教育へと円滑につながるようにという狙いで，保育所と小学校，幼稚園と小学校の連携が行われるようになった．また地域（中学校学区を基本単位とする）の保・幼・小学校の教師が保育と授業を共同で実施したり，子どもたちが交流を行ったり，相互に保育と授業を参観し合って検討したりなどの教師間の連携，また小学校PTAと幼稚園や保育所PTAの連携などが各地域で取り組まれるようになってきている．そして交流や連携がその場限りでなく，子どもの学習経験の連続性を保証するために，教育課程や内容の接続が検討されるようになってきている．ただし，それらは小学校の教育内容を幼児期に早期から指導するという方向のものではなく，幼児期に子どもが学んでいる経験や方法を生かして小学校入学当初に学校への適応をしやすくしたり，幼児の経験を教材として生かす方向である．連携の動向の根底には，少子化の中で子どもも親も教師も地域の園や学校を中核にしてネットワークを作り，相互に協働し支援しあいながら，子どもの生活や発達の連続性を保証していくという考え方がある[8]．〔秋田喜代美〕

システムへの適切な資金援助の保証，大綱化の中での地域間格差是正，⑤教員の資質向上のための研修や労働条件の改善，⑥幼児の発達にふさわしい教育枠組みの提供吟味，⑦親・家庭・コミュニティへの関与，をあげている．

8) 幼小の教育のあり方とその関係は歴史的に繰り返し問われてきている．読み書き就学レディネス，幼稚園での遊びと生活科の相違なども過去には議論されてきた．21世紀の保幼小連携の動きは，幼小中高の教育課程の一貫性の動きの中で生まれてきており，文部科学省研究開発学校での取り組みから始まり，今は全国的に広がってきている．（詳しくは有馬幼稚園・小学校（執筆）秋田喜代美（執筆・監修）2002『幼小連携のカリキュラムづくりと実践事例』小学館　はじめ，開発学校を中心にして刊行された本を参照のこと．）幼小相互の独自性を認めた上でどのような接続が可能か，幼児期のさまざまな教科への「学習の芽生え」や協同的なあり方に注目して検討されてきている．

【参考文献】
秋田喜代美　2000　知をそだてる保育　ひかりのくに
秋田喜代美・安見克夫・増田時枝（編）2006　保育内容「環境」　みらい

V-42
早期教育

early childhood care and education

　父親が**英才教育**を施したモーツアルト（Mozart, W. A.: 1756-1791）は4歳で作曲を始め，10歳で歌劇を書き，12, 3歳の頃にはヨーロッパ中の音楽の大家を驚かせた．ミケランジェロ（Michelangelo: 1475-1564）は20歳のときダヴィデ像を作った．家族の各メンバーと家政婦が，それぞれ違う言語で話しかけて育てたウェブスター（Webster N.: 1758-1843）は，数カ国語を流暢に操ることができ，その語学力を生かしてウェブスター辞典を編纂した．このように**早期教育**と世界で偉業を成し遂げた人たちとの関係を示唆するエピソードは数多くある．他方でピカソが生涯に描いた作品は約14万8千点．死ぬまでの75年間に1日に5作品以上のペースで描き続けたことになる．手塚治虫が生涯に描いた作品の数は700点以上で約15万枚．ゲーテが恋人に送ったラブレターの数は1800通．天才とは才能もさることながら，他者の数倍訓練を積み上げた人でもあるとも言えよう．学習の成立が単純に「量」で決まると考えても，幼い頃から訓練を積めば学習には有利であるに違いない．

　イギリスの哲学者ジョン・スチュアート・ミル（Mill, J. S.: 1806-1873）は後年になって，自分が父親から受けた早期教育を自伝にまとめた[1]．それによると，ミルの父ジェイムズ（Mill, J.: 1773-1836，経済学者）はミルが同じ年ごろの子どもたちと接するのを嫌がった．ミルの父はミルが他の子どもたちと遊べば，その差が明らかになり，そして他の子どもたちの悪癖を学ぶだけでなく，思想や感情が同じような低いものに堕落するおそれがあると考えた．こうしてミルは学校に通わず，他の子どもとも遊んでいない．ミルは遊技や競技

1）ミル，J. S. 村井章子（訳）2008 ミル自伝 みすず書房 など．英語版は1873年に書かれている．

は全くできなかった．またミルの父は自惚れに侵されれば，どんな天才児もだめになると考え，ミルが自惚れないように，常に他者の賛辞を聞かせないように注意し，自分自身も決してミルを褒めなかった．こうして家を離れるまで，ミルは自分の学力が年齢以上であることを知らなかったという．

　エリクソン（Erikson, E. H.）は，人は成長に伴いさまざまな異質な人間関係をもつことによって成熟してゆくとしている．私たちは友達という窓口を通して自分とは異なる行為，習慣，発想などの存在に気づき，それを吸収してゆく．加えて団結した仲間関係は，親や教師という権威に立ち向かう対抗意識ともなる．そして，家族の中では許されないちょっとした反逆やルール違反を犯す勇気を与える．それは，狭い家族環境を超え，自分らしい道を歩き始める1つの糸口となる．これが子どもに自分の生育歴を越えて別種の可能性を作り出し，親とは違った規範をもたらす要因にもなり得る．ミルは仲間との対人関係をもったことがなかった．これはミルが後年にいたるまで，父親の手のひらから飛び出すことができなかった理由の1つだと考えられる[2]．

　ところである年，ハーヴァード大学に5人の**天才児**たちが入学した．サイヴァネティックスという新しい学問を作り出したウィーナー（Wiener, N.: 1894-1964）はこの年，14歳で入学を許可された．その後，ある学会誌にハーヴァードの天才児たちについての事例研究の論文が掲載された．その内容は，ウィーナーにとっては人格形成上の問題を論証されたような内容であり，彼については知的早熟さと社会的な未成熟の著しいアンバランスが指摘された．その後彼は，「俗人」に帰ることで活動的で健康な自分を取り戻すことができたという[2]．もう一人の天才児，サイディスは高度の専門知識では成功せず，単純な計算技師として生涯を終えた[3]．

　2,000人近くの偉人たちの資料を基に，偉人を3つの軸（偉大性，超越性，健全性）で分類を試みた研究によると，偉大であることと健全性を兼ね備えていることはかなり少ないと述べている．またこの分類に出てくる偉人たちは，必ずしも早期教育を受けた人ばかりではないことも窺える[4]．

2）藤永保　1990　幼児教育を考える　岩波新書

3）木村久一　1977　早教育と天才　玉川大学出版部

4）西平直喜　2004　偉い人とはどういう人か　北大路書房

上記の天才たちの例でなくても，世間には早期教育が優秀児を生むとの期待がある．しかし上記の天才たちはむしろ例外であり，多くの成功しない例が背後にあり，場合によっては誤った早期教育で子どもがむしばまれる場合があるという[5]．

　たとえば高級志向の親は子どもに高価なデザイナーズブランドの服を着せ，有名な幼児教室や教育プログラムに入れ，3歳の子どもを連れてヨーロッパ旅行や高級レストランに行く．このような親は，貧しい子ども時代を過ごしたために，がむしゃらに働いて出世をめざすタイプが多い．成功の恩恵を子どもに与え，子ども自身に自分たちのように頑張ってほしいと思う．ところが幼い頃からの豊かな生活は，子どもの自立心や成長の芽をつみ取り，所有物や他人への影響力だけで人の優劣をはかるような人間を育てる可能性もある[5]．

　学歴志向の親は，子どもを他者より「有利」な立場に置こうとする．勉強重視の幼稚園に入れ，早くから読み書きを教えれば知力が優秀になると考える．しかしここに重要な問題点がある．もし子どもが学業で成功を収めたら，それは親が教えたからであり，しかるべき時期にしかるべき学校に入れてやった親の手柄だと考える．ところが失敗した場合には，親がすべてのものを与えてやったのに活用できなかった子どもの落ち度となる．子どもの成功は親の手柄であるのに，親は失敗の責任はとらない．その結果，子どもが学業的に成功しても，それは親のおかげとなり，子どもは学業成績が優れていても有能感を全くもてない子どもになりかねない．その他，他の子と余りに違うために，同年齢の子から嫌われたり仲間はずれにされる子もいる．なかには，才能をひけらかし，教師の間違いをたびたび指摘する子どももいる[5]．

　絶対音感の獲得は小さい頃の方が有利だと言われる．第二外国語は12歳前に学んだほうがよいらしい等，天才を育てるというほどではないが，ある領域について早期教育の絶対的な優位性を信じる人は多い．これについて松田[6]は「いつから早期教育をやるか，未解決だと私が言ったのは，それで飯を食ってゆく専門家を作る教育の話しです．…踊りの専門家を作るのには，親の財布の底をはたいて，発表会をや

5) エルキンド, D. 幾島幸子（訳）1991 ミスエデュケーション：子どもをむしばむ早期教育　大日本図書

6) 松田道雄　1964　母親のための人生論　岩波新書

ったりすることも必要かもしれませんが，本職は本職でやっていて，人間の好みとして踊りをやるというのなら，大切な貯金は本職のために残しておくことです」と述べている．

ところで，子どもの発達には9歳の壁があると言われる．それは，9歳の前と後では，子どもの思考が異なってくることを言う．たとえば，ある概念を20回の質問で当てるゲームを行うと，9歳ごろから質問の仕方が変化するとの報告がある．子どもの質問は，主として2つに分類できる．一つは「それは犬ですか？」「チョコレートですか？」という，思いついたアイディアを照合する質問，もう一つは「それは食べられますか？」「それは教科書より小さいですか？」など，対象の所属するグループを絞ってゆくような質問である．ある研究によると[7]，6歳ではほとんどが思いついたアイディアを単純に質問するが，その種の質問は年齢とともに減少して行き，代わりに収縮的な質問が増加する．そして8歳頃に，この質問の仕方の優位性が逆転することが示されている（図42-1）．このような9歳前後の子ども達での思考の質的変化を示す報告は他にもある．

先に天才の例で出したウィーナーの次の逸話も9歳の壁が存在する例を表している．ウィーナーが7歳のとき妹が生まれた．ウィーナーは6歳から生物学の種々の書物を学び，生殖についての知識をもっていた．なのに彼は，人形などに適当な魔法をかけると赤ちゃんが生まれると信じていた．これは単なる早発性の知識は，いかに科学的であっても，それは人格の中に統合されるものではないことを示す例であろう．

〔青木多寿子〕

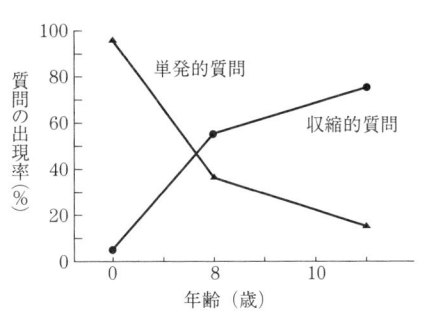

図42-1　子どもの質問のタイプの変化（Mosher & Hornsby, 1966[7]）

7) Mosher, F. A., & Hornsby, J. R. 1966 On asking questions. In J. Bruner et al. (Eds.), *Studies in cognitive growth*. New York: Wiley, pp.86-102.

【参考文献】
藤永保　1990　幼児教育を考える　岩波新書
エルキンド, D.　幾島幸子（訳）1991　ミスエデュケーション：子どもをむしばむ早期教育　大日本図書
宮原英種・宮原和子　1996　発達心理学を愉しむ　ナカニシヤ出版

V-43
芸術と教育

arts and education

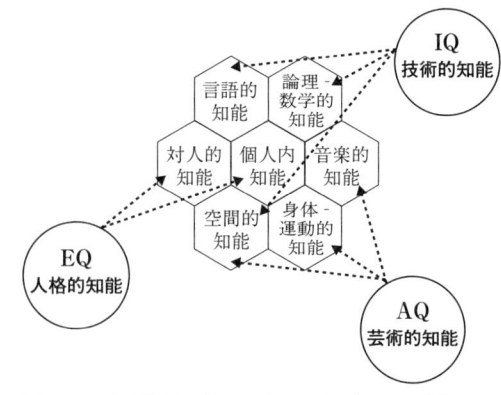

図43-1 多重知能理論のモデル図（子安，1999[8]）

芸術とは何か

芸術[1]は，英語ではartであるが，この語は単数形と複数形では意味が異なる．単数形のartは「映像の表象または思想の表現，特に彩色画，デッサン，木や石などからの造形」を，複数形のartsは「美術・音楽・演劇・映画・文学など」と定義されている[2]．すなわち，単数形の「アート」は「美術」または「造形」の意味にほぼ限定されるのに対し，複数形の「アーツ」は「芸術一般」を意味するものとして用いられる．

広い意味での芸術は，「一定の材料・技術・様式を駆使して，美的価値を創造・表現しようとする人間の活動およびその所産．造形芸術（彫刻・絵画・建築など）・表情芸術（舞踊・演劇など）・音響芸術（音楽）・言語芸術（詩・小説・戯曲など），また時間芸術と空間芸術など，視点に応じて種々に分類される」とある[3]．この定義は，文芸・音楽・絵画・彫刻・舞踊・演劇を七大芸術とする伝統的考え方に基づいている．1920年代半ばからは，映画が「第八芸術」として参加した．

芸術は教育可能か

芸術は，教育することが可能か．芸術と教育の関係を考えるときには，このごく基本的な問いから始めなければならない．東京藝術大学（1949年設立）を頂点とするわが国の芸術系大学・学部の存在は，もちろん芸術の教育可能性を前提としている．また，**鈴木メソッド**で有名な**才能教育研究会**[4]は，誰でも母語を学ぶことができるのだから，同様に誰でも音楽を学べるはずだと言う「母語教育法」の理念に基づき，

1)「芸術」の「芸」の字は本来「うん」と読まれる別の意味の字であり，旧字体では「藝術」という表記であった．雑誌『文藝春秋』や劇団「民藝」は，本来の字にこだわっている．

2)『ロングマン英語アクティベータ（第2版）』の"art"の項目より．

3)『広辞苑（第5版）』の「芸術」の項目より．

4) 1946年に鈴木鎮一が長野県松本市に「全国幼児教育同志会」を結成．1948年に「才能教育研究会」と改称，1950年に社団法人となる．才能教育研究会のホームページ；http://www.suzukimethod.or.jp/index.html

ヴァイオリン，ピアノ，チェロ，フルートによる幼児期からの音楽教育を行ってきた．

これらの教育機関の存在は，芸術が教育可能であることを前提とするものであることは言うまでもない．他方，和歌，俳句，能楽，狂言，歌舞伎などの伝統芸能は，学校教育の対象として教育が行われてこなかったものが多い．それは，**一子相伝**と言われるように，親から子へ代々受け継がれるものであった．能楽家の世阿弥（1363?-1443?）が残した『風姿花伝』は，その父親の観阿弥（1333-1384）からの教えを受け継いだ芸道論であり芸術教育論であるが，やはり一子相伝を前提としたものである．近代以前の社会では，芸術だけでなく，武道でも，宗教でも，教育のためのシステムやメソッドの枢要な点は秘密にされていた．家門に限定された密教的芸術教育が，万人に開かれた顕教的芸術教育に開花するのは，19世紀以後のことである．

美術の領域でも，近代以前は**徒弟制度**（apprenticeship）が教育機能の大きな部分を担っていた．たとえば，17世紀オランダ絵画を代表する芸術家**レンブラント**（Rembrandt Harmenszoon van Rijn: 1606-1669）は，大勢の弟子を集めて「レンブラント工房」を組織し，大量の優れた作品を生み出した．そこでの教育方法は，レンブラント自身が描いた作品をお手本として弟子に示して模写作品を描かせ，その後にお手本のほうは再びレンブラント自身が手を入れて完成品として売ったのだという[5]．

スタニスラフスキー・システム

演劇の世界で俳優の体系的教育方法を編み出したのは，ロシア・旧ソ連の俳優兼演出家**スタニスラフスキー**（Stanislavsky, K.: 1863-1938）であり，その著書『俳優修業』（新訳では『俳優の仕事』）において，主人公の成長物語の形で俳優養成術を示したとされる[6]．俳優修行において大切なのは，外観からのアプローチでなく，内面からのアプローチで演ずることである．すなわち，ある役のメークをして衣装をつければ，それだけで多少なりともそれらしく見えるだろう．しかし，役の心理を理解し表現する内面からのアプローチがなけれ

5) 尾崎彰宏 1995 レンブラント工房：絵画市場を翔けた画家 講談社

6) スタニスラフスキイ 山田肇（訳）1975 俳優修業 第一部・第二部 未來社
新訳として，
スタニスラフスキー 岩田貴・堀江新二・浦雅春・安達紀子（訳）2008 俳優の仕事：俳優教育システム 第一，第二部 未來社

ば，たちどころに馬脚をあらわしてしまう．

たとえば，黒澤明の映画『影武者』（1980年）を例にとって説明すると，『影武者』の主役の仲代達矢は，戦国時代の武将武田信玄と，その急逝後に無理やり影武者にさせられる「こそ泥」の両方を演じ分けなければならない．しかし，その外観はいずれも武田信玄の衣装・風貌である．したがって，武田信玄にされた「こそ泥」の内面の心理（最初は戸惑い，ややあって落ち着き，やがて信玄の威厳が乗り移っていく様子）を演技として外に表さなければならないのである．

もちろん，さまざまな役を演じ分けるためには，その内面心理の理解だけでは十分ではない．生身の身体をもった人間を表現するためには，それにふさわしい身体を作り上げ，発声の練習をしなければならない．スタニスラフスキー・システムは，このような訓練の体系化に最初に組織的に取り組んだものである．

芸術教育の基礎としての多重知能理論

アメリカの心理学者**ガードナー**（Gardner, H.: 1943- ）が提唱した**多重知能理論**（theory of multiple intelligences）は，芸術教育の基礎となる心理学の理論として重要である．幼少の頃からピアノに親しみ芸術に対して深い関心をもって育ったガードナーは，脳損傷患者の芸術能力の衰退などの研究を行うかたわら，ハーヴァード大学の芸術教育運動である「プロジェクト・ゼロ」に関わってきた．ガードナーが1983年に書いた『フレームズ・オヴ・マインド』は，多重知能理論の宣言の書となった．多重知能理論は，最初，人間の知能を次の七つに分類した[7]．

① 言語的知能（linguistic intelligence）：言語を理解し，言語で表現する能力
② 論理−数学的知能（logical-mathematical intelligence）：論理，数学を用いて問題を解決する能力
③ 音楽的知能（musical intelligence）：音楽の作曲，演奏，鑑賞に必要な能力
④ 身体−運動的知能（bodily-kinesthetic intelligence）：身体を用いて表現したり問題を解決したりする能力

[7] ガードナーの最初の本では，「対人的知能」と「個人内知能」は「人格的知能」としてまとめられている．Gardner, H. 1983 *Frames of mind: The theory of multiple intelligences.* Basic Books.
ガードナーは，その後下記の本で多重知能理論を拡張し，「博物的知能」，「霊的知能」，「実存的知能」を追加の候補とした．
ガードナー，H. 松村暢隆（訳）2001 MI：個性を生かす多重知能の理論 新曜社

⑤ 空間的知能（spatial intelligence）：二次元, 三次元の空間情報を認知し操作する能力
⑥ 対人的知能（interpersonal intelligence）：他者の感情・意図を理解し, 社会的関係を維持・発展させる能力
⑦ 個人内知能（intrapersonal intelligence）：自己自身を理解する能力

図 43-1 は「七つの六角形」という意味でヘプタ・ヘクサゴン・モデル（hepta-hexagon model）と筆者が名づけた多重知能理論のモデル図である[8]．多重知能理論は, 観点を変えて見ると, 人間の知能を「技術的知能」と「人格的知能」と「芸術的知能」の総和と考えるものである．

技術的知能（technical intelligence）は, 学校知能（academic intelligence）とも呼ばれ, 19世紀後半の学校教育の開始以後, 学校および社会で最も重視されてきた能力である．**人格的知能**（personal intelligence）とは,「自己理解」および「他者理解」に必要な能力をあわせてガードナーがこのように呼んだものである．この2つに加えて,**芸術的知能**（artistic intelligence）を知能の定義の中にしっかりと位置づけたことがガードナーの真骨頂である．

芸術的知能には, 音楽的知能（音楽の作曲・演奏・鑑賞など）, 身体－運動的知能（舞踊, 演劇など）, 空間的知能（美術・造形・デザインなど）が含まれる．これ以外にも, 文芸（詩・小説・戯曲など）のように, 言語的知能に関わる芸術もある．

芸術的「知能」と言うと, 遺伝的に規定された「素質」の要素が強調されているように聞こえるが, 高度な芸術能力は, 豊かな素質に加えて, 教育や訓練の要素も大きい．どの分野でも, その道で秀でた**熟達者**（expert）になるには, 最低10年間の集中的な修行や訓練が必要であるとされる．芸術的知能に含まれる具体的な内容をさらに明確にした上で, その熟達を育む教育をどのように展開していくかが今後の課題である． 〔子安増生〕

[8] ヘプタ・ヘクサゴン・モデルについては, 下記の文献参照.
子安増生 1999 幼児期の他者理解の発達：心のモジュール説による心理学的検討 京都大学学術出版会

【参考文献】
子安増生（編）2005 芸術心理学の新しいかたち 誠信書房

V-44 メディアと教育

media and education

メディアとは何か

メディア（media）とは,「中間」を意味するラテン語の「メディウス（medius）」に由来する「ミディアム（medium）」の複数形[1]であり, 何かと何かの「中間にあるもの」ということから,「媒体」を意味するようになった. コミュニケーション過程で起こる現象については, 情報の送り手と受け手の中間にあるものがメディアであり, この意味では, 言葉・身ぶり・表情・文字など日常的コミュニケーションの手段もメディアである. 他方, 新聞・雑誌・ラジオ・テレビ・映画・インターネットなどマス・コミュニケーションとして組織的に運営・利用される媒体は**マスメディア**（mass media）と呼ばれる.

映像メディアと教育

メディアの発達の歴史において, 第一に重要なのは**絵画**である. フランス南西部のラスコー（Lascaux）やスペイン北部のアルタミラ（Altamira）に残る旧石器時代の洞窟壁画には, ウシやウマやシカの姿が描かれている. これらの絵が狩りの獲物の「記録」なのか, むしろ獲物が捕れるようにとの「祈願」なのかはわからないが, それが動物の姿であるということは当時の「文字以前」の社会の人間にとっても一目瞭然であり, また数万年を経た現代人にも理解できる点が重要である.

絵画は, 宗教の成立とともに, 宗教的な概念・事件やその宗派の開祖・聖人を表すものとして教会・寺院の中で発展していった. キリスト教（カトリック）ではキリストとマリアを描いた聖母子像や受胎告知図など, 東方正教会（オーソド

[1] データ（data）がデイタム（datum）の複数形であることが忘れられやすいのと同じく, メディア（media）もミディアム（medium）の複数形であることは意識されにくい.

ックス）では聖人のイコン（icon），偶像崇拝を禁ずるイスラム教ではアラベスクと呼ばれる幾何学模様，仏教では仏陀や菩薩の像が好んで描かれた．これらの絵画は，信仰の対象であると同時に，布教や教育のために活用された．

絵画を近代教育の方法として体系的に導入したのは，チェコの教育思想家**コメニウス**（Comenius, J. A.: 1592-1670）である．コメニウスは，同一年齢の男女が同一の言語によって同一内容を学ぶという平等原理に基づく近代学校制度の原型を構想したが，その教育方法として，世界最初の絵入り教科書**『世界図絵』**を1658年に刊行した．そのため，コメニウスは「視聴覚教育の先覚者」と位置づけられている．

19世紀から20世紀にかけて，写真，映画，テレビ，ビデオという新しい映像メディアが次々と開発され，その教育的利用がはかられた（ビデオについては，ここでは説明を省略する）．

写真は，映像の投影，定着，複製という3つの過程がある[2]．**カメラ・オブスクラ**（camera obscura），すなわち「暗い部屋」の中に吊したスクリーンに小さな穴を通して室外の映像を「投影」できることは昔から知られていた[3]．しかし，その映像を「定着」させる最初の実用的技術が開発されたのは1839年のフランスの「ダゲレオタイプ」から，ネガーポジ法によって何枚でも写真の「複製」を作れるようになったのは1841年のイギリスの「カロタイプ」からであるとされる．

第二次世界大戦後，**視聴覚教育**（audio-visual education）の重要性が強調されるようになった．写真やスライド・プロジェクターは，一時期，視覚的情報提示の重要な方法となった．しかし，これらは，音声などの聴覚情報を伴わず，映画やテレビの動画＋音声の豊富な情報量にはかなわなかった．

映画の原理は，写真を連続して投影することにより生ずる**仮現運動**（apparent movement）である．撮影機で撮ったフィルムを映写機でスクリーンに映し出して有料で見せるという商業映画のシステムは，1895年にフランスのリュミエール兄弟[4]が始めたとされる．映画は，最初サイレント（無声映画）であったが，1927年のアメリカ映画『ジャズ・シ

2) 写真の歴史に関しては，下記の文献を参照．
三井圭司ほか　2005　写真の歴史入門　第一部「誕生」：新たな視覚のはじまり　新潮社

3) オランダの画家フェルメール（Vermeer, J.: 1632-1675）は，絵を描くときにカメラ・オブスクラの映像を参考にしたと言われている．

4) 兄オーギュスト・リュミエール（Lumière, A. M. L.: 1862-1954）と弟ルイ・リュミエール（Lumière, L. J.: 1864-1948）は「映画の父」と呼ばれる．

ンガー』以後，音声・音楽・音響の入るトーキーが当たり前となっていった．視聴覚教育の展開の中で，多くの教育用映画が製作され，学校で上映された．

テレビは，広く放送を通じて映像を大衆に提供する点が映画と異なる．テレビ技術の基本原理は，1920年代から開発が進められていたが，わが国では1953年にNHKのテレビ放送が開始され，1960年代に家庭での普及とカラー化が進行した．NHK教育テレビは1959年に開局された．

活字メディアと教育

「絵画 → 写真 → 映画 → テレビ → ビデオ」という映像メディアの発達史と並んで重要なのは，「文字 → 印刷 → タイプライター → コンピュータ」という活字メディアの発達史である．

前述のように，絵画は宗教を広めるために重要な役割を果たしてきたが，同時に「文字」で書かれた経典も重要であった．古くは木・竹・羊皮紙などに筆やペンで書かれた文字が紙に印刷されるようになったのは，ヨーロッパでは15世紀半ば，ドイツのグーテンベルク（Gutenberg, J.: 1397-1468）の**印刷術**の発明によるが，グーテンベルクの印刷術の目的は，そもそも聖書を印刷して世に広めるためのものであった．

20世紀半ばのコンピュータの発明は，ときに「第二のグーテンベルク革命」と呼ばれることがある．しかし，その前に，印刷術とコンピュータの間をつなぐ役割を結果的に担った**タイプライター**（typewriter）の存在を指摘しておきたい．世界で最初に商業的に成功したタイプライターは，アメリカの発明家ショールズ（Sholes, C. L.: 1819-1890）によって1868年に考案された．

タイプライターのキーボード配列[5]は，ほぼそのままコンピュータのキーボードに受け継がれていった．わが国では，タイプライターの歴史の乏しさがコンピュータの普及（特に学校での使用）にとってかなりのマイナス要因となった．

さて，コンピュータは，第二次世界大戦中に暗号の解読や大砲の弾道計算など軍事目的のために開発されたものである．それが世の中に最初に現れたのはENIAC（Electronic

5) タイプライターのキーボード配列は，左上の行がQWERTY…の順になっているので「クワーティ」型と呼ばれる．クワーティ型キーボードは，キー配列があまり合理的ではないが，タイプライターの百年以上の歴史が生き残らせた．

Numerical Integrator and Computer）という巨大な装置であり，1946年にアメリカのペンシルバニア大学で公開された．

コンピュータがタイプライターのようにパーソナルな機械になるのは1980年代以後であり，それまでは官庁・企業・大学において共同利用される大型計算機中心の体制が続いた．そのような時代には，コンピュータが教育用として学校に入り込むということはとても考えられなかったのである．

大型計算機がパーソナルコンピュータに発展していった歴史において，アラン・ケイ（Kay, A.: 1940-）[6]が提唱した**ダイナブック**（Dynabook）[7]構想が大きかったと言われる．ケイは，現在は当たり前だが大型計算機全盛時代には想像することさえ難しかった「本のように片手で持てて，子どもでも簡単に扱え，文字・映像・音声を同時処理する小型の安価なコンピュータ」を構想したのである．

わが国では，1985年（昭和60年）が「コンピュータ教育元年」と言われる．当時の文部省が重い腰を上げ，約20億円を予算化してパソコンなどの機器導入をはかった最初の年である．だが，それ以後もコンピュータ教育の歩みは順調とは言えなかった．

それは，コンピュータそのものの技術的未熟さもあったが，コンピュータを教育にどのように使えばよいかについての模索の時期であったことによる．たとえば，コンピュータ支援授業，通称**CAI**（computer assisted instruction）が重視された時期もあったが，ある教科の教材や試験問題をコンピュータが児童・生徒に提示し，その解答を採点するシステムを作成することは，担当教員に多大の労力の負担を求めることであった．また，そのことに必要な人材の育成も追いつかなかった．この状況が変化したのは，1990年代に入って**インターネット**（internet）が普及したことによる．インターネットのワールド・ワイド・ウェッブ機能を通じて，教室のコンピュータは，世界の無数の場所にあるコンピュータとつながることができるようになったのである[8]．　〔子安増生〕

6）アラン・ケイは，アメリカのコンピュータ科学者で，2004年度京都賞（先端技術部門）受賞．京都市のコンピュータ教育の実践にも協力してきた．

7）「ダイナブック」は東芝のノートパソコンの商標でもあるが，アラン・ケイの構想と直接の関係はない．

8）ラスコーやアルタミラの洞窟絵画を描いた旧石器時代人たちにとって，何万年も後の遠く離れた地の子どもたちから自分の絵が見られるなどとは，想像を絶することである．

【参考文献】
子安増生・山田冨美雄（編）1994　ニューメディア時代の子どもたち　有斐閣選書

V-45
ジェンダーと教育

gender and education

　性別に関する概念として，生物学的次元に基づいて男女の区別を表す**セックス**（sex）という概念と，男らしさ，女らしさといった心理社会的次元での区別を表すものとして，**ジェンダー**（gender）という概念が用いられている．そして，前者が生得的なものであるのに対して，後者は，ひとが成長するとともに学習されていくものであるとされている．

　そしてこの心理社会的性を支える概念としては，自らの性を受け入れ認知するという意味での**性同一性，男らしさ，女らしさ，男性性，女性性**など，態度や行動などに表れる**性役割**，社会から性別という立場に対して期待される性役割がある．こうした概念を説明する理論としては，精神分析理論や社会的学習理論，認知発達論などの立場があり，またそれらを区別しつつ，さらにさまざまな視点を包括して教育心理学では，性役割を中心とした研究の発展がなされてきている[1]．

　精神分析理論において**フロイト**（Freud, S.）は，精神発達図式を乳児期の口唇期，幼児期の肛門期，幼児期後期から児童期にかけての**エディプス期**，児童期から思春期以前の潜伏期，その後の思春期，性器期と分けている．エディプス期にあたる頃は男子と女子の発達が分かれてきて，社会的な意識が芽生えてくるという．周りからの性役割期待の始まりでもある．たとえば，男の子，女の子それぞれにそれらしい服装を身に着けさせ，振る舞いもしつけられる．日本では，男子，女子に分けての「節句行事」があり，それぞれ象徴的な儀式が受け継がれている．ごっこ遊びも始まり，女の子がお母さんの役割を見てそれと同じ振る舞いを真似して見せることも象徴的である．社会文化的な影響を大きく受け，性同一性を

[1] 性役割の概念，研究の歴史などは，以下の伊藤の著書，論文に詳細を見ることができる．
伊藤裕子（編）2000 ジェンダーの発達心理学　ミネルヴァ書房
伊藤裕子　1998　高校生のジェンダーをめぐる意識　教育心理学研究, 46 (3), 247-254. 他

確立させていく一歩と言える．**エリクソン**（Erikson, E. H.）は，心理社会的な発達課題をひとのライフサイクルに沿って8段階で説明したが，フロイトのエディプス期にあたる第Ⅲ段階の幼児期後期に，女の子，男の子が同性の親に対する積極的同一化をはかり，ごっこ遊びで積極的に自分の性の役割を演じようとすること，そしてその後の思春期・青年期において，自我同一性の獲得の時期に再度性同一性の確立が課題となることを指摘している．さらに青年期後期，成人期で，異性の中で自分を対立させつつも，親密な関係を形成することができるようになると述べている[2]．

このような男らしさ，女らしさは，文化社会的影響を受けながら，こうあるべきと伝統的に受け継がれてきた．またそうした理論をもとに女性性，男性性をはかる尺度も研究が積み重ねられていたのである．ところが，**ベム**（Bem, S, L.）[3,4]では，基本的に男性性，女性性は独立したものであると考え，それぞれの次元を測定するBSRI（Bem Sex Role Inventory）尺度を作成した．さらにその尺度を用いて，男らしさと女らしさ得点が共に高い者を**アンドロジニー（心理的両性具有性）**と呼び，伝統的な男性性優位，女性性優位のタイプよりも，精神的健康など，適応の面でも優れているとまとめている．その後，その結果に対する批判も出てきたものの，世界的なフェミニズムの運動が背景にあって，このようなジェンダー研究が活性化した．男性性，女性性を対極に考えず，独立した人格の要素としてとらえていくことで，日本においても男女平等の意識の高まりや教育への影響も大きくなっていった．

先述のように，基本的に生まれながらにして備わっている生物学的な意味での「性」に対して，このジェンダーの側面は，発達に従って習得されていく．そしてどのようにこの性役割を身に着けていくのかについて，生物学的基礎，社会的要因を重視した社会的学習理論，認知的要因を重視した認知発達理論，そして先のベムが提唱したジェンダー・スキーマ理論に大別できるという[5]．

このような心理学的な理論を前提に置くと，「教育現場」においての教育のあり方によって，将来獲得される性役割や，

2）鑪幹八郎 1977 精神分析と発達心理学：エリクソンを中心に 村井潤一（編）発達の理論 ミネルヴァ書房 pp.147-213.

3）Bem, S. L. 1974 The measurement of psychological androgyny. *Journal of Counseling and Clinical Psychology*, 42, 155-162.

4）Bem, S. L. 1975 Sex role Adaptability: One Consequence of psychological androgyny. *Journal of personality and Social Psychology*, 31, 634-643.

5）伊藤裕子 2006 ジェンダーとパーソナリティ 二宮克美・子安増生（編）キーワードコレクション パーソナリティ心理学 新曜社 pp.18-21.

異性に対する性役割期待が変化していくことになる．1999年に**男女共同参画社会基本法**が制定された．男女が互いに人権を尊重しつつ責任も分かち合い，性別にかかわりなく，その個性と能力を十分に発揮できる社会の実現をめざしたものである．近年において，これらの意識は教育現場にどのような改革をもたらしているのであろうか．

友野[6]，諸岡[7]，飯塚[8] ほかは，ジェンダーの視点から教育の歴史を振り返り，今後の課題をまとめている．日本においては，幼少期より男女の性差を意識化させるような遊びや儀式がある．それとは異なる次元で，戦前においては，男尊女卑の思想が支配的で，学校での男女差別や不平等ははなはだしく，「男女7歳にして席を同じくせず」と言われ，**男女別学**が基本であった．別学でありかつ教育内容も大きく異なり，女性が高度な専門的知識を得る機会もなかったという．その後男女別学と**男女共学**の問題は議論を重ね，改善が重ねられていった．しかし共学のレベルもいくつかあり，諸岡は，現代においても体育での教育内容は男女において差があり，それは男女の身体発達の差異によるものではなく，社会文化のあり方を反映しているものと指摘する．また最も男女の性役割を反映した科目と言われる「技術・家庭」という教科は，男子には，機械，木工等生産や製造にかかわる道具や材料の基礎知識，技能を教育し，女子には，料理，育児，裁縫や家事の基礎などを教育してきた．しかし現代において家庭内の役割の平等化を反映させ，教科として，男女が受ける教育内容はしだいに統一されてきている．

その一方で，先の友野他の実践研究などから，学校教育における**隠れたカリキュラム**（hidden curriculum）[9]，**潜在的カリキュラム**（latent curriculum）などと表現される，教科として表れない学校現場での教師の発言，学級運営や指導上の雰囲気などが生徒たちに影響を与えるものは大きいと言われている．たとえば，「名簿」は，現代においても多くの学校において，男子が先で女子が後になっている．ここから教師は意図しなくても，男子が女子に優先するというメッセージが生徒に伝わるという．さらに生活指導や進路指導におい

6）友野清文　2004「ジェンダーと教育」についての基礎的研究（1）日本私学教育研究所紀要 39, 65-85.

7）諸岡康哉　2002 男女共学と男女共同参画教育　広岡守穂（編）男女共同参画社会と学校教育　教育開発研究所　pp.64-67.

8）飯塚和子　2002 みえないカリキュラム　広岡守穂（編）男女共同参画社会と学校教育　教育開発研究所　pp.68-71.

9）「Ⅰ-6 教育課程」参照．

て，男子のほうを女子よりも厳しくしたりするのもこれにあたる．このような風潮は暗黙のうちに学内でのさまざまな行事，あるいは理科の実験などの場面においてみられ，リーダーシップをとるのは男子で，それを支える女子という役割ができあがっているという．確かに，他者からの**性役割期待**を感じ取って，男女それぞれが異なる役割をとることは現代にも見られる光景である．

しかしながら，後者の例にあるような性役割期待の場面などは，必ずしもマイナスばかりに受け取る必要はなく，柔らかい表現を用いれば，たまたまそのような性役割が「それぞれの持ち味」となって生かされ，能力を「自発的に発揮」できるのであればそれもよいと考える見方も存在する．そこに，「押しつけられた役割」，「制限された行動」や「差別された意識」が働くことが問題なのであって，極端な平等意識の提唱はかえって差別の意識化を促してしまうとも言われる．しかしこうした性役割が「自然に作られるのが問題なのだ」と指摘する意見もあり，議論は継続されるであろう．上記の先行研究でも，これらの教育現場での見えないカリキュラムがいつもマイナスに働くわけではなく，このような要素が大きく生徒に影響することを理解した上で，学級単位での教師や学校全体として，ジェンダーの意識改革をはかっていけるよう努力をすることができると述べている．

これまでのジェンダーと教育の歴史は，男尊女卑の差別化されたものをいかに平等にしていくかという努力であり，それが社会での男女共同参画社会へつながることが強調されてきた．このような長い歴史的な背景を教育現場に携わる専門家たちが正しく理解した上で，伝統的な性役割を否定することのみを強調せず，生物学的に備わっている互いの性を尊重し，特徴を理解し，生かし補い合いながら，同時に優劣をなくしていくことが望まれる．教育現場における男女固有の性の尊重は，人間の個の尊重であり，差別意識を廃止することが重要なのである． 〔高橋靖恵〕

【参考文献】

久世敏雄・齋藤耕二（監修）2000　青年心理学事典　福村出版

V-46
宗教と教育
religion and education

　宗教はキリスト教，イスラム教，仏教が三大宗教と言われているが，その中でもいくつかの宗派に分かれている．仏教を例にとって見てみると，仏教の始祖である釈尊[1]が教えを説いた当時には宗派はなかった．釈尊入滅の100年後，教団は戒律をめぐる解釈の違いから，保守派である上座部と進歩派である大衆部に分裂した．部派仏教は，悟りにいたるには出家して修行を積む必要があると考えていた．それに対抗して，一部の限られたものだけでなく，すべての人を悟りに導くべきであるとした大乗仏教が興った．釈尊の死後，インドから中国を経て日本に伝わり，2500年という長い年月のうちに，いくつもの宗派に分かれた[2]．

　奈良時代から近世末にかけては「神仏習合」の時代で，仏教が伝来し，長い時間を経て神への信仰と融和した．明治時代に神仏分離令が出され，第二次大戦後GHQ（アメリカ軍総司令部）が国家と神道のつながりを禁止した．神社は現在でも全国に約8万社あり，なかでも武家や寺院の守護神としての「八幡」信仰の神社が最も多い．次いで，国家鎮護の最高神で皇室の祖神としての「伊勢」信仰，3番目に雷雨の神，学問や和歌などの神様を祭った「天神」信仰と続いている．

信仰の発達
　ファウラー（Fowler, J.）は，**信仰**（faith）の発達段階説を提起した（表46-1）[3]．ファウラーによれば，信仰とは「人間が自己の存在や諸経験を意味のあるものとして了解するしかた」である．つまり，人生において意味や価値を探求しようとする活動を指している．表の縦列は信仰発達の段階を，横列は発達の側面を表している．道徳性の発達理論を提

[1] 本名はゴータマ・シッダールタ．紀元前463年（異説あり）に，インド北部のカピラバストゥで釈迦族の王子として生まれた．16歳のときに結婚し，一男をもうける．29歳のときにすべてを捨て修行者となった．ブッダガヤの菩提樹のもとで坐禅をし，35歳のときにブッダ（悟りを得た者）となった．80歳のときに，クシナガラの沙羅双樹の下で入滅した．

[2] 日本の宗派は，13宗ある．華厳宗，法相宗，律宗，天台宗，真言宗，融通念仏宗，浄土宗，浄土真宗，時宗，臨済宗，曹洞宗，黄檗宗，日蓮宗である．この13宗をもとに，さらにさまざまな派が枝分かれしている．

[3] Fowler, J. 1981 *Stages of faith: The psychology of human development and the quest for meaning.* New York: Harper & Row.

表 46-1　信仰発達の形式（構造）Fowler, J. W.: *Stages of Faith*, 1981, pp.244-245（西脇訳, 1998）をもとに修正加筆

側面 段階	A.論理の形式（Piaget）	B.他者の視点取得（Selman）	C.道徳判断の形式（Kohlberg）	D.社会的意識の境界	E.権威の所在	F.世界を統一する形式	G.象徴機能
段階1 直観的-投影的信仰	前操作	共感の萌芽（自己中心的）	罰と報酬	家族、一次的な他者	愛着-依存関係、権威の大きさ、強度、視覚的象徴	エピソード的	魔術的-神秘的
段階2 神話的-字義的信仰	具体的操作	単一の視点を取得	道具主義的な快楽主義（互恵的公平性）	「私たちに似た人々」（民族、社会層、宗教）	権威役割の所有者、個人的関係による増長	叙述的-ドラマ的	一元的, 逐語的
段階3 総合的-慣習的信仰	初期の形式的操作	相互的な視点を取得	個人間の期待と同調	個人的関係のある様々な集団	個人的に価値のある集団の同意、信念-価値的伝統の代表者	象徴を媒介とし包括的に捉えた暗黙のシステム	多元的象徴、象徴自体が力を喚起
段階4 個別的-内省的信仰	形式的操作（二分法的）	自ら選択した集団ないし社会層との、相互的な視点を取得（社会的）	社会的視点、熟考された相対主義ないし帰属集団に依拠した普遍主義	自ら選択した規範や考えと合致した共同体	自ら選択した理想による独自の判断、これと合致した権威と規範	概念を媒介とした明確なシステム	象徴自体と象徴されたものとの分離、観念への変換、象徴された意味が力を喚起
段階5 結合的信仰	形式的操作（弁証法的）	帰属集団ないし社会層以外の複数の集団との、相互的な視点を取得	社会に先立つ、原理としての法（普遍的かつ批判的）	各社会層の規範や関心事外への拡大、他者集団の「真理」「主張」への、鍛練された感受性	判断-経験過程の弁証法的結合、他者および蓄積された人類の知恵の要求も省察	象徴と概念を媒介とした多元システム	象徴のもつ力とその観念的意味との批判を経た結合、象徴のもつ（またそれを超えた）現実、及び無意識過程が力を喚起
段階6 普遍的（全人類的）信仰	形式的操作（合成的）	存在の共益共同体との相互的視点理解	存在への忠実	諸民族との同一化、存在の超自己愛的な愛	諸段階の経験が加味され、自我渇望によって浄化され、存在の原理への直観によった自らの判断	「多者を超えた一者」の統一性に参与する、統一的現実	現実（象徴と自己によって媒介された現実）の統一を通して活性化された象徴が力を喚起

唱したコールバーグ（Kohlberg, L.）の影響を受け，認知構成主義の立場をとっている．横列の A ～ G の 7 つの側面から信仰の発達がとらえられており，心理・社会的発達論と言える[4]．

この 6 段階に先立つ段階 0 は，この表では省かれているが，**最初の信仰**の段階（幼児）であり，幼児とその養育者との間に発達する信頼感によって定義される前言語的な信仰である．

段階 1 は**直観的－投影的信仰**（児童期初期）であり，信仰は，脅威と保護の両方の力を思い浮かべさせるようにつくら

4）西脇良　1998　J. W. ファウラーの信仰発達理論に関する文献研究：共同体と共にある信仰発達　カトリック教育研究，第 15 号，21-30.

5）阿満利麿　1996　日本人はなぜ無宗教なのか　ちくま新書

れたイメージによって定義される．

段階2は**神話的-字義的信仰**（学童期）で，神話や語りの評価を字義通り受け取り，信仰を説明し表現する能力を価値づけることによって定義される．

段階3は**総合的-慣習的信仰**（青年期と成人期）の段階で，慣習的あるいは合意的に認可された権威から引き出される世界観の発達により定義される．

段階4は**個別的-内省的信仰**（青年期後期と成人期）で，「非神話化」の段階とも呼ばれる．暗黙裡に共有していた諸価値を内省的にとらえなおし，独自の個別的な人生観を組織化する段階である．

段階5は**結合的信仰**（平均年齢約30歳）で，前段階の葛藤を経た段階で，共有された諸価値を多元的に認めるとともに，それらのいずれにも拘束されない段階である．

段階6は**普遍的信仰**（平均年齢最低約40歳）で，普遍的な共同体の一員としての意識をもち，「多者を超えた一者」からの愛と正義の命令を実行する全人類的信仰の段階である．

ところで，日本人には特有の信仰心が見られる．たとえば，年末・年始の行動を考えてみると，12月25日のクリスマスにはキリスト教の救世主の誕生を祝ってケーキを食べ，12月31日の大晦日にはお寺の除夜の鐘を撞いて煩悩をはらい，元旦には神社に初詣に出掛けて拍手(かしわで)を打つといったように，まさに多宗教の様相を呈している．あるいは，「無宗教という宗教心」をもっているとも言われる[5]．

NHK放送文化研究所による調査[6]では，「宗教とか信仰とかに関係することがらで，信じているもの」を問う項目がある．2003年の結果で最も多かったのは，「仏」の39％，続いて「神」の31％であった．「神」または「仏」のどちらかを信じていると回答した人は，国民全体の約半数の48％であり，「何も信じていない」の26％を上回っている．また，神や仏への信仰心に対して年齢の上昇が与える影響はそれほど大きくなく，世代の違い（戦前・戦中 ＞ 戦後 ＞ 戦無）が信仰心に及ぼす影響が大きいことを指摘している．キリスト教徒やイスラム教徒にとって，神は唯一の存在であり，同

6) NHK放送文化研究所（編）2004 現代日本人の意識構造（第六版）日本放送出版協会

7) Starbuck, E. D. 1899 *Psychology of religion*. London: Walter Scott.

8) James, W. 1902 *The varieties of religious experience*. New York: Longmans.

9) Hall, G. S. 1904 *Adolescence: Its psychology and relations to physiology, anthropology, sociology, sex, crime, religion, and education*, 2 Vols. New York: Appleton.
Hall, G. S. 1917 *Jesus, Christ, in the light of psychology*, 2 Vols. New York: Appleton.

10) Oser, F. K., Scarlett, W. G., & Bucher, A. 2006 Religious and spiritual development throughout the life span. In R. M. Lerner (Vol. Ed.), *Handbook of child psychology*, 6th ed. Vol.1. New York: John Wiley & Sons, pp.942-998.

11) Koenig, H. G. (Ed.), 1998 *Handbook of religion and mental health*. San Diego: Academic Press.
Koenig, H. G., McCullough, M. E., &

時に複数の神々を信じることはあり得ない．日本では八百万(やおよろず)の神々がおり，日本独特の宗教観があると言える．

　宗教心理学を最初に著書の題目として用いたのは，19世紀末のスターバック（Starbuck, E. D.）であった[7]．その後，20世紀初頭には，心理学者のジェームズ（James, W.）[8]やホール（Hall, G. S.）[9]も，宗教に関連した著作を書いている．最新の『児童心理学ハンドブック』の第6版（2006）では，「生涯をとおしての宗教的ならびにスピリチュアルな発達」の章[10]があり，精神的健康やウェルビーイング（well-being）との関連が論じられている．また，宗教と健康に関するハンドブックも刊行されている[11]．わが国では，松本が『宗教心理学』[12]という書を出版し，また金児(かねこ)は社会心理学の視点から日本人の宗教性を考察している[13]．最近では宗教心理学研究会が設立され，活発に研究が進められている[14]．

　歴史的に見ると宗教と教育は密接な関係にあった．学校という組織的・系統的な教育の場が出てくるはるか以前から，宗教の教えを伝える目的のため修行という名のもとに教育がなされていた．また，**宗教教育**と道徳教育とは密接な関係にあった．西欧社会では，キリスト教による宗教教育と道徳教育は表裏一体の関係にあり，今日に至るまで道徳教育の基底に宗教教育が位置づけられている．わが国の宗教教育については，明治時代には儒教主義的な道徳教育に彩られていたが，1945年8月の終戦によって大きく方向転換がはかられた．現在の憲法では，第20条3で「国及びその機関は，宗教教育その他いかなる宗教的活動もしてはならない」とされている．その結果，宗教と教育の分離（**世俗化：secularization**）がはかられた．しかし，それでもなお日本の私学のいくつかは，設立母体として特定の宗教と関連している．学科名として，キリスト教学科，神学科，仏教学科などが設置されていると同時に，教育のバックボーンとして建学の精神である宗教に関わる教育がなされている[15]．

〔二宮克美〕

【参考文献】
金児曉嗣　1997　日本人の宗教性：オカゲとタタリの社会心理学　新曜社

Larson, D. B. (Eds.) 2001 *Handbook of religion and health*. New York: Oxford University Press.

12) 松本滋　1979　宗教心理学　東京大学出版会

13) 金児曉嗣　1997　日本人の宗教性：オカゲとタタリの社会心理学　新曜社

14) 西脇良　2006　宗教心理学の体系化に関する研究：宗教心理学の社会的貢献にむけて　平成17年度科学研究費補助金研究成果報告書

15) キリスト教系の大学として国際基督教大学，立教大学，上智大学，東京女子大学，青山学院大学，南山大学などがある．また，仏教系大学には宗派によって分かれており，浄土宗系は佛教大学，浄土真宗系は龍谷大学や大谷大学，曹洞宗系は駒澤大学，愛知学院大学，東北福祉大学，臨済宗系は花園大学，天台宗系は大正大学，日蓮宗系は日本福祉大学，文教大学，立正大学などがある．神道系では國學院大學や皇學館大學がある．

V-47
交通安全教育

traffic safety guidance

　日本の学校教育において**交通安全についての指導**のあり方が正式に示されたのは，1962年（昭和37年）である[1]．それによれば，前年の事故件数は50万件で，死者はそのうちの1万3千人，それらのうちの約20％が15歳以下の幼児・児童および生徒であることが憂慮されている．具体的な通達の内容は以下の6つであるが，これらは今日でも古さを感じさせない．① 交通事故の原因について（歩行者の原因，運転者側の原因），② 関係者の相互の協力について，③ 学校における交通安全に関する指導について（交通安全に関する指導について必要と感じられる事項，交通安全の指導にあたって特に考慮すべき事項，交通安全の指導は，各教科，道徳，特別教育活動，学校行事等その他学校における教育活動の全体を通じておこなうこと），④ 児童生徒の登下校時における指導管理について，⑤ 家庭における子どもに対する交通安全に関する指導について，⑥ 社会教育における交通安全の普及啓発について．その後，幸いなことに，幼児，児童，生徒の交通事故死者数は低下してきたが，いつまた増加するかわからず，引き続いての安全教育が必要になっている．

　交通事故死者数を状態別・年齢別に見ると[2]，歩行中の死者数，自転車乗用中の死者数ともに，65歳以上の高齢者が，他の年齢層に比べ圧倒的に多い．自動二輪乗車中の死者数については，16歳〜24歳の若者層が高い．自動車乗車中の死者数については65歳以上の層が多く，50歳〜59歳がこれに次いでいる．15歳以下の状態別を見ると，歩行中が一番多く，次が自転車乗車中である．16歳〜24歳の層では，自動車乗車中，自動二輪者乗車中，原付自転車乗車中の順に多

1) 昭和37年5月2日付文部省事務次官通達「交通事故の防止について」

2) 交通安全白書（平成19年度版）内閣府 p.13.

くなっている．このように，年齢層によって死亡事故の状態に違いがある．

　そこで，子どもや青年の道路上の空間移動の手段を考えてみるならば，一般的には，幼児単独では歩行が多く，児童，青年と大きくなるにつれて，それが三輪車，自転車，原付自動二輪，自動車となる．つまり**交通安全教育のポイント**は，最初は交通事故の**被害者としての教育**であるが，しだいに**加害者としての教育**に代わっていくことになる[3]．もちろん幼児では保護者同伴の場合が多いから，保護者に対する交通安全教育も重要となる．

　幼稚園の重点事項としては，道路の歩行，道路の横断，乗り物の安全な利用の3つが重要である[4]．いずれも歩行者としての交通安全教育に焦点を当てた取り組みがなされている．一例として3歳から5歳までの交通安全教育用の保育絵本[5]をみると，年少児用絵本では他者と一緒の歩行が扱われているのに対し，年長用絵本では一人歩きが想定され，発達が考慮された内容になっている．

　道路の歩行や横断と言うと，心理学ですぐ思いつくのは**空間概念**の発達である．有名な**ピアジェ**（Piaget, J.）の3つ山問題では自分の左右の位置確認や相手の位置からの視点の推測について研究が続けられてきたが，細かい条件の違いや類似課題の種類によって，それらを理解することのできる年齢は異なっている[6]．一斉指導にとどまらず，個に応じた指導が必要になる．

　歩行者として安全な道路通行をするには，標識・表示の種類と意味の理解が必要である．幼児が当事者である交通事故では，道路への飛び出し，自動車や電車の直前直後の横断が危険であることなどを理解させる．歩道については，歩行者が通って安全な路側帯や危険な歩道を理解させる．横断歩道，信号機の種類と意味，踏切の通り方，雨天に歩く場合の注意などは，幼児の交通安全教育において必ず指導している内容である．自動車については，チャイルドシートや，運転席のハンドルの役割，自動車の特徴（死角，内輪差）について指導する．また，幼児は単独で路上に出ることは比較的少ない

3）大野木裕明　1991　わが国の学校交通安全教育に関する動向：心理学的研究を中心として　福井大学教育学部紀要（第四部）41，79-115.

4）交通安全の確保と交通安全教育の徹底について（昭和56年6月22日文体保第116号通達）

5）吉田瑩一郎・石井善一　1983　幼児の交通安全　明治図書出版　本書には，「どうろをあるくとき」「しんごうのみかた」「どうろをわたるとき」「ほどうきょうをわたろう」「あめのひかぜのひ」「さむいひのあるきかた」「ふみきりをわたるとき」「とびだしはあぶない」「くるまにちかよらない」「くるまののりおり」「どうろでのあそび」「じてんしゃにのるとき」の12場面が示されている．

6）子安増生　1990　幼児の空間的自己中心性：Piagetの3つの山問題とその追試研究　京都大学教育学部紀要，36，81-114.

ので，幼児の保護者に対する交通安全教育も重要である．

小学生の交通安全教育については，「交通安全の確保と交通安全教育の徹底について」で小学生の重点事項が通達されている[7]．それらは，道路の歩行と横断，乗り物の安全な利用と自動車の機能，自転車の安全な乗り方と点検の3つである．年齢的に見ると小学生は交通安全教育で言う児童（6歳以上13歳未満の者）にあたる．この年齢では，幼児期よりもはるかに行動範囲が広くなり，特に高学年では保護者から離れて道路で単独行動をする機会が増える．したがって，歩行者あるいは自転車の利用者として，道路における**危険予知**意識を高め，**危険回避行動**をとる能力を育成することが目的になっている．被害者にならないような交通安全教育を行うことは幼児期と同様である．

小学校低学年では依然として保護者の果たすべき役割は大きい．特に，道路交通法では交通の頻繁な道路または踏切，あるいはその付近で児童を遊ばせてはならないことが定められているので，自転車の正しい乗り方を含め交通ルールの遵守を徹底させることが重要になっている[8]．

中学校における交通安全教育は，一部，保健体育のうちの保健分野で行われる[9]．「2　内容　(3) 傷害の防止について理解を深めることができるようにする」に，以下のようにある．「ア　自然災害や交通事故などによる傷害は，人的要因や環境要因などがかかわって発生すること．また，傷害の多くは安全な行動，環境の改善によって防止できること．」先の「交通安全の確保と交通安全教育の徹底について」による中学生の重点事項は，自転車の安全な利用，自動車の基本的な構造と機能，交通事故防止と安全な生活の3つである．これは，保健体育のほか，特別活動のうちの学級活動の時間でなされる．

危険予測や危険回避行動を育成するには，認知能力や回避行動の実践がポイントとなる．道路利用者が感じるヒヤリ体験，ハット体験は，危険予知能力や危険回避能力と結びつく認知能力と考えられる．たとえば深沢[10]は図47-1のような道路交通事故発生の模式図を提案している．①がドライバーの自動車走行行動とすると，②は，たとえば見通しが悪

7) 4) と同じ．

8) 道路交通法上は自転車も車両の一種である．車両として交通ルールを遵守し交通マナーを徹底することが，安全に自転車を利用して道路を利用できることにつながる．自転車の正しい乗り方，自転車の点検整備についての学習は特別活動の授業時間などを利用して進められる．

9) 中学校学習指導要領（平成20年）p.95.

10) 深沢伸幸　1988　危険感受性テストを活用したドライバー教育のすすめ方　日本交通心理学会（編）新しいドライバー教育の方法と実践（安全運転の心理学2）　企業開発センター発行／清文社発売　pp.42-71.

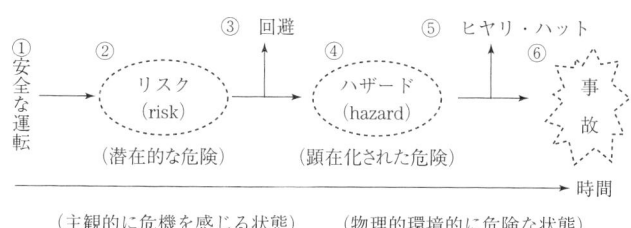

```
①        ②          ③回避    ④          ⑤ヒヤリ・ハット
安全な → リスク  →      → ハザード →          ⑥事故
運転    (risk)           (hazard)
       (潜在的な危険)    (顕在化された危険)
                                                      → 時間
```

(主観的に危機を感じる状態)　　(物理的環境的に危険な状態)
- 注意の向け方　　　　　　　　- あわてる（誤動作）
- 予測のあり方　　　　　　　　- 操作不能
- 安全運転に対する心構え　　　　（コントロール不能）

(前注意＝リスクを感じる準備状態)
- 安全運転に対する心構えの強さ，あり方の重要な状態

図47-1　道路交通事故発生の模式図（深沢，1988）[10]

く信号もない交差点に差しかかったときの**リスク認知**である．子どもや老人が飛び出してくるかどうかは不明であるが数秒先にはそのような可能性があると直感することが②のリスク認知である．幼児や低学年児童は②のリスク認知が劣るので，教師や保護者が教え込むことが交通安全教育の主眼となるが，中学生ではドライバー側の視点に立って危険回避行動をとることも被害者にならないために重要である．ドライバーの視点を知ることは，主に，自動車の走行特性やヒヤリ・ハット体験の知識を提供することにより導かれる．

　高等学校では保健体育やホームルームの時間による安全教育だけでなく，むしろ生徒指導に力点が移り始める．校区が広がるので，自転車通学の多い高校では，2人乗り，並列走行，信号無視，無灯火，盗難など交通マナーの悪い生徒に対する生徒指導で多忙となる．1976年（昭和51年）頃からは「三ない運動」が広がったが[11]，これは危険に接触させないという意味での安全の考え方に基づいていて，このような「乗ることの禁止」には限界がある．今日では「乗せて教える」安全教育への方向転換が生まれている．〔大野木裕明〕

11）三ない運動とは，3つの「ない」，つまり免許を取らない，二輪車（ミニバイク，オートバイ）を買わない，乗らないの3つの禁止行動である．最初は暴走族対策，まもなく交通事故防止のための施策となった．効果はあったが禁止には限界があり，1989年（平成元年）には「二輪車の事故防止に関する総合対策」（政府の諮問機関である交通対策本部による指針）を出して，三ない運動の見直しを明らかにした．

【参考文献】
交通安全白書　内閣府（毎年度刊行）
吉田瑩一郎（監修）1990　ケーススタディー　高校における交通安全教育　交通教育を考える会発行／星雲社発売

V-48
アドミッション・オフィス
office of admissions

英語で「アドミッション」とは,「入場許可」を意味する.admission ticket は入場券,admission fee は入場料のことである.それが教育関連用語になったときに特別な意味合いを帯びるのは,教育制度が国や地域によって千差万別であることに由来する.それぞれの国や文化圏には特有の習慣や価値観に根ざしてできあがった教育制度があり,対応した概念や用語がある.逆に,日本で当たり前だと思われている日常的な言葉を,的確な外国語に置き換えて普遍的な概念として表現するのが難しい場合もある.日本で**大学入試**(university entrance examinations)と言えば,何を意味するのか誰でも容易に理解できるので,あえて説明を加える必要もない.大学入試という言葉は,基本的に日本の大学が入学試験によって入学者を選抜し,試験に合格した者に対して入学許可を与える制度を採ってきた伝統に基づく.日本社会で暮らしている限り,当然のシステムであり,違和感を覚えることはない.しかし大学入試という日本語は,適切な訳語を選べば中国,韓国,台湾といった東アジアの国々では簡単に通じるだろうが,北米やヨーロッパで正しく理解されるのは難しいかもしれない.ちなみに,日本の大学入試制度を含み,一般的,普遍的に通用する言葉は,**大学入学者選抜**(university admissions)である.

高等教育の世界で**アドミッション・オフィス**と言えば,北米の大学に見られる大学入学者選抜を行う専門組織を意味する[1].もちろん,日本の大学にも入試事務を司るセクションがあり,「入試課」などの名称がつけられている.しかし,北米のアドミッション・オフィスは違った機能をもつ組織で

1) 英国を除き,伝統的なヨーロッパの大学入学者選抜制度の考え方では,おおむね高校卒業資格がそのまま大学入学資格となる.すなわち,大学進学を認められた高校を卒業すれば,自分の希望する大学の希望する学部で学べるのが基本と理解してよいと思われる.以前から入学制限(numerus clausus)という制度はあるが,厳密には「選抜」という訳語は伝統的なヨーロッパの制度には当てはまらないのかもしれない.ただし,昨今は後期中等教育と高等教育のユニバーサル化,ボーダレス化により,伝統と現実の間で大いに揺れているように感じられる.

ある．端的に言えば，日本の大学では入試は教員の職権に属する．入試課の職員が書類の受け付け，試験会場の準備，合否判定資料の整理といった入試関連の実務作業を担当しても，彼らが受験生の合否を決定するわけではない．合否の決定は，実質的に教授会といった教員組織で行われているのが通例である．それに対して，北米の大学では大学教員が学士課程（学部）段階の入学者選抜に関与することはない．アドミッション・オフィスの職員が合否を決定する．入学者選抜に関するアドミッション・オフィスの権限は大きい．このように，アドミッション・オフィスというのは，もともとは北米の大学の一セクションを指すきわめて特殊な用語で，日本で暮らすほとんどの人には無縁の言葉であったと考えてよい．

ところが，今では教育心理学に関わる重要なキーワードに取り上げられるほど認知度が上がってきた．アドミッション・オフィス[2]という耳慣れないカタカナ語がよく聞かれるようになったのは，ここ15～20年ほどの日本の大学入試状況の変化と密接な関係がある．

1990年度，慶應義塾大学湘南藤沢キャンパス（慶應SFC）が開設された．当時，慶應SFCは新しい構想の大学として脚光を浴びた．慶應SFCでは新しいキャンパスにふさわしい新しい方式の入試を編み出して実施したと自認していた．従来の枠に収まらない優秀な志願者を発掘するには，ペーパーテストを主体とした従来の大学入試では不十分と考え，丁寧な面接や膨大な作品，書類を評価することで合否を決定する方式を採用したのであった．北米の大学入学者選抜制度から名を借りて，それを **AO入試**（アドミッション・オフィス入試）と名づけたのである．

AO入試は，注目度の割にすぐには広まらなかった．コストがかさむからである．一人ひとりの受験生の膨大な資料を吟味しながら合否を決定するプロセスは，大学にとっても受験生にとっても大きな負担となる．転機が訪れたのは開始から10年経過した2000年度になってからのことである．背景には教育政策の後押しがあった．1997年の中教審答申[3]で

2）アドミッションズ・オフィスとも言う．AOと略されることもある．

3）中央教育審議会（1997）．21世紀を展望したわが国の教育の在り方について（第2次答申）を参照のこと．

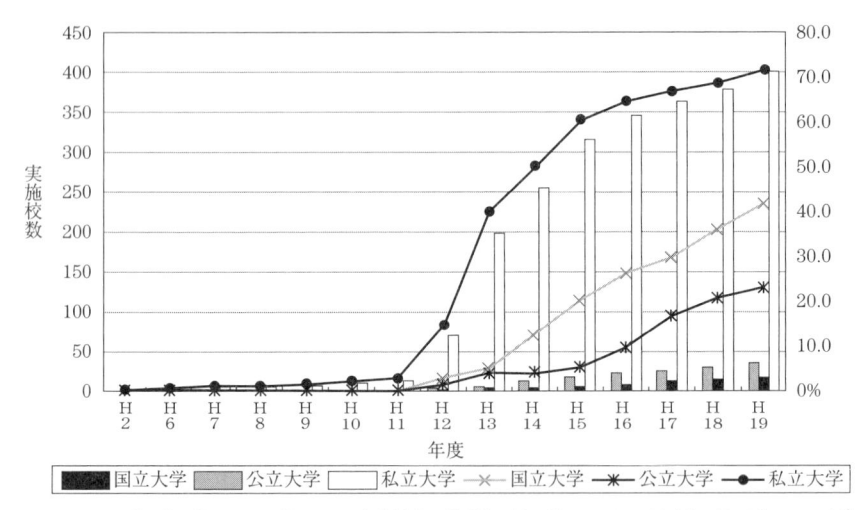

図48-1　AO入試の普及状況　注：棒グラフは実施校数（左軸），折れ線グラフは％（右軸）（倉元他，2008）[4]

アドミッション・オフィスの整備が謳われ，4つの国公立大学にアドミッションセンターが発足して国公立大学でもAO入試が始まったのをきっかけに，爆発的に普及していった．2007年度現在，私立大学の7割以上，国立大学の4割，公立大学の2割以上がAO入試を導入している（図48-1参照）．AO入試を経て大学に入学した学生も4万人を突破し，約7％にのぼる．

日本のAO入試は，北米の大学入学者選抜方法とは全く別のものと考えるべきだろう．アメリカの大学でも入学者選抜にそれほど手間隙をかけているわけではない．多くの大学では，**SAT**（Scholastic Assessment Test），**ACTAP**（ACT Assessment Program）といった共通テスト[5]の成績と，調査書等の比較的単純な資料を基に，事前に定められた基準に則って機械的に志願書類を合否に振り分けているのが実情に近い．丁寧に時間をかけるのは，判断に迷う例外事例に限られるようである．

さらに，現在のAO入試は慶應SFC方式と言うこともできない．慶應SFC方式は，言わばスーパーエリートの獲得をめざした入試方法であった．それに類似した入試方法を採っても，従来の枠に収まらないスーパーエリートが大学入

4) 倉元直樹・鈴木敏明・石井光夫　2008　平成18年度AO入試の実施状況に関するアンケート調査の結果について　東北大学高等教育開発推進センター紀要　第3号，247-258．

5) SATはカレッジボードがETS（Educational Testing Service）に委託して実施しているテストで，大学入学者選抜や奨学金分配の資料として利用されている．ACTAPは，より教科に根ざした内容である．これらのテストの概略については，次の文献を参照のこと．藤井光昭・柳井晴夫・荒井克弘（編著）2002　大学入試における総合試験の国際比較：我が国の入試改善にむけて

者の7％も存在することがあり得ないことは自明である．

　ある程度の指針はあっても「AO入試とは何か」という明確な規定はない．2000年の大学審答申には「アドミッション・オフィス入試には明確な定義はなく，具体的な内容は各大学の創意工夫にゆだねられている」とされている．さらに「アドミッション・オフィスなる機関が行うというよりは，学力検査に偏ることなく，詳細な書類審査と時間を掛けた丁寧な面接等を組み合わせることによって，受検者の能力・適性や学習に対する意欲，目的意識等を総合的に判定しようとするきめ細やかな選抜方法の一つとして受け止められている」と書かれている．実際，日本の大学でアメリカ型のアドミッション・オフィスはほとんど普及していない．言うなれば，アドミッション・オフィスが関与しない大学入学者選抜方法に対して「アドミッションズ・オフィス入試（AO入試）」という呼称が与えられているのである．AO入試というのは従来の伝統的な大学入試との区別はついても，それ以上の内実は判然としない．その目的も実情も，当初の構想やイメージとはかけ離れたものになっていることは想像に難くない．

　現在，AO入試に対して学力チェックを経ないで大学に入学できる抜け道の1つという批判がある．2007年度現在，**推薦入学**[6]による入学者も約36％を占め，一般選抜を経て大学に入学する割合は約57％にすぎない．推薦入学の開始は11月からという規定があるが，AO入試にはそれも存在しない．制度上は，早い時期に合格を出して学生を確保することも可能である．実際には，一般入試より学力水準が高いAO入試や名ばかりの学力選抜の一般入試もあるので一概には言えないが，4割ほどの大学生が大学入試を経ないで大学に入学し，一般入試を突破した学生と混在して学んでいるのが現在の日本の大学の現状である．　　〔倉元直樹〕

多賀出版

6）入学定員の一部について，出身学校長の推薦に基づき，原則として学力検査を免除し調査書を主な資料として判定する方法．公式には1967年度から導入．

【参考文献】

レマン, N.　久野温穏（訳）　2001　ビッグ・テスト：アメリカの大学入試制度：知的エリート階級はいかにつくられたか　早川書房

倉元直樹　2000　アメリカの大学入試事情，IDE・現代の高等教育　これからの入学者選抜：アドミッションポリシー，No.416, 50-54.

V-49
ファカルティ・ディベロップメント
faculty development

　ファカルティとは大学における教員集団（専門分野ごとの教員集団）またはその構成メンバーのことで，**ファカルティ・ディベロップメント**（以下，FD）は，教員集団の職能を高めるためのさまざまな研修プログラム等の総体である．

　FD は欧米の大学では古くから行われており [1]，大学内に「教育センター（Center for Teaching and Learning）」といった名称の組織があり，学生指導法や授業方法などについての研修プログラムを提供している．大学教員の仕事は研究，教育，大学運営業務など多岐にわたるので，それらを効果的にやりくりするためのノウハウの研修などもある．大学院生時代に受ける TA（teaching assistant）研修や，若手教員のための研修プログラム，管理職のためのプログラムなどもある．

　イギリスでは **PDCHE**（Post Doctoral Certificate of Higher Education）と呼ばれる若手教員向けの研修プログラムが普及している．これは大学の教育センター等が提供する教育研究プログラムであり，このプログラムを終了すると認定証 [2] が交付される．PDCHE 修了者は高等教育アカデミー（Higher Education Academy）[3] の会員になることができ，昨今ではこの認定証をもっていることが，大学で教員として採用される際に必要なことも多いという [4]．

　ただし，FD というのはこのような形式をしっかり備えた研修プログラムのみを指すのではない．教育実践やカリキュラムづくりをどうするかを，個々の教員が個人的に努力するだけではなく，相互に話し合ったり情報提供をしたりするインフォーマルなものも FD である．

1）ただし日本では FD という言葉が使われるのが主流であるのに対して，英国やオーストラリアでは staff development（SD）とも呼ばれることが主流である．アメリカでは professional development や organizational development など多様な名称が使われる．また，対象者が教員であるとは限らない．administrator と呼ばれる大学経営の専門家が欧米の大学には多くいるが，そのような職員のための研修も含む．

2）認定（certificate）であり学位ではないが，60 単位分の研修プログラムなので，ほぼ修士学位に匹敵する．受講者は研修を受け身的に聞くのではなく，**ティーチング・ポートフォリオ**（teaching portfolio）の作成を通じて，自分自身の教育実践を「研究」する．

3）1997 年に出されたデアリング報告書（英

グローバル化や知識基盤社会化と呼ばれる世界情勢の変遷の中で，日本でもより質の高い大学教育をめざす動きが盛んである．FDについても，2007年4月に大学院設置基準が改訂されて大学院教育でのFD実施が義務化されており，さらに2008年4月からは学士課程教育でも義務化された[5,6]．

　日本の大学でFDが重視されるようになった背景には，大学教育の**質保証**（quality assurance）が強く求められるようになったことがある．大学教育の質保証とは，各大学が掲げている教育目標が本当に実現されていることを，学生や受験生，さらには一般社会といった学外者からも確認できるようにすることである．具体的には次のようなことである．

　まず各大学は，それぞれの教育課程（学士課程，修士課程，博士課程など）の教育目標（人材育成目標）を明示しなければならない[7]．そしてその教育目標を実現し得るカリキュラムを構築し，各授業（コース）[8]を配置する．各授業（コース）には当該のカリキュラムに沿って，それぞれの到達目標がある．これらの授業で学ぶ学生が，授業での学習を通じて到達目標に到達し，その授業に割り当てられている単位を取得できれば，最終的にその大学の教育目標が実現されるというわけである．

　ここで重要なことが2つある．1つは，各授業（コース）の目標の実現は，教員がどのような教育をしたかで決まるのではなく，学生がその目標に到達したかどうかで決まるということである．もう1つは，日本の大学で取り入れられている単位制度は学生が相当時間数の自習を行うことを前提としているということである．具体的には，1単位とは45時間分の学習時間に相当すると定められている．この45時間のうち，教室での学習時間と授業時間外の自習時間の割合は，講義・演習・実習といった授業の種類によって異なっているが，いずれの場合も，教室等での授業時間の学習だけでは45時間に満たない[9]．そのため各授業（コース）は学生が一定時間数の授業時間外学習を実施することを前提に授業が設計されなければならず，それを前提とした単位認定（成績判定）が行われなければならない．

国高等教育制度検討委員会による勧告）を受けて創設された団体で，各大学や諸学会に対して学生の学習を促進する教育方法等に関する情報提供を行ったり，各大学のPDCHEプログラムの適格性を評価したりする．

4) PDCHEについての詳しい説明は次の論文を参照．
加藤かおり 2008 英国高等教育資格課程（PDCHE）における大学教員の教育職能開発 高等教育研究，第11集 pp.145-163．

5) 2008年4月に施行される大学設置基準第4条において「大学は，当該大学の授業の内容及び方法の改善をはかるための組織的な研修及び研究を実施するものとすること」と定められている．

6) ただし，FD義務化が教育の充実に向けた教職員同士の自由な議論を妨げ，各大学が形だけの講習会やセミナーの実施に汲々としてしまうのではないかという危惧ももたれている．この問題について詳しくは，大学教育学会の「大学教育学会誌」の各号において，FDのあり方に関するシンポジウム等の報告があるので参照のこと．

このようなことから，教育の質保証のためには，学生がしかるべく自主学習をすることが必須となる．そしてそのためには学生が学習計画を立てるための情報が必要になる．この情報源として重要な役割をもつのが**シラバス**（syllabus）である．シラバスと言うと日本では，年度始めに配布される分厚い授業案内の冊子を思い浮かべることが，まだまだ多いかもしれない．しかしその授業案内冊子は厳密にはシラバスとは呼ばない．授業案内冊子にある情報だけではシラバスとして不十分である上に，自習をするときに逐一参照するには重くて持ち運びにくいためである．学生の自主学習に役に立つシラバスは，授業冊子とは別に第1回目の授業の際などに，配布される[10]．シラバスに書くべきことは多くあるが，主には次の5点である．

最も重要なことは，その授業（コース）の到達目標である．目標があいまいなままでは，学生は効果的に学習できない．なお授業の目標を記述する際には，学生が何を身に着けるべきかを記述する．教員が何を話すかを記述するのではない．

2つ目は授業のスケジュールと成績評価の情報である．どのようなトピックをどのようなスケジュールで扱うのか，レポート課題などを提出する場合はその期限はいつであるのか等の情報は，学生が自習の計画を立てるのに不可欠である．また成績判定は，各授業の到達目標への学生の到達具合を判定するのにふさわしい方法を用いて行われる．大学の授業には多くの種類があり，それぞれの授業の成績評価の方針が明確でないと学生は混乱する．

3つ目は教材に関する情報である．効果的な自習のためには，参考文献をはじめとする多くの教材が必要であり，その入手方法等についての情報が必要である．

4つ目は教員の連絡先やオフィスアワー[11]の時間帯などを示す．

5つ目としては授業の履修に際しての注意事項をあげることができる．受講資格や授業の進め方，受講生に求めたい態度等について，できるだけ詳しく明示する．

このように，シラバスに記述する情報は多く，シラバスの

7) この人材育成目標の明示も，2008年4月から大学設置基準で義務づけられる．第1条第1項において「大学は，学部，学科又は課程ごとに，人材の養成に関する目的その他の教育研究上の目的を学則等に定め，公表するものとすること」と定められている．学則に定めるということは，それらの教育目標が単なる掛け声やスローガンではなく，それを大学が責任をもって実現する義務を負うということでもある．

8) 大学教育においては，授業開始から期末試験を終えて成績判定がされるまでの授業全体を course と呼び，各回の授業を class と呼んで区別することも多い．ここではどちらも「授業」と表記し，必要に応じて対応する表記をあてる．

9) 週に1回の授業がある講義科目の場合，通常は1セメスター（15週）で2単位が付与されることが多い．この場合，教室での授業時間の2倍の授業時間外の自習が必要になる．

10) 苅谷剛彦　1992　アメリカの大学・ニッポンの大学：TA・シラバス・授業評価　玉

作成は実は大変な作業である．冒頭で述べた欧米のFDプログラムでは，シラバスの書き方（すなわち授業設計の方法）に関する研修が大きな位置を占めている．

シラバスへのよくある反対意見は「授業は生き物であり，シラバスに書いたとおりに授業を行うことなどあり得ない」というものである．だが，上述のように教育の質保証が強く求められる現在，大学の授業も教育も，教員の真心だけでは完成しない．学生や社会に対して一定の約束をし，それを守るという組織的な取り組みが求められる．そのために授業（コース）もまた，事前に十分に考えて設計されねばならず，それをシラバスで学生に表明しなければならない．

しかし全く逸脱しないですむシラバスを書くのは，経験の浅い教員には難しい．十分考えてシラバスを書いても，最重要事項の授業の到達目標の実現のために，予定変更が必要なこともある．そういう場合は，教員は学生にそのことを説明して理解してもらい，その経験を次の授業設計に生かすことになる[12]．

質の高い大学教育は，個々の教員の真心と努力のみでは実現しない．組織的な教育の設計と運用，そして評価が必要である．FDはそれらを可能にするための教員同士の研修や議論の場である．そこでは教員個々人の能力開発だけが求められるのではなく，大学としての組織的な教育力の向上が期待される．

そして大学教育の質は，最終的には学生が学ぶことによって達成されるものなので，質の高い大学教育は教員と学生の双方によって実現される．教員側の組織的で反省的な教育実践と，学生の側の自覚的で計画的な学習の両方が必要なのである．学生に提示されるシラバスは，この両者をつなぎ，学生に対する教育成果を実現するための重要なツールの1つである．

〔西垣順子〕

川大学出版部

11) 教員が自分の研究室に在室して，学生の質問等を受ける時間帯のこと．その時間帯であれば確実に教員と連絡がとれるという時間を，学生のために確保する制度である．

12) 昨今はICT技術の進歩と普及に伴い，インターネット上で学外からも閲覧できるオンラインシラバスも普及している．また，第1回の授業（ガイダンス）で教員が話す情報をビデオ収録したビジュアル・シラバスのような試みもある．いずれも学生の利便性向上をはかるものであるが，教員にとっても学内外の教員のシラバスを参照できるということは，自分自身の授業を再検討する上で有効な情報源となるだろう．

【参考文献】
池田輝政・戸田山和久・近田政博・中井俊樹　2001　成長するティップス先生：授業デザインのための秘訣集　玉川大学出版部
絹川正吉　2006　大学教育の思想：学士課程教育のデザイン　東信堂

V-50 支援ネットワーク

support network

子どもの成長を援助するネットワーク

すべての子どもが，成長する過程で援助を必要としている．そしてすべての子どもの成長を援助するのは，地域全体であり，社会全体である．

ネットワークとは「網のような組織」のことであり，情報交換を行う個々の人のつながり（『大辞泉』）という意味がある．ここでは，子どもの成長を援助する資源のつながりとしての「支援ネットワーク」をとりあげる．とくに**子どもの苦戦**[1]を援助するネットワークに焦点をあてる．子どもを援助する人的資源には，教師，スクールカウンセラー，医師，児童相談所の所員，少年サポートセンターの担当者のような職業的な援助者だけでなく，地域の住民，民間非営利団体（NPO）の方など，ボランティア的な援助者も含まれる．ネットワークの会合も，広域特別支援連携協議会のようなフォーマルなものも，不登校を援助する教師や親の会のようなインフォーマルなものもある．学校は子どもの教育機関であり，子どもを援助するネットワークのセンターである．

たとえば，不登校や発達障害で苦戦する子どもへの援助を進めていく過程で，保護者と学級担任がつながり，養護教諭やスクールカウンセラーが子どもの「援助チーム」[2]に加わり，「校内委員会」[3]等を通して，校内全体での援助に発展する．そして，子どもの**援助ニーズ**に応じて，医療や福祉などの社会資源を活用することになる．これが「横の連携」であり，一人ひとりの子どもの今を援助するものである．また子どもが乳幼児期から学童期，青年期に至る過程において，子どもの発達の援助を一貫して行うために，援助者や援助機

1)「Ⅳ-34 学校生活での苦戦」参照．

2) 援助チーム：教師・保護者・スクールカウンセラーなど，苦戦する子どもに関して直接援助する者のチーム．子どもの状況についてのアセスメントに基づき，個別の目標と援助案に基づいて援助を行う．
　石隈利紀・田村節子 2003 石隈・田村式援助シートによるチーム援助入門：学校心理学・実践編　図書文化社

3) 校内委員会：発達障害などで苦戦する子どもに関して，援助サービスのコーディネーションをめざして，定期的に開かれる．特別支援教育コーディネーター，教育相談担当，生徒指導主事，学年主任，養護教諭，スクールカウンセラー，および管理職などからなる恒常的な組織である．

関の「縦の連携」も必要となる．ネットワークは，横の連携と縦の連携を支えるものである．

支援ネットワークには，子どもの援助ニーズに応じて活用されていく「その子どものためのネットワーク」と，地域での援助活動が進むなかで整備され，共有される「地域のネットワーク」という側面がある．子どものためのネットワークは，子どもの援助チームが拡大していくものととらえることができる．援助チームの拡大の際，地域のネットワークから，子どものための援助資源を探すことができる．たとえば，特別支援教育に関するネットワーク，非行に関する地域のサポート・チーム，不登校や発達障害に関する親の会など，地域のネットワークが有用である．また「日本発達障害ネットワーク」[4]など全国レベルのネットワークは，行政への働きかけを通して社会全体への影響力も大きい．

支援ネットワークで満たす子どもの援助ニーズ

一人ひとりの子どもの援助ニーズを満たすために，**援助資源**が必要となり，組み合わされる．子どもの援助ニーズを把握しながら，援助のネットワークを活用する．子どもの援助ニーズは多様であるが，ここで4種類あげる．

① **教育的ニーズ** 子どもの教育的ニーズは，学校心理学で整理されているように，学習面，心理・社会面，進路面，健康面など学校生活全体におよぶ．学校内で提供できる援助の特性と限界をふまえて，外部機関を利用する．学校には，各教科の授業，特別活動など，集団での指導・援助場面が多様にある．学級担任，部活動の顧問，養護教諭など多様な援助資源がある．学校の力の再発見が重要である．一方，学校では，個別の指導・援助サービスは不足しやすい．教育相談室や適応指導教室，民間におけるソーシャルスキルトレーニングの場などを，支援ネットワークに加えることが望ましい．

② **医療的ニーズ** 子どもの健康上の問題や障害に関して，医学的な診断や治療は重要である．医学的評価は，発達や学校生活で苦戦している子どもの理解を促進し，また治療は子どもの心と体の健康の回復を援助する．子どもの心身の発達において心配があるとき，また子どもの学習面や行動面での

4）日本発達障害ネットワーク（JDDネット）：「NPO法人　アスペ・エルデの会」，「NPO法人　えじそんくらぶ」，「NPO法人　EDGE」，「全国LD親の会」，「社団法人　日本自閉症協会」の5団体が発起団体として，2005年に発足した．自閉症，アスペルガー症候群その他の広汎性発達障害，学習障害，注意欠陥多動性障害等の発達障害のある人およびその家族に対する支援を行うとともに，発達障害に関する社会一般の理解向上を図り，発達障害のある人の福祉の増進に寄与することを目指すネットワーク．発達障害関係の全国団体・地方団体や発達障害関係の学会・研究会（例：日本LD学会），職能団体なども含めた，幅広いネットワークを目指している．

苦戦が教育的な枠組みだけでは理解しにくいときは，小児科，内科，神経科，精神科など，医療の専門家への相談を検討する．

③ **家族の福祉的ニーズ** 子どもの家族において，福祉的ニーズの高い場合がある．たとえば，夫婦関係，親子関係など家族間の関係で家族だけでは解決できない問題があったり，経済的な援助を必要としたりする場合がある．そして保護者の養育機能が限られていたり，虐待が疑われる場合がある．これらの場合は，子どもの家庭環境そのものに対して，児童相談所，市町村の福祉課などの福祉的サービスが必要である．学校が福祉的ニーズに応えることは困難である．しかし，学校は子どもの福祉上の問題の目撃者になることが多く，「子どもを守る地域ネットワーク」等[5]を活用して，子どもの福祉的ニーズが満たされるような行動を起こす責任がある．

④ **保護者のカウンセリングニーズ** 保護者は「自分の子どもの専門家」であり，子どもを援助するネットワークの中心にいる．子どもの援助について検討するとき，保護者は，学校の教師やスクールカウンセラーと対等に関わることが望まれる．しかし，子どもが苦戦するとき，保護者の心理的な苦悩は大きくなり，教師らと対等にかかわることが負担になることがある[6]．

保護者自身がカウンセリングニーズ（心理的な援助ニーズ）をもつとき，どのような援助が有効だろうか．保護者は，障害のある子どもや不登校の子どもの親の会への参加により，保護者仲間から支えられる．同時に，保護者自身が相談機関や医療機関で援助を受けることも選択肢となる．

支援ネットワークの促進要因

子どもの援助者をつなぎ，ネットワークを構築し，促進するのはなんだろうか．まずネットワークの援助者に必要な3つの要因をあげたい．

① **助けられ上手（被援助志向性）** 被援助志向性とは，「自分ひとりで解決できない問題に出会ったとき，援助を求める態度」[7]と定義される．子どもの援助者は，ひとりで援助しようと思わず，子どもの援助ニーズを満たすために，多様な援助者に，相談したり，依頼したりすることが大切であ

5) 子どもを守る地域ネットワーク（要保護児童対策地域協議会）：2004年の児童福祉法の改正により，虐待を受けた児童などに対する市町村の体制強化を固めるため，児童相談所，学校，病院などの関係機関が連携を図り児童虐待等への対応を行うことをめざして設置が定められた．

6) 田村節子・石隈利紀 2007 保護者はクライエントから子どもの援助のパートナーへとどのように変容するか：母親の手記の質的分析 教育心理学研究，55, 438-450.

7) 水野治久・石隈利紀 1999 被援助志向性，被援助行動に関する研究の動向 教育心理学研究，47, 530-539.

田村修一・石隈利紀 2006 中学校教師の被援助志向性に関する研

る．つまり，援助者として助けられ上手になることである．

② **話し合う力** 子どもの援助をめぐって，話し合いがもたれる．援助者のネットワークが機能するためには，「お互いの意見を聞く」，「他者の意見との相違を明確にして，自分の意見を簡潔に述べる」など，対等に話し合う力が必要である．上手な話し合いの基盤は，参加者がお互いの立場や経験（社会的防衛の鎧）を尊重することである．

③ **「変化」を見つけ言葉にする力** 子どもの援助のネットワークが活性化し，維持するためには，援助者の参加意欲を維持することが重要である．参加者の意欲を高めるには，子どもが変わることであり，援助者が変わることである．子どもの変化を見つけ言葉にする力，援助者の変化を見つけ言葉にする力が，ネットワークのエネルギーの源になる．

さらに，ネットワーク促進のために必要なことをあげる．

① **コーディネーターの育成と活用** 学校心理士などネットワークの構築に力をもつ人材を活かし，スクールカウンセラーやスクールソーシャルワーカーなど地域や学校で援助サービスを専門に行う職業を育てながら，コーディネーターの役割を機能させることが重要である．

② **親の会など NPO の参加** 子どもの苦戦にかかわるさまざまな親の会など民間の団体は，地域のなかで，子どもの発達を促進するのに大きな力をもつ．

③ **さまざまな支援ネットワーク間の連携** 特別支援教育に関するネットワーク，児童虐待に対応するネットワーク，非行に対応するネットワークなどが，子どもの成長の援助という共通の目標で，連携することが望ましい．

すべての子どもの成長のために，「みんなが資源　みんなで支援」を推進するネットワークを発展させたい．

〔石隈利紀〕

究：状態・特性被援助志向性尺度の作成および信頼性と妥当性の検討　教育心理学研究，54, 75-89．

【参考文献】
石隈利紀・高橋あつ子　2005　支援のためのネットワークづくり　下司昌一・石隈利紀・緒方明子・柘植雅義・服部美佳子・宮本信也（編）現場で役立つ特別支援教育ハンドブック（pp.234-238）　日本文化科学社

人名索引

ア　行

青木繁伸　124, 130
赤木恒雄　9
秋田喜代美　31, 41, 43, 85, 96, 179
東洋　2
足立浩平　116
アーチャー　Archer, J.　79
阿満利麿　197
新井郁男　22
荒井克弘　111, 206
荒木紀幸　60
アレクサンダー　Alexander, P. A.　4
安西祐一郎　77
アンダーソン　Anderson, J. R.　76

飯塚和子　194
池田秀男　10
池田央　128
石井善一　201
石井光夫　206
石隈利紀　21, 122, 147, 150, 151, 155, 212, 214
市川伸一　2, 100, 166, 168
伊藤美奈子　133
伊藤裕子　192, 193
稲垣佳世子　Inagaki, K.　77, 78, 82
稲葉小由紀　22
入澤宗寿　49
岩原信九郎　124

ウィーナー　Wiener, N.　181
ウィルソン　Wilson, J.　59
ウィン　Winne, P. H.　4
上野一彦　93
ウェルマン　Wellman, H. M.　84
ウェンガー　Wenger, E.　31
ウェンツェル　Wentzel, K. R.　79
ウォーカー　Walker, P.　61
ヴォスニアード　Vosniadou, S.　83
潮木守一　22
牛島義友　4
内山登紀夫　57
ヴント　Wundt, W.　3, 71

エイベルソン　Abelson, R.　76
エームズ　Ames, C.　79, 81
エリクソン　Erikson, E. H.　158, 181, 193
エルキンド　Elkind, D.　182

近江玲　103
大野和男　162, 164
大野久　20, 22
大野木裕明　201
大村彰道　75
岡田いずみ　168
岡田努　119
岡田昌史　130
緒方智子　64, 65
岡林秀樹　141
奥村泰之　130
オサー　Oser, F. K.　198
苧阪満里子　91
尾崎彰宏　185
押切久遠　149
オーズベル　Ausubel, D. P.　86, 88, 89
小野浩　22
オメリク　Omelich, C. L.　80

カ　行

海津亜希子　38
海保博之　112
カウフマン　Kaufman, A. S.　123
柏木惠子　2
片山美香　64
加藤かおり　209
加藤十八　29
ガードナー　Gardner, H.　38, 68, 186
金児曉嗣　199
金田茂裕　56
苅谷剛彦　211

菊池城司　22
北尾倫彦　4
木村久一　181
木村拓也　46
キャロル　Carroll, J. B.　118

キルシェンバウム　Kirschenbaum, H.　59

楠見孝　92
久世敏雄　2, 20
國吉裕加　134
倉石精一　2
クラグランスキ　Kruglanski, A.　96
倉橋惣三　177
倉元直樹　46, 111, 206
クリーク　Krieck, E.　8
グリーン　Greene, D.　78
クルーガー　Kluger, A. N.　103
クレフト　Kreft, I.　119
グロスマン　Grossman, P. L.　40, 41
黒柳徹子　57
クロンバック　Cronbach, L. J.　3, 36, 107
桑村幸恵　22

ケアリー　Carey, S.　82
ケイ　Kay, A.　191
ゲゼル　Gesell, A. L.　66, 70, 72
ケーニグ　Koenig, H. G.　198
ケーラー　Köhler, W.　69

國分康孝　149
小嶋秀夫　4
ゴットフレッドソン　Gottfredson, L. S.　50
小林稔　21
コビントン　Covington, M. V.　80
コメニウス　Comenius, J. A.　189
子安増生　38, 184, 187, 201
コール　Cole, M.　94
コールズ　Coles, R.　61
コールバーグ　Kohlberg, L.　60, 197
近藤邦夫　121, 147

サ 行
サイモン　Simon, S. B.　59
坂元章　103
坂本安　134
櫻井茂男　121
佐藤克敏　38
佐藤琢志　165
佐藤学　22, 23, 31, 39
佐藤安子　165
サルツビイ　Sulzby, E.　95
サルト　Sarto, M. M.　97

澤柳政太郎　25
三田谷啓　49

ジェイコブソン　Jacobson, L.　42
ジェームズ　James, W.　198, 199
芝祐順　124, 128, 129
柴田義松　4
島井哲志　164
清水賢二　149
清水義弘　22
下山晴彦　100, 156, 160
釈尊　196
シャルチエ　Chartier, R.　94
シャンク　Schank, R.　76
シュルマン　Shulman, L.　40, 41
生島浩　149
ショーン　Schön, D.　31, 42

スカーレット　Scarlett, W. G.　198
スキナー　Skinner, B. F.　3, 68
祐宗省三　164
鈴木鎮一　184
鈴木智美　65
鈴木誠　44
スタニスラフスキイ　Stanislavsky, K.　185
スターバック　Starbuck, E. D.　198, 199
スティーヴンス　Stevens, S. S.　105
スーパー　Super, D. E.　50
スペンサー　Spencer, H.　54
角谷詩織　21

世阿弥　185
セリグマン　Seligman, M. E. R.　81
セルマン　Selman, R.　61
仙崎武　51

ソーンダイク　Thorndike, E. L.　3, 68

タ 行
田浦武雄　2
高橋彩　22
高橋惠子　Takahashi, K.　85
高橋登　91
高橋靖恵　134
田上不二夫　121, 147
武内清　22
竹村明子　21

鑪幹八郎　158, 193
谷村亮　56
玉永公子　93
ターマン　Terman, L. M.　141, 142
田村修一　214
田村節子　122, 147, 155, 212, 214
ダーリング-ハモンド　Darling-Hammond, L.　43
樽木靖夫　21
丹後俊郎　103

千々布敏弥　31
チュ・サン　Chyug Sun　61

鶴田和美　159

ティール　Teale, W.　95
デニシ　Denisi, A.　103
デュルケム　Durkheim, É.　16, 27
デ・リーウ　de Leeuw, J.　119

當眞千賀子　135
戸塚滝登　84
トーマ　Thoma, S. J.　60
友野清文　194
トールマン　Tolman, E. C.　68
トロウ　Trow, M. A.　110
トンプソン　Thompson, H.　71

ナ　行

長倉康彦　25
中谷素之　79
ナーバァエツ　Narvaez, D.　59

西里静彦　Nishisato, S.　119
西田裕紀子　165
西平直喜　182
西脇良　197, 199
ニスベット　Nisbett, R. E.　78
二宮克美　20, 22

野口富美子　43
ノッディングス　Noddings, N.　42

ハ　行

ハイダー　Heider, F.　80
ハウ　Howe, L. W.　59

バウアー　Bower, G. H.　74
パヴロフ　Pavlov, I. P.　68, 71
南風原朝和　100, 124
橋本昭彦　47
波多野誼余夫　Hatano, G.　77, 78, 85
バッデリー　Baddley, A. D.　75
服部環　114, 117
羽江未里　134
バーリナー　Berliner, D. C.　4
パリンサー　Palincsar, A. S.　91
ハル　Hull, C. L.　68
バンデューラ　Bandura, A.　72

ピアジェ　Piaget, J.　69, 72, 201
ビネー　Binet, A.　38
平井洋子　106
平山るみ　92
ヒルガード　Hilgard, E. R.　74

ファウラー　Fowler, J.　196
ファース　Furth, H. G.　85
フィッツジェラルド　Fitzgerald, D.　89
フェイガン　Fagan, T. K.　156
フェルメール　Vermeer, J.　189
フォックス　Fox, J.　130
深沢伸幸　202, 203
福井敏　160
藤井光昭　206
藤澤伸介　168
藤永保　181
フックス　Fuchs, D.　37
ブッチャー　Bucher, A.　198
舟尾暢男　130
ブラウン　Brown, A. L.　91
ブランスフォード　Bransford, J.　43
ブルーナー　Bruner, J. S.　3, 69, 87, 95
ブルーワー　Brewer, W. F.　83
フロイト　Freud, S.　192

ペスタロッチ　Pestalozzi, J. H.　2
ベボウ　Bebeau, M.J.　60
ベム　Bem, S. L.　193
ヘルバルト　Herbart, J. F.　3

ホーデル　Hodell, M.　78
ポランニー　Polanyi, M.　30, 76
堀啓造　117, 130

ホール　Hall, G. S.　3, 70, 198, 199
ホーンスビイ　Hornsby, B.　93
ホーンスビイ　Hornsby, J. R.　183

マ 行

マイアー　Maier, S. F.　81
前原武子　21
マクレオッド　McLeod, J.　132
松井仁　43
松浦義行　128
マッカラフ　McCullough, M. E.　198
松木邦裕　65
松田文子　56
松田道雄　182
松橋有子　64
松原治郎　22
松村暢隆　36
松本滋　199
真野宮雄　8
マンドラー　Mandler, J.　76

水野治久　214
溝上慎一　159
三井圭司　189
三橋節　49
三村隆男　48, 50
三宅和夫　4
宮崎由子　64, 65
宮沢秀次　22
宮原英種　71
宮原和子　71
美山理香　134
ミル　Mill, J. S.　180

無藤隆　4, 21, 96
村上千恵子　118
村上宣寛　118
村山航　37

モイマン　Meumann, E.　3
モッシャー　Mosher, F. A.　180, 183
森田洋司　149
諸岡康哉　194

ヤ 行

柳井晴夫　116, 206
山中淑江　161
山本ちか　22
山本政人　4

吉田瑩一郎　201
吉田甫　56
吉村斉　21
依田新　4

ラ 行

ラーソン　Larson, D. B.　198
ラメルハート　Rumelhart, D. E.　95
ラングラン　Lengrand, P.　9
ランパート　Lampert, M.　41

リコーナ　Lickona, T.　60
リトル　Little, J.　43
リフ　Ryff, C. D.　164
リュミエール　Lumière, A. M. L.　189
リュミエール　Lumière, L. J.　189

ルイス　Lewis, C.　43
ルソー　Rousseau, J-J.　2

レイヴ　Lave, J.　31
レスト　Rest, J.　59
レッパー　Lepper, M. R.　78
レンブラント　Rembrandt Harmenszoon van Rijn　185

ローゼンソール　Rothental, R.　42, 101
ロフタス　Loftus, E. F.　74
ロフタス　Loftus, G. R.　74

ワ 行

ワイズ　Wise, P. S.　156
ワイナー　Weiner, R.　80
渡辺利夫　130
渡部洋　4, 105
渡辺弥生　61
ワトソン　Watson, J. B.　68, 71, 72

事項索引

太字はキーワードであることを示す

数字・アルファベット等

α係数　107
χ^2検定　126
3R's　54
5領域　176
9歳の壁　183
ACTAP（ACT Assessment Program）　206
ADHD（注意欠陥多動性障害）　57, 146, 155, 156, 213
AO入試（アドミッション・オフィス入試）　205
ATI（適性処遇交互作用）　3, 36, 37, 115
BMDP（Biomedical Computer Program）　129
BSRI（Bem Sex Role Inventory）尺度　193
CAI（computer assisted instruction）　191
ETS（Educational Testing Service）　206
EXCEL統計解析　131
Fortran　128
F検定　114
ICT（information and communication technology）　19
IQ（知能指数）　36, 141
JDDネット（日本発達障害ネットワーク）　213
JMP　129
K-ABC　123, 150
k-means法（k平均法）　119
LD（学習障害）　11, 37, 56, 123, 146, 155, 156, 213
NCSS　129
NPM（New Public Management, 新公共経営）　175
NPO　215
NPO法人　EDGE　213
NPO法人　えじそんくらぶ　213
NPO法人　アスペ・エルデの会　213
p値　127
P-F study　134
PASS制度　47
PDCHE（Post Doctoral Certificate of Higher Education）　208, 209
PISA（The Programme for International Student Assessment）　111
PISAショック　35
PISA調査　34, 97
R　131
S-PLUS　130
SAS（Statistical Analysis System）　129
SAT（Scholastic Assessment Test）　206
SPSS（Statistical Package for the Social Sciences）　128, 130
STATISTICA　130
SYSTAT　130
S-R結合　67
S-S説　68
t検定　114
TA（teaching assistant）研修　208
TIMSS（Trends in International Mathematics and Science Study）　111
TIMSS調査　34
TIMSSインパクト　34
WISC-Ⅲ　123, 150

あ　行

アイデンティティ（自我同一性）　158
「愛と自由の声」　61
アクションリサーチ　112
朝の10分間読書　96
預かり保育　178
アスペルガー症候群　11, 149, 161, 213
アセスメント　120
遊び　177
新しい学力観・学習観・評価観　17
アーティキュレーション　44
アドミッション・オフィス　204
アルバイト　159
アンダーマイニング現象　78
アンドロジニー（心理的両性具有性）　193
安保闘争世代　136
暗黙知　30, 76

生き甲斐　62
生き方教育　49
生き方指導　162

生きる力　15, 17, 58, 162, 165
石隈・田村式援助チームシート　122
意思決定　120
いじめ　146, 147, 148, 152
偉人　181
イスラム教　196
一次的援助サービス　152
一子相伝　185
一斉授業　26
『一般教育学』（ヘルバルト）　3
遺伝子　70
意図的教育　8
居場所　159
意味記憶　76
イメージ化　75
医療的ニーズ　213
因果関係　112, 141
因果分析モデル　141
インカルケーション　58
印刷術　190
因子軸の回転　117
因子パターン　117
因子負荷量　117
因子分析　117, 128
インターネット　191, 211
インドクトリネーション　58

ウィルコクソンの順位和検定　126
ウィルコクソンの符号付順位和検定　126
ウェルビーイング　164, 199
ウォード法　119
ウォルシュの検定　126
失われた世代　138

映画　189
英国ミレニアム・コーホート研究　142
英才教育　180
映像メディア　188
栄養教育　65
エカマックス回転　117
エクセル統計2006　131
エディプス期　192
エピソード記憶　76
エビデンスに基づく実践　156
エビデンス・ベイスド・アプローチ　135
絵本　94, 95
『エミール：教育について』（ルソー）　2

エリート段階　173
援助資源　121, 213
援助者　121
援助ニーズ　212

横断的研究　139, 140
緒川小学校　26
オーストラリア児童縦断研究　142
男らしさ　192, 193
オフィスアワー　210
オープンスクール　26
オペラント学習　68
オペラント条件づけ　3
重み付最小二乗法　117
親の会　214, 215
折り合い論　147
音読　94
女らしさ　192, 193

か　行

絵画　188, 191
絵画統覚検査（TAT）　123
外国語活動　15
外生的意義　96
階層線型モデル　119
概念の再体制化　83
カウンセラー役割　161
カウンセリング　151, 155
　　――心理学　151
課外教育活動　20
科学概念　167
科学リテラシー　55
科学理論　82
かぎっ子　175
学生チューター制度　166
核家族化　175
学習　66, 70
学習支援　151
学習指導　151
学習指導要領　12, 14, 17, 28, 32, 162, 175, 178
学習者の認知構造　88
学習障害（LD）　11, 37, 56, 123, 146, 155, 156, 213
学習状況調査　34
学習スタイル　121, 147
学習性無力感　80
学習達成度調査　5

学習と発達　70
学制公布　25
学生生活サイクル　159
学生相談　65, 158
『学生相談研究』（日本学生相談学会）　161
確認的因子分析　118
学習動機　167
学力　32, 110
　　――重視　33
　　――調査　33, 110
　　――低下　33, 139
　　――定着度調査　34
　　――不振　146
学歴志向　182
学歴主義　174
隠れたカリキュラム（潜在的カリキュラム）
　29, 194
仮現運動　189
かしこいアセスメント　123
過剰一般化　115
仮説実験授業　88
家族内（家庭内）コミュニケーション　64, 175
家族の福祉的ニーズ　214
家族療法　135
価値の明確化　59
学級　23
　　――風土　23, 79
学校運営協議会　18
学校基本調査　108
学校教育　8, 9
学校教育法　12, 13, 24, 176
学校行事　20
学校建築図説明及び設計大要　25
学校支援ボランティア制度　18
学校司書　97
学校週5日制　16, 17, 137
学校心理学　10, 120, 151, 215
『学校心理学ガイドブック』（学校心理士資格認
　定委員会）　10
『学校心理学ハンドブック』（日本学校心理学会）
　10
学校心理士　10, 150, 154
　　――の資格認定　152
「学校心理士」認定運営機構　152
学校心理士補　152
『学校心理士：理論と実践』（「学校心理士」認
　定運営機構）　10

学校スリム化　16, 17
学校生活での苦戦　146
学校選択制　17, 175
学校知能　187
学校図書館　97
学校の格差化・序列化　14, 175
学校評価　18
学校評議員制度　18
学校文化　20
学校保健　120, 146, 151
活字メディア　190
家庭教育　8, 9, 164
家庭裁判所　149
カテゴリカル因子分析　117
カテゴリカル主成分分析　119
カナダ青少年縦断研究　142
カメラ・オブスクラ　189
カリキュラム　8, 19, 28, 31, 32, 209
間隔尺度　105
環境移行　179
環境説　73
環境を通した教育　177
観察　122
観察学習　72
観測変数　116
観点別評価　17

記憶　74
　　――方略　75
　　機械的な――学習　88
危険回避行動　202
危険予知　202
技術・家庭　194
技術的熟達者　42
技術的知能　187
基準関連妥当性　105
機能的固着　77
帰無仮説　100, 126
偽薬（プラセボ）　102
キャラクター・エデュケーション　60, 61
キャリア　48
　　――ガイダンス　151
　　――カウンセリング　49
　　――教育　48, 49, 50, 162
　　――支援　160
キャリア形成　48
旧開智学校　24, 25

既有知識　76
教育　2, 176
　　——の規制緩和・権限委譲　19
　　——の個性化　17
　　——の再構造化　18
　　——の私事化・商品化　18
　　——の市場化　18
　　——の質保証・質向上　19
　　——の自由化　17
　　——の卓越性　19
教育改革　16
　　——国民会議　13
教育カウンセラー　154
教育課程　28, 32
　　——審議会答申　44
教育機会　18
　　——の差別化　175
教育基本法　12
教育行政の分権化　19
教育職員免許状　40
教育職員免許法　4, 12
教育心理学　2, 151
　　教職科目としての——　4
『教育心理学』（ソーンダイク）　3
『教育心理学研究』　4
『教育心理学年報』　4
『教育心理学ハンドブック』（APA）　4
『教育心理学ハンドブック』（日本教育心理学会）
　　4
教育センター　153, 208
教育相談　120, 146, 150-153
教育測定運動　3
教育勅語　12
教育的ニーズ　213
教育データ　108
『教育哲学』（クリーク）　8
教育特区　17
教育のエビデンス　100
『教育の過程』（ブルーナー）　3
教育のフィールド　8
教育の法的基礎　12
教育評価　120
教育目標　121, 209
教員数　108, 109
教員評価　18
教員免許更新制　18
強化　68

教科外活動　28
教科用図書検定規則　12
教訓帰納　167
教材　210
教師　22, 23, 40
　　——期待効果　101
　　——文化　22
教師像　40
教室　24
教室空間　24
業者テスト追放　34
教授　66
　　——スタイル　121, 147
教職課程　40
業績給　19
共通因子　117
共通第１次学力試験　46, 110
協働　160, 178
共分散構造分析　141
キリスト教　196
均衡化　73

空間概念　201
偶然誤差　113
クェードの検定　126
区間推定　101
虞犯行為　149
クライエント　166
クラスカル・ウォリスの検定　126
クラスター分析　119
クラメール・フォンミーゼスの検定　124, 126

芸術的知能 187
芸術と教育　184
　　形成的フィールドワーク　135
系統誤差　113
軽度発達障害　11
ゲシュタルト心理学　69, 86
結合的信仰　198
欠食傾向　63
決定係数　116
ケベック州児童発達縦断研究　142
原因帰属　80
健康教育の基礎　62
言語教授法　87
顕在的カリキュラム　30
検索　74

研修プログラム　208
検定仮説　124
検定力　101, 102, 127
検定力分析　102
現場実験　112, 114
憲法　12, 199

コア・カリキュラム　29
語彙爆発　95
広域特別支援連携協議会　212
効果の法則　68
効果量　102
高機能自閉症　146, 156, 161
合計特殊出生率　172, 173
高校教育の準義務化　173, 174
交互作用　115
交差遅延効果モデル　141
構成概念妥当性　105
構成的心理学　71
構造改革特区校　175
構造化面接　133
構造方程式モデリング　118, 141
高大接続　45
交通安全教育　200
交通事故　200
交通ルール　202
行動化　160
高等学校設置基準　24
行動主義　68, 71, 78, 86
行動スタイル　121, 147
高等専門学校　14
高度情報化社会（高度情報消費社会）　54, 175
広汎性発達障害　161, 213
項目応答理論（項目反応理論）　104
公立図書館　97
高齢化　172
誤概念　83
国際学力調査　33, 34
国際教育到達度評価学会　111
コクランの検定　126
孤食　63
個人差　36, 122, 177
個性化教育　38
個性尊重　38
個性と個人差　36
コックス・スチュアートの検定　127
ごっこ遊び　192

コーディネーション　150, 155
コーディネーター　215
古典的条件づけ　71
古典的テスト理論　104
子どもと場の折り合い　121
"子どもに良い放送"プロジェクト　143
子どもの苦戦（苦戦する子ども）　121, 147, 150, 155, 212
子どもへの直接的な援助　151
子どもを守る地域ネットワーク　214
コーナー検定（オルムステッド・テューキーの検定）　126
個に応じた学習指導 120, 146
個別式心理検査　123
個別処方授業　26
個別的‐内省的信仰　198
コーホート　136, 137, 140
　　──研究　137
　　──効果　138
　　──（別）分析　137, 139
ごまかし勉強　168
コルモゴロフ・スミルノフの検定　124, 126
混合効果モデル　119
コンサルテーション　150, 155
コンピュータ　190
　　──教育元年　191
　　──ゲーム　62

さ　行

最遠隣法　119
最近隣法　119
最小二乗法　117
最初の信仰　197
才能教育研究会　184
才能児　37
最尤推定法　117
三次的援助サービス　152
三段階の心理教育的援助サービス　147, 152
三ない運動　203
三無主義　137
参与観察　135

シェマ　73
ジェンダー・スキーマ理論　193
ジェンダーと教育　192
支援ネットワーク　212
識別問題　138

刺激　67, 68, 72, 86
自己イメージ　62
試行錯誤　68, 72
思考の方略　69
自己学習力　163
自己教育力　163
自己効力感　65, 165
自己実現　62
自己評価　65
自己理解　65
自殺　62, 148
思春期, 性器期　192
自助資源　121
自然体験活動　163
自尊心　62, 165
時代効果　138
視聴覚教育　189
悉皆調査　34
実験　112
『実験教育学入門講義』（モイマン）　3
実験群　114
実験計画法　112
実験室実験　112, 114
実験者期待効果　101
実践的な教授学的推論　41
質的研究　132
質的データ　132
質的変数　105
質問紙調査法　133
児童虐待　149, 215
指導計画　28
児童研究運動　3
『児童心理学ハンドブック』（Oser et al.）　199
児童数・生徒数　108, 109
児童生徒の困り感や困難　147
児童相談所　212
児童福祉法　176
自分探し　159
自閉症　11, 213
自閉性障害　161
社会化　3
社会教育　8, 9
社会教育法　9
社会経験　159
社会的の学習　72
社会的学習理論　192, 193
社会的の制御機能　78

社会的責任目標　79
尺度の水準　104
斜交解　117
写真　189
ジャスト・コミュニティ　60
シャピロ・ウィルクの検定　126
重回帰分析　116, 128
修学上の問題　160
『宗教心理学』（松本滋）　199
宗教心理学研究会　199
宗教と教育　196
宗教と教育の分離（世俗化）　199
習熟度別指導　15, 17, 19, 39, 175
終身雇用　159
重心法　119
重相関係数　116
従属変数　113
集団基準　121
集団式学力検査　121
集団式心理検査　123
縦断的／時系列調査　139
習得学習　19
習得目標　37, 79
儒教主義　199
熟達化　77
熟達者　187
受験競争　174
受験地獄　45
主効果　115
主成分分析　119
出生コーホート　137
受容学習と発見学習　86
順序尺度　104, 126
生涯教育　5, 9, 10
小家族化　175
小学校設置基準　24
消去　68
条件反射　68
少子化と教育　172
少子高齢化　172, 173
小集団学習　26
少年サポートセンター　212
情報リテラシー　55
剰余変数　113
初期読み書き行動　95
職業指導　48, 49
触法行為　149

女性性　192, 193
処理資源　91
しらけ世代　136, 137
シラバス　210, 211
人格障害　160
進学適性検査（進適）　45
人格的知能　187
神経症　160
人口置き換え水準　172
人口減少　172
新行動主義　68
信仰の発達段階説　196
新自由主義　19
身体イメージ　64
身体的健康　64
診断　120
神仏習合　196
神仏分離令　196
信頼性　105
信頼性係数　106
心理教育的アセスメント　120, 150, 156
心理教育的援助サービス　120, 146, 150, 151, 157
心理検査　122, 134
心理的ウェルビーイング6次元　164
心理療法　65, 132
進路指導　48, 49, 50, 153, 160, 162, 194
　──活動モデル　51
進路相談　49
神話的‐字義的信仰　198

遂行目標　79
水準　114
推薦入学　207
随伴性認知　81
数量化Ⅰ類　116
数量化Ⅱ類　117
数量化Ⅲ類　119
スキーマ　76, 86
スクリプト　77
スクールカウンセラー　150, 151, 153, 154, 212, 215
　──活用調査研究委託事業　154
スクールカウンセリング　65
スクールソーシャルワーカー　215
鈴木メソッド　184
スタニスラフスキー・システム　185

スタンフォード＝ビネー検査　141
スチューデント・アパシー　160
ストレス　62
　──コーピング　65
スピアマン＝ブラウンの公式　107

斉一性　158
成果主義　19
生活科　44
生活指導　194
生活綴方運動　33
生活と発達の連続性　178
正規分布　124
成熟　66, 70
正準判別分析（重判別分析）　117
青少年の発育　62
精神的健康　64, 65
精神年齢　36
精神病圏の問題　160
精神分析理論　192
成績評価　210
精緻化　75
成長感　164
性同一性　158, 192
生徒指導　120, 146, 150, 151, 153
生徒文化　22
性役割　158, 192
性役割期待　195
『世界図絵』（コメニウス）　189
世代とコーホート　136
セックス　192
摂食障害　64
絶対音感　182
絶対的評価　121
説明変数　116
全共闘世代　136
線形変換　105
宣言的知識　76
先行オーガナイザー　89
先行知識　90
全国LD親の会　213
全国学力テスト（全国学力・学習状況調査）
　18, 33, 34, 110, 175
全国学校読書調査　96
潜在的カリキュラム　8
潜在変数　116
専修学校　14

選抜　45
潜伏期　192
全米学力調査　111

想起　74
早期教育　180
総合的‐慣習的信仰　198
総合的な学習　15, 17, 163
相互教授法　91
相互作用説　73
操作的思考　69
双生児対照法　70
相対的評価　121
双対尺度法　119
ソーシャルサポート　43
ソーシャルスキル　148
　──トレーニング　213
ソース・コード　128
素朴理論　82, 167
素朴理論と科学理論　82

た　行

体育　54
第一次ベビーブーム世代　136, 172, 173
第一種の誤り　101
対応分析　119
大学院　159
　──設置基準　209
大学教育の質保証　209
大学進学率　47, 110
大学卒業　159
大学入学者選抜　204
大学入試　204
大学入試センター試験　46, 110
大学の序列化　46
大学紛争　136
体験的学習　50, 51
大衆化段階（マス段階）　173
ダイナブック　191
第二外国語　182
第二次性徴　64
第二次ベビーブーム世代　137, 173
第二種の誤り　101
代表値の差　126
タイプライター　190
代理経験　72
対立仮説　100

体力・運動能力　63
多項ロジスティック・モデル　117
確かな学力の確立　15
確かな学力の向上のための 2002 アピール「学びのすすめ」　33
多宗教　198
多重知能理論　38, 186
多重ロジスティック・モデル　117
達成母集団　100
妥当性　105
多変量回帰分析　116
多変量解析　116, 128, 141
ターマンズ・ターマイツ　142
単位制度　209
団塊ジュニア世代　137
団塊の世代　136
短期記憶　74
短期大学　14
探究学習　17
探索的因子分析　118
男女共学　194
男女共同参画社会基本法　194
男女差別　194
男女平等　193
男女別学　194
男性性　192, 193
単線型学校体系　14
男尊女卑の思想　194

知育の基礎　54
知育偏重　54
知識　74
知識基盤社会　45, 54
知識と記憶　74
知性　32
知的好奇心　78
知的能力　32
知的発達段階（ピアジェ）　73
知能　38
　──の3階層モデル　118
知能検査（知能テスト）　4, 36, 38, 42, 123
知能指数（IQ）　36, 141
地方教育行政法　12
チャンキング　75
中央教育審議会答申　10, 48, 205
中学校設置基準　24
中高一貫校（中等教育学校）　17, 175

抽出調査（サンプル調査）　34
チューター制度（チュートリアルシステム）
　166
長期記憶　74
調査的面接法　133
調節　73
直接経験　72
勅令主義　14
直観的‐投影的信仰　197
直交解　117

定型的熟達者　77
ディスレクシア　56, 92
ティーチング・ポートフォリオ　208
ティーム保育　178
適応　146
適応的熟達者　77
適合　147
適当な環境　177
テクスト　94
テストバッテリー　123
テスト理論　104
手続き的知識　76
テレビ　190
天才児　181
伝統芸能　185

投映法　123, 134
同化　73
動機　78
動機づけ　78
統計的仮説検定　100, 124
統計パッケージ　128
洞察　69
等質性分析　119
統制群　114
到達目標　209
動的家族描画法　123
道徳　163
　──教育　58, 162, 199
道徳教育の基礎　58
道徳性の発達段階（コールバーグ）　60
道徳性の発達理論　196
道徳的ジレンマ　60
道徳的知能　61
特別支援教育　213
同僚性　42, 43

道路交通法　202
徳育　54
特殊教育　11
読書　94
　──活動推進法　96
　──のアニマシオン　97
　──量　96
特別活動　20, 163
特別支援教育（障害児教育）　11, 147, 150, 151,
　215
　──コーディネーター　153, 154, 157
特別支援教育士　154, 155
　──資格認定協会　155
独立性・無相関性　126
独立変数　113
読解方略　90, 91
徒弟制　31, 41, 185

な　行

内生的意義　96
内発的動機づけ　78
内容の妥当性　105
ナラティブアプローチ　134
ナラティブ分析　134

二次的援助サービス　152
二重盲検法試験（二重盲検法）　102
ニート　138
日本学生相談学会　161
日本教育カウンセラー協会　154
日本教育心理学協会　4
日本教育心理学会　4
日本自閉症協会　213
日本発達障害ネットワーク（JDD ネット）
　213
日本臨床心理士資格認定協会　154, 156
入試改革　174
入試制度　45
ニュメラシー　55
ニュールック心理学　69
認知カウンセラー　166
認知カウンセリング　166
認知革命　69
認知構成主義　197
認知構造　67
認知スタイル　36
認知説　66, 67

認知地図　67
認知能力・認識能力　32
認知発達論　192
認知理論　86
認定こども園　176

ネットワーク　212
年齢効果（加齢効果）　138

脳損傷患者　184, 186
ノンバーバル（非言語的）な行動　133
ノンパラメトリック検定　124

は　行

『俳優修業』（『俳優の仕事』スタニスラフスキー）　185
パス解析　118
パソコン　191
罰　78
発見学習　86
発生的認識論　69
発達　70
発達課題　193
発達障害　37, 57, 156, 149, 152, 161, 212, 213
発達障害児　11
発達障害者支援法　11, 57
歯止め規定　15
バブル経済崩壊　137
バブル世代　136, 137
パラメトリック検定　124
バリマックス回転　117
バーンアウト（燃え尽き症候群）　19, 43
半意図的な教育　8
半構造化面接　133
犯罪　149
反省的実践家　42
反応　67, 68, 72, 86
バーンバウム・ホールの検定　126
判別分析　117

ピア・サポートプログラム　149
被援助志向性　214
ピグマリオン効果　42, 101
非行　146, 147, 149, 213, 215
非構造化面接　133
比尺度　105
ビッグ・サイエンス　142
ビッグファイブ理論　118
ビートルズ世代　137
ヒヤリ・ハット体験　202, 203
氷河期世代（就職氷河期世代）　136, 137
評価的な役割　161
表象　87

ファカルティ　208
ファカルティ・ディベロップメント（FD）　208
フィッシャーの直接検定（正確検定）　126
フィッシャーの判別分析　117
フィードバック　78
フィールドワーク　135
『風姿花伝』（世阿弥）　185
フェミニズム　193
フォーマット　95
フォローアップ研究　140
部活　21
複占型学校体系　14
符号化　74
符号検定　126
仏教　196
不適応　146
不登校　121, 146-148, 152, 212, 213
不読者の比率　96, 97
普遍的信仰　198
不本意進学　174
フリードマンの検定　126
『フレームズ・オヴ・マインド』（ガードナー）　186
プログラム学習　3
プロジェクト・ゼロ　186
プロマックス回転　117
分岐型学校体系　14
分散分析　114
文章完成法　123, 134
文章表象　90
文章理解　90
分布によらない検定　124
分布の適合性・同一性　124

ヘプタ・ヘクサゴン・モデル　187
ベル・ドクサムの検定　126
偏食　63

保育所　176

――保育指針　176, 178
保育と教育　176
保育の質　178, 179
報酬　78
放送大学　14
法律主義　12
方略　87
保健室　151
　　――登校　148
母語教育法　184
保護者のカウンセリングニーズ　214
ポジティブ心理学　164
母集団の等質性　101
母集団分布　124
ポストフォーディズム　19
母比率の差　126
保幼小の連携　179
ボランティア活動　163
本能　66

　　　　ま　行

マクネマーの検定　126
マスメディア　188
マッチング論　147
学びあう共同体　81
学びのすすめ　17
丸暗記　168
マルチレベル・モデリング　118
マン・ホイットニーの検定　126

見えない教育方法　178
自ら学び考える力　17
見立て　160

無意図的教育　8
無宗教　198

名義尺度　104, 124
メタ認知　76, 90
メタ分析　103
メディアと教育　188
面接　122
　　――法　133

黙読　94
目標母集団　100
モデリング　72

モデルとデータの適合性　118
物語化　75
物語スキーマ　95
模倣学習　72
モラトリアム　159
両刃の剣　80
モンスターペアレント　157
問題解決への構え　77

　　　　や　行

役割達成感　165
焼け跡世代　136

有意差　101
有意水準　101, 102, 127
有意味化　75
有意味受容学習　86
誘因　78
優秀児　182
ゆとり教育　16, 17, 19, 33, 137, 174
ゆとり世代　136, 137
ゆとりの時間（学校裁量時間）　15, 16
ユニバーサルアクセス　110
ユニバーサル化　110
ユニバーサル段階　173

養護　176
養護学校　14
養護教諭　150, 212
幼稚園　176
　　――教育要領　176, 178
幼保一元化　176
読み書き障害　37
読みきかせ　95
ヨンクヒール・タプストラの検定　126

　　　　ら　行

ライフキャリアの虹　50
ライフサイクル　62, 136, 193
ライフスタイル　164
ライフ・ストーリー　135
ラン検定　127
ランダマイゼーション検定（確率化テスト）　124
ランダム性　127

リカレント教育　5

リスク認知　203
リテラシー　55
両価的な感情　158
量的データ　132
量的分析　132
量的変数　105
リリフォースの検定　126
臨時教育審議会　16
臨床心理学　132, 133, 151, 154, 157
臨床的面接法　133
臨床発達心理士　154, 155
「臨床発達心理士」認定運営機構　155

レジリエンス　165
レッスンスタディ　43
レディネス（準備性）　71, 86
連合　86
連合説と認知説　66
連続性　158

ローゼンソール効果　101
ロールシャッハ・テスト　123

わ　行
ワーキングメモリ　74, 75, 91

編者・執筆者紹介 （【 】内は執筆項目番号）

編者

二宮克美（にのみや　かつみ）【0, 1, 4, 13, 46】
名古屋大学大学院教育学研究科博士後期課程満期退学．教育学博士．現在，愛知学院大学総合政策学部教授．主要著書『子どもの道徳的自律の発達』（共著）風間書房，2003 他．

子安増生（こやす　ますお）【5, 15, 33, 43, 44】
京都大学大学院博士課程中退．博士（教育学）．現在，京都大学大学院教育学研究科教授．主要著書『心の理論：心を読む心の科学』岩波書店，2000 他．

執筆者（五十音順）

青木多寿子（あおき　たずこ）【6, 16, 19, 20, 42】
九州大学教育学研究科博士課程単位取得満期退学．博士（心理学）．現在，広島大学大学院教育学研究科准教授．主要著書『認知心理学からみた授業過程の理解』（共著）北大路書房，1999 他．

秋田喜代美（あきた　きよみ）【9, 17, 18, 22, 41】
東京大学大学院教育学研究科博士課程単位取得退学．博士（教育学）．現在，東京大学大学院教育学研究科教授．主要著書『子どもをはぐくむ授業づくり』岩波書店，2000 他．

石隈利紀（いしくま　としのり）【28, 34, 35, 36, 50】
アラバマ大学大学院（学校心理学）修了．Ph.D（学校心理学）．現在，筑波大学人間総合科学研究科教授・附属学校教育局次長．主要著書『学校心理学：教師・スクールカウンセラー・保護者のチームによる心理教育的援助サービス』誠信書房，1999 他．

大野木裕明（おおのぎ　ひろあき）【11, 26, 38, 47】
名古屋大学大学院教育学研究科博士後期課程満期退学．博士（教育学）．現在，仁愛大学人間生活学部子ども教育学科教授．主要著書『学校と地域で育てるメディアリテラシー』（共編）ナカニシヤ出版，1999 他．

倉元直樹（くらもと　なおき）【10, 24, 25, 48】
東京大学大学院教育学研究科第1種博士課程単位取得満期退学．博士（教育学）．現在，東北大学高等教育開発推進センター高等教育開発部准教授．主要著書『全国学力調査：日米比較研究』（共編著）金子書房，2008 他．

高橋靖恵（たかはし　やすえ）【14, 31, 37, 45】
名古屋大学大学院教育学研究科博士後期課程満期退学．博士（教育心理学）．現在，京都大学大学院教育学研究科准教授．主要著書『家族のライフサイクルと心理臨床』（編著），金子書房，2008 他．

西垣順子（にしがき　じゅんこ）【8, 12, 21, 39, 49】
京都大学大学院教育学研究科博士課程修了．博士（教育学）．現在，大阪市立大学大学教育研究センター准教授．主要著書『心理学者，大学教育への挑戦』（共著）ナカニシヤ出版，2005 他．

服部　環（はっとり　たまき）【23, 27, 29, 30】
筑波大学大学院博士課程心理学研究科修了．教育学博士．現在，筑波大学大学院人間総合科学研究科教授．主要著書『「使える」教育心理学』（監修）北樹出版，2009 他．

藤田英典（ふじた　ひでのり）【2, 3, 7, 32, 40】
スタンフォード大学教育大学院博士課程修了．Ph.D（国際開発教育学）．現在，国際基督教大学教授，東京大学名誉教授．主要著書『教育改革のゆくえ：格差社会か共生社会か』岩波書店，2006 他．

キーワードコレクション
教育心理学

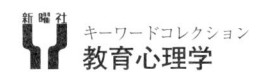

初版第1刷発行　2009年4月25日©

編　者　二宮克美・子安増生
発行者　塩浦　暲
発行所　株式会社新曜社
　　　　〒101-0051　東京都千代田区神田神保町2‐10
　　　　電話(03)3264-4973(代)・Fax(03)3239-2958
　　　　e-mail: info@shin-yo-sha.co.jp
　　　　URL http://www.shin-yo-sha.co.jp/

印刷　銀河　　　　　　　　　　　　　Printed in Japan
製本　イマキ製本所
　　　ISBN978-4-7885-1156-9　C1011

キーワードコレクション シリーズ 項目一覧

発達心理学 [改訂版]

イントロダクション
- 0 歴史的概観

I 発達心理学の研究法
1. インフォームド・コンセント
2. ラポール
3. フィールド研究
4. コーホート分析
5. 進化心理学的アプローチ
6. 行動遺伝学的アプローチ
7. 文化心理学的アプローチ
8. 生態学的アプローチ
9. ダイナミック・システムズ・アプローチ

II 発達の理論的諸問題
10. 発生・成長
11. 発達段階
12. 知能
13. 熟達化
14. コンピテンス
15. 社会化
16. 児童観
17. 家族関係
18. 発達障害
19. 発達臨床

III 誕生から幼児期まで
20. 出生前心理学
21. アタッチメント
22. 移行対象
23. ジョイント・アテンション
24. 児童虐待
25. 視覚的断崖
26. 一語文と言語的制約
27. 頭足人
28. ファンタジー
29. 遊び
30. リテラシー／ニュメラシー

IV 児童期
31. 目撃証言
32. 心の理論
33. 感情調節
34. 友人関係
35. 道徳性

V 思春期・青年期
36. キャリア選択
37. 恋愛と結婚
38. 同一性の危機
39. 時間的展望
40. 向社会性
41. 非社会性
42. 反社会性
43. 摂食障害
44. ジェンダー

VI 成人期から老年期まで
45. 親になること
46. 中年
47. 加齢／老化
48. 孤独感
49. 死の受容
50. 幸福

パーソナリティ心理学

I パーソナリティの基本概念
1. パーソナリティとキャラクター
2. 法則定立と個性記述
3. 遺伝と環境
4. 暗黙のパーソナリティ観
5. ジェンダーとパーソナリティ
6. 仕事とパーソナリティ
7. 文化とパーソナリティ
8. 道徳性とパーソナリティ

II パーソナリティ研究法
9. 観察法
10. 実験法
11. 面接法
12. 質問紙法
13. 作業検査法
14. 投影法
15. 事例研究法
16. 研究倫理

III パーソナリティ理論
17. 類型論
18. 特性論
19. 精神分析理論
20. 学習理論
21. 脳科学
22. 人間主義 (ヒューマニスティック) 心理学
23. 場の理論・役割理論
24. 社会認知理論

IV パーソナリティ発達の諸相
25. 内的作業モデル
26. アイデンティティ
27. 自己意識
28. 自己効力
29. 自己制御
30. 自己開示
31. 親子関係
32. きょうだいと仲間
33. 愛と結婚
34. エイジング

V パーソナリティの歪み
35. ストレス
36. 適応障害
37. 人格障害
38. 多重人格
39. 性同一性障害
40. ひきこもり
41. 対人恐怖
42. コンプレックス
43. 非 行

VI パーソナリティの知的側面
44. 知能の構造
45. 知能の測定
46. 社会的かしこさ
47. 創造的パーソナリティ
48. 動物の知能
49. 機械の知能
50. 知能の障害

キーワードコレクション　シリーズ　項目一覧

教育心理学

イントロダクション
 0　教育心理学

I　教育の基本概念
 1　教育のフィールド
 2　教育の法的基礎
 3　教育改革
 4　学校文化
 5　教室空間
 6　教育課程
 7　学力
 8　個性と個人差
 9　教師像
 10　アーティキュレーション
 11　キャリア形成

II　教育の認知過程
 12　知育の基礎
 13　道徳教育の基礎
 14　健康教育の基礎
 15　連合説と認知説
 16　学習と発達
 17　知識と記憶
 18　動機づけ
 19　素朴理論と科学理論
 20　受容学習と発見学習
 21　文章理解
 22　読書

III　教育評価・統計
 23　教育のエビデンス
 24　テスト理論
 25　教育データ
 26　実験計画法
 27　多変量解析
 28　心理教育的アセスメント
 29　ノンパラメトリック検定
 30　統計パッケージ
 31　質的データ
 32　世代とコーホート
 33　フォローアップ研究

IV　教育相談・生徒指導
 34　学校生活での苦戦
 35　学校心理士
 36　スクールカウンセラー
 37　学生相談
 38　生き方指導
 39　認知カウンセリング

V　教育の諸相
 40　少子化と教育
 41　保育と教育
 42　早期教育
 43　芸術と教育
 44　メディアと教育
 45　ジェンダーと教育
 46　宗教と教育
 47　交通安全教育
 48　アドミッション・オフィス
 49　ファカルティ・デヴェロップメント
 50　支援ネットワーク

心理学フロンティア

I　認知・行動・方法
 1　錯視デザイン
 2　サッチャー錯視
 3　視覚性ワーキングメモリ
 4　チェンジブラインドネス
 5　建築心理学
 6　感性認知
 7　生物心理学
 8　認知の起源
 9　比較認知科学
 10　言語進化
 11　行動分析学
 12　アニマルラーニング
 13　夢見
 14　非侵襲脳機能計測
 15　多次元尺度法
 16　構造方程式モデリング

II　発達・教育
 17　視覚発達
 18　顔認知
 19　鏡像的自己
 20　適応的インタフェース
 21　メンタライジング
 22　モジュール説
 23　ロボットの知能
 24　ロボットの心の理論
 25　ロボットと子ども
 26　質的心理学
 27　学びの理論
 28　レジリエンス

III　文化・社会
 29　文化心理学
 30　相互協調的自己観
 31　社会的認知
 32　エスノセントリズム
 33　進化心理学
 34　集団意思決定
 35　キャラクター心理学
 36　社会的-認知的領域理論

IV　安全・安心
 37　経済心理学
 38　リスク心理学
 39　防災心理学
 40　アクションリサーチ
 41　交通心理学
 42　ヒューマンエラー

V　健康・障害
 43　幸福感
 44　ポジティブ心理学
 45　認知行動療法
 46　ストレス対処
 47　発達障害
 48　高機能自閉症
 49　介護ロボット
 50　テクノ福祉社会

―――― 新曜社の関連書 ――――

■キーワードコレクション■

心理学
重野純編　　A5判392頁　3200円

経済学
佐和隆光編　　A5判384頁　2864円

親になれない親たち
子ども時代の原体験と、親発達の準備教育
斎藤嘉孝　　四六判208頁　1900円

家族というストレス
家族心理士のすすめ
岡堂哲雄　　四六判248頁　1900円

親と子の発達心理学
縦断研究法のエッセンス
岡本依子・菅野幸恵編　　A5判272頁　2600円

子育て支援に活きる心理学
実践のための基礎知識
繁多進編　　A5判216頁　2400円

子どもの養育に心理学がいえること
発達と家族環境
H. R. シャファー
無藤隆・佐藤恵理子訳　　A5判312頁　2800円

まなざしの誕生　新装版
赤ちゃん学革命
下條信輔　　四六判380頁　2200円

子どもの認知発達
U. ゴスワミ
岩男卓実ほか訳　　A5判408頁　3600円

身体から発達を問う
衣食住のなかのからだとこころ
根ヶ山光一・川野健治編著　　四六判264頁　2400円

学力低下をどう克服するか
子どもの目線から考える
吉田甫　　四六判266頁　2200円

（表示価格はすべて税別です。）